少女侦探事件簿 I

何慕 著

文汇出版社

少女侦探事件簿

- [ ] 1
- [ ] 30
- [ ] 61
- [ ] 98
- [ ] 145
- [ ] 175

目录 CONTENTS

一 · Lonely dancer
二 · 逆刃
三 · 松之霜
四 · 塞壬之歌
五 · 黄泉歧路
六 · 云上之歌

一 Lonely dancer

窗外的雪下得正紧。

鹅毛般的雪花,打着转从漆黑的天空飘然坠落,将大地铺成一片苍白。昏暗的路灯光亮从窗外斜映进狭长的走廊,笼罩上一股压抑的感觉。陈然停住脚步,呼出的热气弥漫在冰冷黑暗中,化作黯淡的白雾逐渐散去。他看着走廊的尽头,凄婉的曲声就是从那里传来的。

陈然叹了口气,拉了下前面女生的衣角,问道:"你听到了吧,还要往前走吗?"

女生回过头,秀丽的眉毛一挑,伸出手在陈然头上敲了个爆栗。

陈然习惯性地摸着脑袋,苦笑着看着女生。

女生鄙夷道:"不往前走往哪里走?再往前走几步,马上就能抓到鬼了!"

笑靥如花、活泼阳光的林萌在很多大学男生眼里,都是犹如女神一般的存在。但陈然却时时刻刻都在用十八年的人生经验告诫自己,这位女神绝对不像她表现出来的那么可爱。

陈然又叹了口气:"我说,这世上怎么可能有鬼呢,都是些以讹传讹的校园传说而已,你不要像个小孩子一样幼稚好吧……"

"闭嘴!"林萌叉腰道,"我们才是大一,做点幼稚的事情又怎么啦?大不了我把这次抓鬼的功劳让给你,让你风光一把,到时候说不定会有不少女生崇拜你的。"

"我才不稀罕什么女生崇拜……"陈然辩解道,却发现林萌根本没有在听。

同为明诚大学的新生,仅仅入学几个月的时间,林萌和陈然已经成为了学校里的风云人物。明诚大学建校百年有余,是所很有历史的学校,而老学校里自然有一些流传已久的校园传说。林萌和陈然入校以后,接连揭开了不能攀爬的银杏树、鬼火闪现的化学实验室、晚上有说话声的女生洗手间等六个校园传说的真相。如果再能搞定这个闹鬼的舞蹈房,那明诚大学的校园"七不思议"传说就要全部瓦解了。

林萌自然很满意这个结果,她有种莫名其妙的使命感。那些在学生们之间流传的校园传说,在她看来只不过是些幼稚可笑的奇谈故事而已。揭穿这些披着灵异外衣的鬼故事,将真相告诉所有被蒙蔽的人,让她有种莫名的成就感,虽然别人总是不以为然。

陈然不止一次听说,他们已经成为明诚大学师生们口中的怪咖。毕竟,在正常人眼里,热衷于这些事的人不算怎么正常。他劝过林萌,但青梅竹马的对方要么嬉皮笑脸地搪塞过去,要么就义正词严地骂他胆小。在这样的拉拉扯扯之下,明诚大学总算只剩下了"舞蹈房的跳舞女鬼"这一个校园传说。眼看解谜之旅结束在即,陈然也就懒得再费口舌，今晚之后林萌大概就会偃旗息鼓了。

舞蹈房的跳舞女鬼，这个据称是明诚大学第一灵异事件的校园传说，其实也毫无新意。据说在去年，一个半夜来舞蹈房练芭蕾的女生由于意外，死在了里面。后来有位巡夜的保安在半夜的时候，又看到一个女生在舞蹈房里跳芭蕾。他想起曾经发生的意外，想劝跳舞女生注意安全，但当他推开门的时候，却发现里面那个女生离奇消失了。

陈然吸了一口冰凉的空气，窗外的雪花依然在簌簌落下。他咬了咬牙，按捺住心中的忐忑，追上了前面大摇大摆的林萌。黑暗的走廊很快就到了尽头，刚转过弯，惨淡的灯光就从舞蹈房里迎面打来。陈然收住脚步，心脏剧烈地跳动起来，这是他有生以来第一次因为光亮而恐惧。不远处，林萌正弯着腰，躲在舞蹈房的玻璃门旁往里偷窥。他站在那里，不知所措地彷徨了一会儿，终于在好奇心的驱使下，踮起脚尖一点点挪了过去。

舞蹈房里的射灯洒下昏黄的光芒，给整个房间平添了一种朦胧的感觉。宽大冰冷的落地镜，光滑平坦的柚木地板，一切看起来似乎与白天没有什么不同。陈然屏住呼吸，轻轻地往林萌身旁挪了下，踮起脚尖，视线越过了林萌的肩膀。一步迈出，他的牙齿就不由自主咯咯响了起来，一股刺骨的寒意顺着脊梁迅速侵蚀全身。

柚木地板上，一个披散着黑色长发的少女正背对着玻璃门翩翩起舞。

浑身无力，脑袋还有点晕。陈然睁开眼，看到的是白色的天花板，还有坐在床边啃苹果的林萌。

白色的床单，刺鼻的消毒水味道，不用说，又是学校的医务室。

"我怎么了？"他吃力地问道。

林萌咬了口手中的苹果，嬉笑道："看美女晕倒了，你这辈子还能再有点出息不？"

"美女……"模模糊糊的记忆浮了上来，"啊！女鬼！"

"鬼你个头啊！"林萌在他脑袋上又敲了一记，"是个在舞蹈房里练芭蕾舞的学姐，叫苏琅，大三的。你当人家是鬼，两眼一瞪干嚎一声就晕过去了，结果把学姐给吓得不轻，害我跟学姐解释半天。唉，瞧你这胆子，让我都不知道脸往哪里搁，真心想跟学姐说不认识你。"

"原来是学姐啊……"陈然的脸色微微发红，"那么晚了，她还在舞蹈房？就不怕那个传说啊？"

"你以为人人都像你这么胆小？"林萌又咬了口苹果，"她大三了，学校年底有个全国舞蹈比赛的名额，竞争蛮激烈的。"

"所以她才在晚上去舞蹈房练舞？"陈然松了口气，原来是虚惊一场。他坐起来，环顾四周。

"找你的女神呢？卓老师刚出去，还给你留了个苹果来着。不过我看你一直没醒，就替你吃了几口。"林萌坏笑着扬起手中的半个苹果，"剩下的你要吃不？"

陈然无奈地摇头。

门被推开了，卓雪走了进来。一袭裁剪合体的白色风衣，柔顺的长黑发，红色窄框树脂眼镜，精致的脸庞，看起来很有清秀脱俗的感觉。

"卓老师好。"林萌把半个苹果塞到陈然手里，懒懒地打了个招呼。

卓雪笑着点点头，冲陈然暖暖地问道："好些了吗？"

陈然结结巴巴地道："好……好多了，卓老师。"

"给你输了点营养液和生理盐水，看起来没什么大碍了。从昨晚睡到今天中午，看起来精神好多了。"卓雪抽出夹在陈然腋窝处的温度计，"嗯，也没有发烧，下午就可以去上课了。"

陈然一脸傻笑。

"陈然，你怎么会在半夜去舞蹈房？"卓雪微笑道，"又怎么会晕倒在舞蹈房外呢？"

"被女鬼吓的呗。"林萌瞥了眼陈然。

"女鬼？你们还在破解那些什么不可思议？"卓雪摇了摇头。

林萌扮了个鬼脸，拽起犹如木偶一般的陈然："走啦，走啦。卓老师，你忙吧，我们去吃午饭。"

走出医务室，林萌看着陈然坏笑道："怎么，一看到你的女神就失魂落魄了？"

"我……我……哪有啊，感觉她特别亲切来着。"陈然涨红了脸。

"得了，得了。很多青春期的男生都对成熟女性有性幻想，这是心理学上的定论，又不是什么丢人的事情。"林萌一副不以为然的样子。

"我没有！"陈然再度否认。

林萌用胳膊肘捣了陈然一下，道："昨晚的女鬼。"

陈然抬头，看到一位脸色苍白的学姐匆匆走来。

林萌高声道："苏琅学姐，苏琅学姐。这里，这里。"

学姐停住脚步，看了他们一眼，快步走了过来。

"苏琅学姐好。"陈然的脸又开始发红。

苏琅一脸歉意道:"对不起,昨晚吓到你了。"

"是他胆子太小。"林萌抢先答道,"学姐你下次练芭蕾的时候,我能不能在一旁看下?我也想学学跳芭蕾呢。"

"现在学?可能来不及了。"苏琅道,"想学舞蹈得从小练起。萌萌你现在是大学生了,韧带拉不开,身体僵硬,可能不太容易。"

"是吗……"林萌一脸失望。

"啊,也不是这样的。"苏琅急忙道,"虽然做不了专业的舞蹈演员,但练舞蹈对人的气质和身体都有好处的。"

"我也没想过要当专业的舞蹈演员。"林萌嘻嘻笑道,"苏琅学姐,比赛的日子快到了吧,那个参赛名额竞争得很激烈吗?"

"嗯……是有些激烈。"苏琅欲言又止,"你怎么知道?"

"那间舞蹈房不是说闹鬼吗?如果不是竞争激烈,我觉得就算你不信有鬼,也不会无聊到半夜去那里练舞。"林萌很笃定的样子。

"还有人无聊到半夜去那里抓鬼呢……"陈然小声嘟囔。

林萌狠狠踩了他一脚,道:"竞争对手很多吗?都是些什么人啊?"

"多倒是不多……"苏琅犹豫了一下,"只是有一个是我从小玩到大的朋友,她……算了,还是不说了。"

林萌歪着头,都说女人间的友谊是一种既牢固又脆弱的奇妙存在,看来着实不假。

"萌萌……我听说你们弄清楚了不少校园传说。"苏琅轻声问道。

"六个!"林萌一副得意洋洋的样子。

"那……你觉得这个世界上到底有没有鬼?"苏琅脸色苍白。

"当然是没有！"林萌道，"就算有，没做过亏心事，也不用害怕嘛。除非胆子小得跟陈然一样。"

陈然不高兴地嘟囔一声，却看到苏琅的脸色变得更为苍白。

"是啊，这世上怎么会有鬼呢。"苏琅强笑道，"我还有点事，先走了。"

"那下次见面，教我跳舞啊。"林萌笑吟吟道。

苏琅点点头，转身离去。

苏琅纤细的背影越来越远，逐渐消失在视线中。林萌揉了下鼻子，自言自语道："下次再见学姐，说什么也得先学个舞再说。今年年底联欢会上，可不能让别人把风头压下去了。"

陈然叹了口气："学什么舞？我看你不论学什么，都跟跳大神一样。"

林萌转过身，眼一瞪道："信不信我撕烂你的嘴！"

让两人都没有想到的是，再次与苏琅相见，是在一个阴冷的早晨。在那间闹鬼的舞蹈房里，她已变成了一具焦黑的尸体。

"你……神经病吧。"陈然目瞪口呆地看着林萌，完全不能理解她的意图。

"你没有兴趣？"林萌好像很意外。

"鬼才会有兴趣嘞！查案是警方的事情吧，我们去添什么乱。再说，警方也没把案子定性为谋杀对不对？我听卓老师说，警方觉得可能是舞蹈房的线路老化引起的火灾。"

"卓老师，喊，做作的女人最讨厌了。"林萌撇嘴道。

"那是气质。"陈然很认真地反驳说。

林萌摆出一副懒得争辩的表情，道："我问你，对于苏琅学姐的死，你都知道什么？凭什么说她的死会是意外？"

陈然挠了挠头，说不出个所以然。

林萌道："舞蹈房是昨晚十一点多烧起来的，巡夜的保安发现了火情，第一时间打电话叫来了消防队救火。火被扑灭的时候，才刚刚烧到走廊拐角那里，这说明火势并不大。既然火势不大，苏琅学姐为什么没有从舞蹈房里逃出来？舞蹈房就那么大而已，她就算再专心练舞，火烧起来的时候也会发现的。"

"有可能是苏琅练舞练累了，在舞蹈房里睡着了，没有发现起火。"陈然道，"其实火灾中被明火直接烧死的人并不多，大部分都是因烟雾窒息昏迷后才被烧死的。"

"哟，反应不慢嘛，"林萌道，"那我们去现场看看。"

"现场？喂，喂，我还要温书呢。"

"周六还温书？"林萌不由分说地抓起了陈然的胳膊。

舞蹈房门口扯起了警戒线，但却没人看守。

房间已经完全变了样，被火熏黑的落地镜上满是裂痕，像是随时都要崩碎一样。墙上的海报要么变成了灰烬，要么残缺不全地蜷曲着，显示着曾经遭受过火舌的舔舐。地上堆满了各种辨认不出来原本样子的杂物，柚木地板被烧得坑坑洼洼，成了黄黑相间的颜色，犹如皮癣一般难看。

林萌走到房间中央，那里有人形的白色现场痕迹固定线。她蹲下身，仔细地拨拉着地板上的杂物。过了一会儿，她摇摇头道："不对。苏琅学姐尸体的位置在房间最中央，周围也没有挣扎的痕迹，如果说苏琅学姐是在睡着的时候,被短路电线引起的电火花烧死的话,未免有些太牵强了。"

"怎么牵强?"陈然站在门口发问。

"虽然天花板被烧得一塌糊涂,看不出原貌,但按常识来说,电线这种东西一般都布置在墙边,墙边的电火花怎么会点燃躺在房间中央的苏琅学姐呢?"

"这个……"

"而且我问过消防队的人,苏琅学姐的尸体是舞蹈房内燃烧最严重的物体,就算苏琅学姐是在睡梦中被烟雾窒息后烧死的,她的尸体也不可能被烧成那个样子。唯一的解释是苏琅学姐的尸体很可能就是起火源。"

"起火源?我有个疑问,既然苏琅的尸体都快被烧成炭了,还怎么分辨出是她?DNA 鉴定吗?"

"不,是齿模对比。咱们学校学生入校时,不都有个例行体检嘛。当时还觉得学校体检检查牙齿很搞笑,想不到这里用上了。相比手续繁琐过程缓慢的 DNA 鉴定,齿模对比既经济又快速。"林萌道。

"这件事你是怎么知道的?"陈然在门口问道。

"只要亮出我表哥的身份,那些警察都抢着跟我说。"林萌坏笑道。

"狐假虎威,"陈然低声嘟囔一声,"那既然苏琅是被杀的,凶手……是不是她那个竞争对手?她叫什么来着?"

"叫伊钥,不过据说已经失踪了……"

"喂!你们两个!"一个身着制服的中年警察出现在陈然身后。

"糟了!"陈然转身抱住警察,冲林萌叫道,"我来拖住他!萌萌你快逃啊!"

"逃……"林萌的眼角跳动了一下,这个蠢货。

警察两手一拢,把陈然给拎了起来。随即,后面又出现了几个警察,神色严峻地看着房内的林萌。一个警察更是快步走了过来,右手还放在腰间的枪套上,看来把林萌当成了危险人物。林萌突然明白了为什么在案子有谋杀疑点的情况下,现场没有警察看守,还放出口风说是意外。从犯罪心理学的角度来讲,凶手有很大的可能会重返凶案现场。原来是个圈套,她轻轻拍了下自己的额头,这下丢人了。

"等一下!"清脆温婉的女声响了起来,卓雪挤开众人,走进了房间。

"卓老师?"那个中年警察皱起眉头,"你有什么事?"

"张警官,他们是我的学生。"卓雪道。

"学生怎么了?"名叫张翔的警察点燃一根烟,狠狠抽了一口,"都大学生吧,这年头初中生都敢碎尸杀人了,你的学生就没可能是凶手吗?卓老师,虽然你给我们提供了齿模照片,但公事还得公办。"

卓雪愣了一下,说不出话来。

张翔瞟了下林萌和陈然,道:"全部带走。"

"大叔,大叔,我跟你说句悄悄话。"林萌笑眯眯地抓住张翔的胳膊,踮起脚尖在他耳旁低声说着什么。

"什么?你……是他……表妹?"张翔皱起眉头,迟疑了一会儿,向警察们喊道,"收队,收队!"

卓雪看着鱼贯而出的警察,疑惑地向陈然问道:"怎么会这样?"

陈然道:"还不是她表哥徐川。虽然是个私家侦探,但挂着国宝级心理学家王进关门弟子的名头,午夜拔头人、碎尸重生那些大案都是她表哥协助警方侦破的,好像很受警方高层的赏识。"

卓雪没表情地点了下头。

"丫头,让你表哥来这边帮下忙。"张翔咬着烟蒂道。

"他整天忙着跟踪、偷窥、拍照、捉奸,哪有功夫管这些小命案啊。"林萌嘻嘻笑道。

"喂,人命案比抓小三要重要多了。"

"抓次小三少说几千,多了上万。跟你们警方办案,报酬给不给全看你们心情,要不是你们有徐佳,他才不愿意查什么案子呢。"林萌添油加醋地说。

张翔只好又点起了一根烟。

"不过,幸好还有我这个助警为乐的美少女,所以,"她把张翔的胳膊拍得啪啪作响,"大叔,你放心吧,这个案子就交给我了,给我说下案情吧。"

"你?"张翔讥笑道,"你身份证还没办吧?"

"安啦,能力强弱是由阅历和智商决定的,跟年龄无关。"林萌继续纠缠道。

张翔叹了口气,这案子线索确实不怎么多,既然这小丫头片子是那个人的表妹……死马当活马医吧。

这案子,确实也够离奇的。

舞蹈房的起火时间是周五晚上的零点二十分,在此之后,除了消防队员外,并没有其他人进入火场。依照苏琅尸体的燃烧程度可以推断出,从起火的那一刻,苏琅就应该在火场,而且很可能苏琅就是起火源。鉴证科提取尸体上的皮肤样本进行了化验,发现了未完全燃烧的汽油遗留物。很可能是凶手进入舞蹈房里,把苏琅打晕,然后把汽油浇在了苏琅身上点燃。可问题是,在周五晚上的二十三点五十五分,苏琅被目击到从离学校二十多公里外的一家酒吧离开。二十多公里的市区路程,就算使用汽车这种交通工具,也至少得需要二十分钟的时间。二十三点五十五分到零点二十分,有二十五分钟的时间,按理说时间上没有问题。但当晚二十三点五十分的时候,从酒吧到学校的那条主干道上出了车祸,交警将道路封闭了将近一个小时,过往车辆均要绕行。而最近的绕行路线,却至少需要三十五分钟的时间!换句话说,苏琅的尸体怎么可能提前了十分钟,离奇地出现在舞蹈房呢?

在警方的初步调查中,社会青年陈霄、男朋友叶志勋和闺蜜伊钥被列入了嫌疑人名单。社会青年陈霄,平常在一家小酒吧里打工,认识苏琅有好几年了,其间跟苏琅告白过一次,但是被拒绝了。按陈霄的说法,从那以后两人虽然见面有些尴尬,但还算是过得去的朋友,并没有什么矛盾。叶志勋是同校的大三学生,其实说是男朋友,也就是一起吃饭逛街而已,没有做过什么出格的事情。在警方找他谈话的过程中,他一直不停地哆嗦,一点杀人凶手的气势都没有。至于闺蜜伊钥,虽然两人原本是好朋友,但似乎最近因为保送北京舞蹈学院的名额闹得不是很愉快,不止一次有学生看到过她们吵架。抛开苏琅尸体之谜不说,伊钥在这件案子里嫌疑最重。但是警方在找寻伊钥的时候,却发现从周五上午开始就没有人再见到过她。

现在摆在警方面前的难题，一是揭开时间之谜，二是找到伊钥。当然，这是警方的想法，对于林萌来说，她却有自己的打算。

陈霄打工的酒吧并不大，因为是周六的缘故，才晚上八点多，就已经聚了不少人。

穿过光怪陆离的舞池，林萌坐到了吧台边，把下巴放在台面上，歪着头看着陈霄。

"抱歉，你离十八岁还有两个多月吧，不能喝酒。要橙汁还是可乐？"陈霄微笑着道。

"怪不得告白被苏琅学姐拒绝了，你这人真死板。"林萌摇头叹气，"我听警方说，周五晚上苏琅学姐来过酒吧，你们说了什么？"

"这个我跟警方已经交待过了，怎么你又跑过来问？"陈霄将一杯可乐递给林萌，"我请客。"

"就不能跟我说说？"林萌咬着吸管道。

"哈，你都是大学生了，还玩侦探游戏？"

"什么游戏，我可是在正经查案呢。"林萌道，"我表哥可厉害了，是警方特别顾问，我从他那里学到了很多东西，很快就会成为名侦探的。"

"了不起的人生目标啊。"陈霄应和道，"苏琅那晚也没说什么，跟平常差不多。"

"那晚她走的时候，有说要去哪里了吗？"林萌有些失望。

"没有，她点了一杯酒，坐这里待了一会儿。我当时忙着招呼客人，她什么时候走的，我都没有注意。"

林萌眨了眨眼睛："喂，你告白被拒绝后，还能跟她做朋友吗？

会不会是你恼羞成怒把她杀了？"

陈霄露出哭笑不得的表情："小丫头，成人的世界不是你想象得那么不堪，我也没有你想象得那么幼稚。做不成恋人，做朋友不算什么稀罕的事情。而且她拒绝我都快半年了，我不会迟钝到那种地步吧。"

"开个玩笑嘛，那晚苏琅学姐是一个人来的吗？"林萌笑嘻嘻地问道。

陈霄道："嗯，自己来的。那晚她来的时候，好像不怎么开心，我给了她一杯白兰地，她也没怎么喝。顺便说一句，那晚我一直在酒吧，直到凌晨四点多才下班回去。"

"苏琅学姐为什么不开心？"

"她好像有些困扰，不时地看表，还苦笑着问我相不相信有鬼。听说你们学校有间舞蹈房有点问题？"

"鬼？"林萌歪着头问道，"你怎么回答她的？"

"回答……怎么说好呢，听说过很多鬼故事，但我并没有见过什么鬼。不过她既然问出了这个问题，肯定是在这上面很纠结，我如果直接回答不信的话，恐怕就没办法继续谈下去了。"

"所以你告诉她，你相信有鬼？"林萌瞪大了眼睛。

"只是很含糊地认同了。出乎我意料的是，她并没有继续说下去的意思。我旁敲侧击地试探了几次，她都闭口不谈。"

除了谈过鬼这个话题之外，其他的跟警方的笔录都差不多。

舞蹈房的鬼？

怎么苏琅学姐又问起这个？她应该是不相信那些东西的，要不然也不会大半夜还在舞蹈房练舞了。而且苏琅学姐问完这个，从酒吧里出来后不久，就死在舞蹈房里。这也未免太蹊跷了吧……

周日的早上，街道上的雪已经化得差不多了，除了偶尔缓慢经过的汽车之外，只有寥寥几个行人。前面的叶志勋穿着件休闲羽绒服，塞着耳机不紧不慢地走着。林萌尾行了好一会儿，才走上去啪地拍了下叶志勋的肩头，道："怎么样，对女朋友的死有什么想法？"

叶志勋往旁边趔趄一下，结结实实地摔了下去。

林萌皱起了眉头，这家伙怎么比陈然还要柔弱呢。她伸出手想拉他起来，叶志勋却坐在地上，慌乱地挣扎。

"喂，我是苏琅学姐的朋友，只是想知道她发生了什么事而已。"林萌索性举起双手，表示自己毫无恶意。

叶志勋松了口气，慢慢地从地上爬起来，嘟囔道："早说嘛，我还以为是凶手。"

"凶手？"林萌感觉啼笑皆非，"喂，就算我是凶手，你一个大男人，还怕我在大白天袭击你吗？"

"男人怎么了？"叶志勋撇嘴道，"我听说苏琅都给烧成炭了，那么残忍的凶手，男人就不会怕了吗？"

林萌在心里骂了句脏话，这个男人太娘炮了，真不晓得苏琅怎么会选他做男朋友。"学长，苏琅学姐最近跟你说过什么奇怪的话，或者提到过什么人没有？伊钥和她的关系到底怎么样呢？"

"她一直都很奇怪的，可能学舞蹈的人都那样吧。我妈说我可以跟她交朋友，提高自己的品味。"叶志勋刻意跟林萌拉开距离。

"你妈说……"林萌脚下一滑差点摔倒，"学长，你觉得她哪点奇怪了？尤其是最近。"

"最近她没什么精神，总是担心舞蹈比赛的事情，而且似乎有意躲着伊钥。"

"是因为伊钥跟她竞争的缘故吗？"

"哪有，伊钥好像并不想参加舞蹈比赛，苏琅也知道的。她们好像是因为别的事情开始疏远的，有次她们两个吵架，伊钥好像让她不要再去舞蹈房练舞。"叶志勋道。

"不让她再去舞蹈房练舞？那是为什么？"林萌很有兴趣地问道。

"你不知道吗？舞蹈房闹鬼的！"叶志勋哆哆嗦嗦地道，"都说如果在舞蹈房待得久了，会被女鬼上身的！"

"这个你也信？"林萌斜睨着他。

"我信！"叶志勋回答得斩钉截铁，"苏琅都死了，肯定是跟那舞蹈房的女鬼有关！"

"舞蹈房的女鬼……原先死在舞蹈房的那个女生是什么样子？"

"很漂亮，很有气质，是全国舞蹈比赛的冠军。《lonely dancer》知道吗？就是她跳的。"叶志勋一副很憧憬的样子。

"《lonely dancer》？嗯……开学晚会上，苏琅学姐似乎跳过。"林萌有印象，"很凄美的舞蹈啊。"好像那晚跟陈然一起去舞蹈房抓鬼，乐曲声也是《lonely dancer》。

"苏琅没她跳得好。听说，那时候追她的人可真不少呢。"叶志勋摇摇头道，"算是校花了，死得真可惜。"

"怎么死的？都说是意外，但知道实情的好像不多？"

"嗯……听说是半夜独自跳舞的时候，不小心摔倒了，磕在了舞蹈室的道具箱子上。好像磕到了脑干那里，身边没有人，孤零零地死去了。唉，人真是很脆弱的生物啊。"

"那她死了之后，舞蹈房的谣言就立刻开始流传了？"

"嗯……好像中间停了有一两个月的样子。你问这些干吗？你在查什么？不怕被鬼缠上身吗？"

林萌没有接话，而是看着黑白斑驳的路面发起了呆。如果说伊钥并没有杀苏琅的动机，那凶手会是谁呢？而伊钥又为什么会失踪呢？如果说两个人争吵的原因，是那个闹鬼的舞蹈房的话……

"鬼？他们确实都提到过，但是那种东西，绝对不可能出现在警方的报告书里。"张翔叼着香烟道。

"为什么？笔录也可以更改吗？"林萌质问道。

"我说你这丫头片子，"张翔手指夹着香烟，一副懒得跟你说的样子，"要是警方的调查报告上说嫌疑人可能是被鬼烧死的，还不得被人骂死啊。"

"那闹鬼的事情，就算不记录，也得好好调查一下吧。"林萌道。

"调查过了。喏，"张翔从抽屉里拿出一叠材料，丢到桌子上，"之所以有这个闹鬼的传言，是因为在去年的时候，一个大二女生因为意外死在了舞蹈房里。后来你们学校那些学生开始以这个女生的死为源头造起了谣言。说什么有人看到过死去的那个女生在里面跳舞，但推开门之后，却不见了。我们对学生们进行了调查，没人承认亲身经历过这种事情。"

"也没有追查到谣言是从谁那里开始流传出来的？"

"已经流传一年了，听说是从毕业的大四那届学生传出来的，他们都已经分散到全国各地了，谣言的源头查不出来。这个不是重点吧，你最近查到了什么？"张翔笑呵呵地问道。

"没查出什么新鲜的东西。还有一点,为什么警方没有搜集苏琅学姐的遗物?女生总是会随身带很多东西的。像包包啊、手链啊、钥匙坠啊之类的小玩意儿。"

"没有发现。"张翔回答道,"虽然现场火灾的高温并不足以融化这些东西,但是我们确实没有发现。也可能苏琅进入火场时,没有随身带这些东西。"

"那倒蛮稀罕的。"林萌嘻嘻笑道,"伊钥呢?找到了没?"

"没。因为没有什么证据可以确定她就是嫌疑人,也就没有全面通缉,只是给各个派出所打了下招呼。机场、火车站、汽车站这些地方也都没有封锁,如果她想逃,恐怕不是什么太困难的事。"张翔皱起眉头,"对于一个仅仅需要协助调查的案件相关人,是不可能大张旗鼓搜捕的。搞不好人找到了,我也给人告了。毕竟现在的律师都不是吃素的,捡个执法越位的毛病就能让我吃不了兜着走。"

"你觉得是伊钥杀了苏琅吗?"林萌托着下巴问道。

"当然陈霄、叶志勋也有嫌疑,不过伊钥的嫌疑最大。不管她是不是凶手,她肯定跟苏琅的死有关,不然的话为什么玩失踪?我看八成是做贼心虚。"

"或许是有什么苦衷呢?"林萌道。

"苦衷?什么苦衷?"

"伊钥曾经反对苏琅学姐到那个闹鬼的舞蹈房里练舞,为此她们还吵过架。由此可见,她对舞蹈房闹鬼应该是深信不疑的。是不是伊钥学姐得知苏琅的死讯后,觉得是女鬼杀人,才自己躲了起来?"林萌自言自语道,"不对,苏琅学姐死是在周五晚上二十三点到零点之间,而伊钥失踪是在周五早上。她失踪得比苏琅学姐更早,这在时间上解释不通。"

"总之，找到伊钥后，我觉得这个案子就八九不离十了。"张翔吐出个烟圈。眼前这个小姑娘虽然是那个人的表妹，但看来也不过如此，怕是指望不上了。

"不见得。不是说因为车祸的缘故，绕路要有三十五分钟的车程吗？而苏琅学姐的尸体却只用了二十五分钟的时间，就出现在了舞蹈房里。就算伊钥是凶手，那十分钟的时间，她是怎么变出来的呢？况且，我已经调查过了，她们两个都不会开车。"林萌摇头道。

"或许是伊钥用了什么心理诡计吧，等找到她后，直接问她好了。"

"不自己找答案吗？"林萌指了指自己的脑袋，"如果一直找不到伊钥，这案子不就一直破不了吗？"

"怎么找答案？地铁二十三点三十分就停运了。"张翔苦笑，"我们也做了好几次实验，从苏琅被发现的地方开始，走最近的绕路，用最快的车速在一路绿灯的情况下，耗时三十四分钟五十三秒。其他的时间大多在四十分钟以上，最慢的一次，因为堵车，足足用了六十七分钟。"

"也就是说，用寻常的交通工具，是不可能在二十五分钟内到达学校舞蹈房的。"林萌低声道，"直升飞机的话……"

"噗……"张翔嘴里的茶被全喷了出来，"没有那种东西！直升飞机在城市上空飞行要经过批准的，而且直升飞机低空飞行噪音很大，在当晚没有人目击到有直升飞机，学校附近的居民也没有听到过什么奇怪的响声。"

"那么，真的是鬼吗？"林萌看着张翔道，"既然所有的交通工具都不可能解决这个问题,那只有鬼才能做得到吧?"

"鬼……"张翔突然有种很无力的感觉,当初让这丫头参与案子,果然是个错误的决定。

门口响起敲门声,一个头发油腻腻的家伙探出了头:"张翔?你的猪肉盖浇饭、烤鸡肉串。"

"猪肉盖浇饭?我要的是牛肉。"张翔有点不高兴。

"凑合吧。"送外卖的家伙一脸无所谓的样子。

两人沉默着对峙了一会儿,张翔无可奈何地掏出了钱包:"多少钱?"

林萌不客气地拿起一串烤鸡肉,嗯,味道还不错。

"为什么你送的是猪肉饭,却要收我牛肉饭的钱?"张翔怒道。

"凑合吧。"送外卖的家伙打了个哈欠。

"……我这里可是警局!"张翔快要崩溃了。

"警局怎么了?警察吃东西就不用给钱吗?"这家伙挖着鼻孔问道。

一股强风突然吹散了脑中的谜团,林萌放下手中的鸡肉串,翻开了桌子上的饭盒,喃喃道:"猪肉饭……牛肉饭……"

"干什么?这是我的午饭,要吃等会儿大叔再给你叫一份。"张翔瞥了眼她手上的鸡肉串道。

"再来一份猪肉饭吗?"送外卖的问道。

"你以为呢!?"张翔怒喝道,"钱已经给你了不是?出去!出去!"

送外卖的挠了挠油腻腻的头发,拉开门道:"看看,看看,现在的警察都啥素质,唉!"

"我说……大叔，你帮我个忙吧。"林萌道。

"什么？"

"抓鬼。"林萌抬起头，阳光灿烂地笑道。

时间过得很快，舞蹈房案子已经过去了两周，伊钥仍然杳无音信，警方对这个案子也没有了多大的热情。不光隔离带早已撤去，连相关的询问和调查似乎也已经偃旗息鼓。学生之间，关于舞蹈房的传说很是喧闹了一段时间，但随着热情减退，也只剩下了千万不能在晚上靠近舞蹈房的流言。学校表示，要准备近期对舞蹈房重新装修，说是已经得到了警方的允许。当然，以后有没有人敢在那里练舞，就是另外一回事了。

林萌和陈然蹲在舞蹈房的角落里，前面堆满了清理到一起的烧坏的家具，家具将他们挡得严严实实，从外面看根本看不出来有人。陈然是被林萌硬拽来的，说是要抓鬼，但到现在已经蹲了三个多小时了，别说是鬼，连个人都没有。冬夜的寒冷让他忍不住往林萌身边挤了挤，然后被狠狠地掐了一下。至于吗？连挨都没挨到啊，陈然不满地腹诽。

走廊里似乎传来轻微的响动，陈然屏住呼吸，仔细聆听。没错，是那种什么东西正在经过的声音。他不由地紧张起来，浑身莫名其妙地发起热来。门口暗了下来，是那个东西挡住了走廊外折射过来的月光。陈然伸长脖子，战战兢兢地看去，好像是人的形状，在门口稍作停留，就径直走进房中停下，蹲下了身，似乎在摸索着什么。

林萌猛地拍了下手掌，整个房间亮如白昼。她推开前面的木箱，从杂物中跳了出来，大声叫道："抓住了！"

与此同时，张翔带着几名警察从门口冲了进来，瞬间就围住了蹲在地上的目标。陈然站起身，过了好半晌才适应了耀眼的灯光，这时候才明白了林萌戴墨镜的原因。他不满地嘟囔一声，向蹲在地上的那个身影看去，却忍不住惊呼一声。虽然只是背影，但他还是清楚地认出了这个人。

背影站起身，转过脸看着林萌，温和地笑道："我来之前就在想，会不会是个圈套……"

"但你不得不来，就算是圈套，你也要冒险来取下原本留下来的东西。对吧，卓老师？"林萌走了过去。

卓雪的身后，有一个梯形六面体的铁丝框。林萌俯身拾了起来，放在手上道："你的那个，已经被鉴证科拿回去好好研究了。这个只不过是个仿制品。"

"卓老师是凶手？"陈然目瞪口呆地问道。

林萌点了点头。陈然彻底糊涂了，转头去看张翔，张翔却点起一根烟，一副懒得说话的样子。

"怎么可能？卓老师怎么会是凶手？对了，萌萌你不是说过，那个什么时间差来着，那不是以人力就能办到的吧。"陈然着急问道。

"那，我从头说起吧？"林萌看了眼卓雪，"如果有什么地方说错了，麻烦卓老师纠正下。"

卓雪没有说话，而是走到窗边，默默地看着漆黑的夜色。

"这所学校里，流传着不少校园传说，经我的手已经破解得七七八八了。我发现一个很奇怪的事情，这些校园传说大多都流传了很久，有些甚至比我的年龄还要大。但唯独这个闹鬼的舞蹈房，却是去年才刚刚流传起来的。"林萌也走过去，跟卓雪并肩站在窗边,"这个传说的始作俑者,是卓老师你吧?"

"哦?为什么?"卓雪反问,语调跟夜色一样冰冷。

"复仇,为了向苏琅学姐和伊钥复仇。"林萌叹了口气,"我查了下档案,一年前,因意外在舞蹈房里死去的那个女生,叫卓冰。"

卓雪沉默。

"我拿着照片去学生册上登记的辖区派出所问了下。在卓冰六岁那年,她的父母离婚了,她跟母亲一起生活。她的家庭条件不怎么样,仅靠着母亲做家政小时工那点薪水生活。由于家境贫困,卓冰的性格又比较内向,所以几乎没有什么朋友,她唯一的乐趣就是芭蕾。在夜晚的时候,在街边的花园广场里,伴着乐曲翩翩起舞,那是她一天中最快乐的时光。

"升入明诚大学之后,学校不但有免费开放的舞蹈房,而且还有参加全国舞蹈大赛的名额,她很高兴。如果获得了全国舞蹈大赛的冠军,毕业之后或许会就此改变自己的人生。抱着这样的信念,她在某个人的指导下,开始了艰苦的芭蕾之路。有小时候的舞蹈功底,加上刻苦的努力、专业的指导,大二那年她夺取了全国芭蕾新秀舞蹈大赛的冠军。眼看再有两年,梦想就要实现了,在这个时候却发生了意外,让她再也没能走出这间舞蹈房。"

"那不是意外。"卓雪推开窗子,呼啸的冷风刺痛着她的面颊,"是苏琅和伊钥杀了她。"

"卓冰那案子没有目击证人,现场也没有打斗痕迹,没有当做他杀也是情有可原的。"张翔在一旁道。

卓雪笑了起来,像一朵午夜绽放的昙花。

"大叔……"林萌摇了摇头,"卓老师,你为什么说是苏琅和伊钥杀了卓冰？"

"父母在我十二岁那年离婚。我判给了父亲，她判给了母亲。虽然父母像仇人一样老死不相往来，但我和她关系却非常好，毕竟是亲姐妹啊。"卓雪的目光远眺向黑暗的远方，"我们从三岁就开始练芭蕾了，跟我不一样，那孩子对芭蕾有着旁人不能理解的狂热。父母离婚之后，母亲经济条件很差，没有闲钱让她再上舞蹈班了。于是，我就在空闲时候把舞蹈班上学的那些教给她。甚至她的舞鞋和体操服，都是我送给她的，当然都是用父亲的钱买的。但母亲却不能接受，她不能容忍父亲任何形式的施舍。你知道吗？当我看着妹妹抱着要还给我的舞鞋和体操服，在街灯下哭得一塌糊涂的时候，就发誓这辈子一定要好好保护她。大学毕业，我因为肌腱拉伤没能当成舞蹈演员，就到这所大学里当了医务老师。反正父亲有的是钱，我找个轻松点的工作就好了，而且还可以帮妹妹实现她的梦想，算是一举两得的事情。学校里没人知道我们是姐妹，虽然也有人开玩笑说我们长得很像，但我们都在极力隐瞒。母亲的执拗性格，我和妹妹都很了解，若是让她知道我们同处一所大学，非逼着妹妹转校不可。我和妹妹一起，编了《lonely dancer》那支舞。那孩子在舞蹈方面是个天才，苦练之后，她凭《lonely dancer》拿到了全国芭蕾舞新秀非专业组冠军。眼看着离梦想越来越近了，可是……

"是的。妹妹性格内向，家里又穷，但她却因为清秀脱俗的气质在学校里很受男生的欢迎。只不过在她眼里，只有舞蹈才是她的恋人，她也只有借助舞蹈才能改变自己和母亲的命运。所谓的爱情，对她太过奢侈。于是，清高孤傲成了别人对那孩子的印象。到最后，她几乎没什么能说上话的人。对此她也慢慢习惯了，虽然针对她的恶作剧时时都在，但还不至于超出忍受的程度。但是当她得到了全国芭蕾新秀舞蹈大赛非专业组的冠军之后，周围的恶意越发明显了。直到出现那次意外，她永远地倒在了这间舞蹈房里……"

卓雪转过身，拭去眼角的泪水："我以前也以为是意外。在妹妹死后，我本来打算从这所大学里辞职，但就在那时，我听到了一些东西。那是一次课间，苏琅因为不舒服来医务室休息。我在门外，偶然听到了她和伊钥之间的争吵。你知道我妹妹为什么会滑倒吗？是因为她们在她舞鞋柜旁的地板上涂了油。大概原本只是想让她摔倒出下丑，谁知道竟变成了那样的结果。"

"就因为这样，你就要杀人？"张翔皱眉道，"她们那是过失杀人……"

"她们死有余辜！"卓雪秀丽的脸庞因愤怒而扭曲，"你知道她们怎么说我妹妹的吗？死了也好，省得整天在眼前晃来晃去烦人。反正是没人记得的家伙，死了大概很快就被人忘记了。那样枯燥无趣的人生，连一只狗都不如，不明白为什么还要活下去……这些都是她们的原话！杀了人，一点悔恨的心情都没有，反而还恶言相向！那是我至亲的妹妹，要我如何才能原谅！"

房间里沉默了好久，只有呜咽的风声呼啸而过，犹如一首断断续续的悲歌。

"所以，你就烧死了苏琅？"陈然眼圈红红地道。

"不是，死在这里的是伊钥。"林萌摇头道。

"伊钥？萌萌你弄错了吧，伊钥是失踪了，这里死的是苏琅。"陈然转向张翔问道，"张……大叔，卓老师这情形能减刑吗？"

"她可是杀了两个人呢。"林萌叹道，"减刑恐怕不可能。"

"明明是一个人，伊钥失踪还没找到呢。"陈然急道，"怎么会是两个人呢？"

卓雪嘴角紧紧抿着："你怎么发现的？"

林萌道："起初我一直在纠结用什么方法才能超越那十分钟的时间，甚至怀疑过目击者看错了。直到在大叔的办公室里，因为送外卖的搞混了猪肉饭和牛肉饭，让我突然想到了另一种可能。那就是，既然没有办法超越那十分钟，会不会死在舞蹈房里的，并不是苏琅？于是，在我的强烈要求下，大叔对苏琅的尸体进行了DNA鉴定。手续真是麻烦死了，前前后后两个星期才出来结果。不过结果却正像我所预料的那样，尸体不是苏琅的，而是伊钥的。

"那么，也就是说，齿模鉴定的结果是错误的。卓老师，你在这所大学里做了两年多的医务老师，对学校体检时进行牙齿检查的事情很清楚吧。而且，所有学生的体检结果都在医务室的电脑里存有档案。我问过当时案发现场的鉴证科小哥，是你主动告诉他存有全校学生的齿模照片的。这样就简单得多了，在警方要求提交齿模对比照片的时候，你只不过把伊钥的照片改成了苏琅，就成功地诱导了警方。

"刚看到尸体的时候，我就在想，如果要杀人，为什么要用烧死这种过程缓慢又不稳妥的办法？而且，为什么尸体身边没有钥匙、手机链、手包之类女生常带的东西呢？现在明白了，是为了掉包。苏琅和伊钥两个人都练芭蕾，身高体型也都差不多，只要把尸体烧得面目全非，再加上齿模鉴定的结果，就没有人会怀疑死的不是苏琅。"

"可是，为什么要掉包？"陈然疑惑地问道，"有这个必要吗？"

"有。"张翔吐掉抽完的烟蒂,"案子发生后,我们对相关的嫌疑人进行了调查。发现案发当晚零点二十五分,卓雪在距离学校四十分钟车程的超市购物,并跟收银员发生了争吵。换句话说,如果零点二十分之前死在舞蹈房里的真是苏琅,那么卓雪有不在场证明。只可惜……"

林萌接着说道:"只可惜,舞蹈房里死的是伊钥。卓老师,那个舞蹈房里午夜闹鬼的传说,也是由你传出来的吧?如此一来,在你布置舞蹈房的时候,被目击的几率就大大缩小了,毕竟像我这样好奇心强的人也不怎么多。伊钥在周五上午就失踪了,如果我没猜错,你是先把伊钥在别处烧死之后,才把她放到舞蹈房里的吧?"

"不,不对。卓老师是无辜的,你们都错了。"陈然突然抬起头道,"舞蹈房起火是在零点二十分,而卓老师在零点二十五分不是在离学校四十分钟车程的超市里吗?她怎么可能点火呢?"

"用这个东西。"林萌举起手里的铁丝框,"觉察到掉包诡计之后,我在舞蹈房的废墟里仔仔细细地搜寻了一遍,把奇怪的东西全都琢磨了一遍。这个铁丝框,可以做到定时点火。在梯形铁丝框的四条边上,都绑上一炷五十厘米高的香,在每根香的底部,再分别绑上几根火柴。然后把这个梯形铁丝框放在房间的一处,在下面倒上些汽油,并用汽油在铁丝框和尸体之间浇上那么一条导火线,一个完美的定时点火器就做成了。当晚大概二十三点三十分左右,卓老师你把伊钥的尸体带到了舞蹈房,放下这个铁丝框,倒好汽油点燃香之后,就离开了。周五晚上,学生都放学回家了,巡夜的保安也不敢轻易靠近这个闹鬼的房间。而那个点火器算是有四重保险,香的燃烧时间经过了很多次的实验,让人放心得不能再放心了。然后，你开车走了四十分钟左右，到了早已踩好点的超市之后，找个借口跟收银员吵了一架，这样在警方调查的时候，他就成了你的不在场证人。我有一点不明白，为什么苏琅会在当晚去陈霄的那家酒吧？是你安排的吗？"

卓雪点点头："前几天，我以妹妹的名义给她发了匿名邮件，说已从地狱中归来，要她付出代价。"

"她信吗？"林萌问道。苏琅和伊钥，对于舞蹈房里闹鬼的争执，大概就起源于这封电子邮件吧。

"人总会对自己做过的亏心事耿耿于怀。不管她信不信，她显然被吓到了，她一直追问我是谁，要干什么。我就约了她周五晚上在陈霄的那家酒吧见面。我告诉她，让她在酒吧里等到二十三点五十五分，如果我那时还没到，就要她去另外一条街的咖啡馆等我。"卓雪淡淡道，"零点三十五分左右，我接她上车。她看到我的第一反应很是吃惊，紧接着我就勒死了她，然后将她的尸体绑上石头，坠入了黄浦江里。"

"这个计划真算是完美无缺了。经手案子的警察如果很平常，就会认为舞蹈房意外起火，烧死了苏琅；如果聪明一点，则会怀疑伊钥、陈霄或者叶志勋。怎么都怀疑不到卓老师你身上。"林萌摇头道，"可惜人算不如天算，出现了那起车祸，使得原本绰绰有余的二十五分钟，变成了要命的三十五分钟，彻底打乱了你的精心布局。"

卓雪浅笑道："如果说意外，车祸不算是最意外的。最意外的是你的出现。你是什么时候开始怀疑我的？"

林萌道："那天张翔大叔他们布局抓嫌疑犯，你也出现了呢。我当时就觉得有点不对劲,因为老师你不像好奇心那么旺盛的人嘛。卓老师,你那个时候去现场,就是想要拿回这个简易的定时点火器吧?"

"原来是这个样子啊。"卓雪苦笑一声,向张翔伸出双手,"走吧。"

"卓老师,你为什么不报警,非要选择自己复仇?"陈然问道。

"报警?最多判她们两个几年而已。"卓雪回过头,"她们两个是要下地狱的。"

"可是这样值得吗?"陈然眼角泪光闪动,"卓老师?"

"我不后悔。"卓雪的语气很轻,却异常坚定。

眼看警察消失在了舞蹈房门口,林萌拍了下趴在窗边闷闷不乐的陈然道:"怎么?恨我吗?"

陈然幽幽道:"没有,我只是觉得卓老师挺可怜的,她的妹妹也挺可怜的。"

林萌没有说话,也仰起头看着窗外。雪花洋洋洒洒地从铅色的天空中簌簌而下,看似在飞翔,却是在坠落。

她摇了摇头,扳过陈然的肩膀,道:"要不要看我跳支舞?"

"你会跳舞?什么舞?"陈然靠在窗边,头发被风吹得凌乱不堪。

林萌点了点头,走到舞蹈房的中央,摆了个悲伤的起舞姿势道:"lonely dancer。"

二 逆刃

已经是半夜十二点多了，校园里静寂得犹如死了一般。

夜色浓重得犹如打翻在宣纸上的墨汁，沉闷而压抑。雪花从深邃黑暗的天空中飘落，随着凛冽的寒风旋转，纠结成簇，直坠苍白的地面。水泥路上已经积了一层厚厚的积雪，踩上去嘎吱嘎吱作响。

梁旭小心翼翼地跟在李博的身后，慢慢挪动脚步。再走几十米，就到教研楼了。他停了下来，张皇地回头看了眼长长的脚印，有些后悔地拉开围巾喘了口气。跟李博一起来偷试卷，本来就是硬着头皮来的。不及格跟偷试卷可是两码事，万一被抓住了，会不会被开除？

"走啊？"前面的李博回过头，口中呼出的白气消散在夜色中，"你瞅你那德行，是不是又要回去了？回头把试卷偷出后，由你交给刘雨涵，行了吧？"

"倒不是因为这个……"梁旭张口解释。

"那就走呗。马上就到了，现在回去算什么事儿啊。"

"……好吧。"这次英语考试，梁旭和李博都没考好，这是正常的。可刘雨涵也没考好，却有些太不正常了。作为经常拿全系第一的尖子生，她竟然也不想被公布成绩，可想考得有多糟糕。

偷试卷的点子，是刘雨涵想出来的。梁旭听刘雨涵说的时候，很是吃惊，他想不到平时一副乖乖女模样的好学生胆子竟然这么大。看着刘雨涵满是期待的眼神，梁旭硬着头皮答应了下来。不过，自己去偷试卷，他可没这个胆子。刘雨涵只好又给他找了个伙伴，李博。

楼洞口暗淡的灯光照在身上，让梁旭不禁打了个寒颤。他走上了教研楼的台阶，跺脚抖落身上的雪花，进入了黑乎乎的楼洞。英语教研室就在二楼，那扇木门很容易就能撬开。都到这个点了，还下着大雪，学校里没什么人，保安巡夜也是应付。偷完试卷就能闪人，这简直就是个体力活儿。这是李博说的。

"今晚这事儿结束后，谁也不准外传。"李博站在楼梯口，掂了掂手中的螺丝刀。

梁旭刚想点头，脸色突然变得煞白，心怦怦跳个不停。他看向李博，却发现李博也正困惑地看着楼梯。是急促沉重的脚步声，越来越近了。糟了，有人还没走。梁旭脑中闪过这个念头。要跑吗？还来得及吗？仅仅电光石火之后，一个黑影出现在了楼梯转角处。

黑影看到下面的两人，并没有犹豫，直接三步并作两步冲了下来。

"啊，我们是来借个厕所……"李博的话还没说完，黑影已经冲到了跟前。

一根细长的东西携裹着风声呼啸而下，李博闷哼一声，瘫倒在地。

梁旭想要大声呼救，头部却重重挨了一下。剧烈的疼痛吞噬了窜到嗓子眼的叫声，他迎面倒了下去。黑影并未停留，而是转身向楼洞飞奔。梁旭咬着牙，撑起身子，借着楼洞口微弱的灯光，看清了黑影。

这到底是什么东西啊……

喉咙间涌上一声呻吟，他被眼前匪夷所思的一幕弄得目瞪口呆。那是一个穿着像是科幻电影中的黑色装甲，却又手持着一把长长木刀的家伙。

真是……太荒谬了吧。梁旭想。

随即，他失去了意识。

"你是被斯巴达袭击了。"林萌看着脑袋上缠满绷带的梁旭笑道。

"斯巴达？那是什么东西？"梁旭很是困惑。

"啊，是斯巴达—117，那装甲是仿造《光晕》中士官长的，从头盔到钢靴，一样不差。穿上那副装甲，就像一名未来的士兵。"一旁的陈然解释道。

"《光晕》？"梁旭依旧摸不着头脑。

"一部 FPS 游戏，你没玩过吗？"陈然很意外，似乎觉得男生都应该玩过《光晕》。

林萌给了陈然一个爆栗，把话题又扯回来："再过几天，不是有个迎接春节的 cosplay 晚会吗？学校里一个叫赖泽锋的富二代花了三万多块钱找人做的。警方已经找过他谈话了。"

"警方？"梁旭愣了。值得吗？不就是偷个试卷吗？惊动了警方?

"你们是去偷试卷的吧。李博比你早醒了几个小时,已经跟警方交待了。"林萌笑道,"不巧,你们准备撬门的英语教研室,昨晚发生了意外。教英语的陈老师被木刀劈中了后脑,当场身亡,凶手应该就是你们遇到的那个斯巴达—117。"

梁旭呻吟了一声,好嘛,只不过是个体力活儿。

"看到凶手的脸了没?"林萌眯着眼问道。

"他戴着头盔呢,怎么可能看到。"梁旭又想起了那个身着黑色装甲的影子。

"我听李博说,你们特地选在了十二点二十去偷试卷,这个时间对你们来说,有什么特别的原因?"

梁旭还没回答,门被哗啦一声推开了,张翔出现在门口:"林萌?干扰警方办案,你知道是什么后果?"

林萌嬉皮笑脸道:"大叔,我们这是在帮你呢,怎么叫做干扰?上次那个舞蹈房案子,要不是我,你能破得了吗?"

张翔撸起袖子,拽起林萌往外拖:"出去,出去,小丫头片子瞎猫碰到回死老鼠,真把自己当回事儿了。"

被拽出病房后,林萌还不死心,趴在门边听了好一会儿,却并没有听到什么声音。回头一看陈然木讷地站在身旁,她又是一个爆栗敲过去:"走了,呆头鹅!"

陈然不高兴地撇了下嘴,小声嘟囔道:"又拿我出气。"

林萌听到了陈然的吐槽,却并没有跟他计较,此时此刻,她的心情异常好。本来以为舞蹈房那案子结束后,学校里就没什么恐怖的传说了,可谁知道这么快就来了一起诡异的杀人案。比起探究那些传说的历史，见证历史的发生更激动人心。

中午休息。

林萌和陈然坐在靠窗的地方，吃着刚刚加热过的便当。四周还有不少学生，但没人愿意靠近他们。人总是对自己不了解的人有两种情绪，要么鄙视，要么敬畏。这个干掉了校园传说之后，又搭上了命案的灵异二人组，显然不那么受欢迎。

雪早上就停了，天空灰蒙蒙的，显得有些怪异。不过对连着下了两场大雪的上海冬天，这点怪异倒是可以原谅。

陈然咬着一个炸丸子，口齿不清地道："萌萌，你怎么对这个案子有兴趣？"

"这个案子很蹊跷，你不觉得吗？"林萌把炒肉片放在开水里仔细涮了涮，然后用优雅的动作送到了唇边。

"哪里蹊跷？"陈然没有劝她几句的觉悟，青梅竹马了十多年，他早已经了解林萌的性格。

"你不觉得好奇？为什么凶手会穿着《光晕》中的黑色装甲去杀人？"

"如果不是异装癖，那就只有一个目的呗。"陈然不以为然道，"掩盖自己的身份，你想啊，穿上那样的盔甲，谁还能看清他的脸？"

"那找块毛巾蒙住脸不好了吗？何必穿那么重的盔甲？"林萌摇头道，"而且，凶手为什么要去英语教研室呢？以他随身带着木刀的状况来看，应该是有预谋的杀人，可为什么不能约到其他僻静点的地方呢？"

"警方不是已经着手调查了吗？"陈然道，"其实，现在查案子都讲究团队配合，鉴证啊、走访啊、分析啊、推理啊，都是几个人甚至几十个人来做的。名侦探，只会出现在小说或者电影中。"

"那如果案子最后是我给破了，岂不显得我很厉害？"林萌瞪大眼睛，"上次那个舞蹈房的案子，还有记者专门来采访我呢。"

陈然叹了口气："其实我觉得，你倒跟那个叫赖泽锋的富二代学长挺般配的。"

"什么意思？"

"一个为了出个风头，花三万多做副装甲；一个为了出个风头，出力不讨好自己破案子。"

"赖泽锋啊……"林萌忽闪着大眼睛，又不知道在打什么主意。

刘雨涵领到了英语试卷，坐在座位上，一脸不开心的样子。

梁旭碰了碰李博，道："要不……等会儿跟她道个歉？"

"道什么歉？"李博翻了个白眼，"我们连小命都差点挂掉，她一句安慰的话都不说，就知道嘟个嘴坐那里生气。喊！"

"不是没帮到她嘛。"梁旭挠了挠头。

"是啊，很多人都是只在意你让她得到了什么，却不在意你为她做了什么。"李博摆摆手，"这观音兵啊，你爱当你当，我可没啥兴趣。"

梁旭看看刘雨涵，又看看李博，尴尬地笑了笑。

"话说回来，老梁你看清那个杀陈老师的凶手了吗？"李博压低声音，神秘兮兮地问道。

"没，他穿着那身黑色装甲，又戴着面具，哪能看出来啊。怎么你对命案也感兴趣？"

"扯，那一刀正劈在我脑门上，现在还疼得厉害。"李博咬牙道，"要是让我知道是谁打的，我非得狠狠揍他一顿不可。"

梁旭摇头道："你还是算了吧，那家伙可是杀人凶手。现在警方不正在查案吗？你掺和什么啊。"

"怕啥，咱不也是剑道社团的？"李博不以为然地道，"要不是那晚我毫无防备，说不定撂倒的是那个凶手。"

梁旭没有回答，跟有胆子杀人的凶手去比狠，只怕只有李博会去做了。

"你说那灵异二人组也在查这件案子？"李博饶有兴趣地问道，"他们需要人手吗？"

"那谁知道。不过都说那两个人邪门儿得很，跟他们走近了，小心沾上霉运啊。"

"霉运？喊，跟你那位女神走得近了，才会沾上霉运。"

"说话小心点。"他们的前桌张舒回过头用水笔敲了敲桌子，"你们两个倒霉，就别把事情往别人头上栽。两个大男人，躲在背后说女生的坏话，不觉得丢脸吗？"

"丢……脸……"李博拖着长腔道，"张大美女教训得对，以后我们不躲在背后说女生坏话了。"

"凭什么不让进犯罪现场？"林萌盘腿坐在张翔的办公桌上，大大咧咧地扒拉着上面的照片。

"你一个非公职人员，一而再再而三地进入犯罪现场，我岂不被人笑话？"张翔抽着烟道。

"那我表哥怎么可以？"

"他几岁,你几岁?"张翔嘟囔一句,"你不是说了吗?名侦探就算不去现场,也能把案子破了。"

"有吗?"林萌冲他翻了个白眼。

"你说过啊,神探阿蒙嘛。"陈然在一旁乐呵呵地附和。

嘭,一个爆栗在房内炸响。

叹了口气,林萌将桌子上的照片全部摆开放好。

案发地点,英语教研室。地上的白色现场痕迹固定线勾勒出尸体的形状,尸体倒在离门口不远的地方,头颅朝向门口,左臂前伸,似乎想去抓住些什么,右臂摆在躯干旁,两腿并伸。这个姿势……似乎有些怪异。接下来的几张,是白色现场痕迹固定线的不同角度特写,似乎没什么值得注意的地方。鉴证科的警察很细心,用广角镜头把整个英语教研室全拍了出来,一张张照片看下去,几乎就是全息图一样。这间英语教研室面积不大,看样子有四名老师办公。办公桌或杂乱,或整洁,各有特色。桌上的电脑、书籍、茶杯、摆件全都被拍了下来,甚至连光秃秃的墙壁都没有放过。

"这位拍照片的大叔是不是有强迫症?"林萌笑道。

"完美主义者,今年刚分到警局的。"张翔抽了口烟,"自从他负责这块后,照片冲洗费翻了三番。"

英语教研室啊……平时人来人往的,脚印指纹之类的东西基本没什么参考价值。那从现场到底能发现什么有价值的线索呢?林萌眯着眼睛,一张张的照片审视过去。一扇半开的窗子突然映入眼中。白色的 PVC 窗框,双层玻璃,似乎并没有什么不妥。只是……这个窗台上的积雪看起来比较薄。

"喂，大叔。案发当晚，窗子也是开着的？"林萌问道。

"嗯。"张翔夹起一根烟，懒洋洋地答道，"丫头，以后没有我的允许，你不能再私自调查案子了，明白不？这次看在你表哥的面子上……"

"晓得，晓得。"林萌摆了摆手，"大叔，你们进展到哪一步了？"

"开始的时候，以为这案子挺简单的。"张翔顿了一下，仿佛颇为尴尬，"本来以为，只要照着黑色装甲和木刀的线索查下去，就能把案子搞得七七八八。谁知道，后来却出现了一些状况。

"黑色装甲的主人，叫赖泽锋，大二学生，是个《光晕》游戏的死忠粉丝。案发时候，赖泽锋说自己老老实实地躺在家里睡觉，却并没有人可以证明。他住的是四层别墅，整个二楼都是他的地盘。不过据他说，那副装甲当时并不在他手里。因为过几天就要开晚会，演员们这几天都在排练。为了方便省事，道具都放在了学校的礼堂仓库里。所以说，穿上那副装甲行凶的可以是任何人。

"接下来，是那把木刀。木刀属于一个参加晚会的大三学长，叫黄付野。他要在晚会上cosplay《浪客剑心》中的绯村剑心，跟赖泽锋一样，木刀也放在了学校的礼堂仓库。据黄付野讲，案发当晚，他也躺在家里睡觉，父母可以作证。不过，直系亲属的不在场证明，似乎并不怎么可靠。

"案发后的当天早上，我们赶到了学校礼堂，既没找到黑色装甲也没找到木刀。想来也是，凶手行凶之后，是绝对不会再把东西放回原处的。于是我们转回头来调查当晚的李博和梁旭，不过……"

"不过也没什么发现，所以你又想到了我？"林萌眨着大眼睛道。

张翔没有回答，狠狠地抽了口烟。

李博和梁旭，碰到凶手的时间是半夜十二点多，陈老师的死亡时间也是在十二点多。也就是说，李博和梁旭这两个目击者遇到凶手的时候，陈老师刚刚毙命。可惜的是，凶手当时穿着黑色装甲，并没有留下什么特征可供调查。

　　在被凶手打晕半个多小时之后，李博首先醒了过来，他看到昏迷不醒的梁旭，跑到保安处叫了值夜保安，并拨打了120。120赶到，对梁旭和李博进行诊断后，发现没有什么大碍便离去了。但那几个保安却感到有些蹊跷，半夜学校里怎么会出现一个身穿黑色装甲、手持木刀的人呢？带着这样的疑问，他们走上了教研楼，试了几个房间后，很轻松地推开了英语教研室虚掩着的门。陈老师就倒在门口，早已成了一具僵硬冰冷的尸体。接着，是报警、勘察现场、录口供之类琐碎的事情。

　　"死去的陈老师，你们有什么线索吗？"陈然在一旁插话。

　　"教英语的，男，三十二岁，上海本地人。致命伤在脑后，脑蛛网膜下腔出血。伤痕是长条型的，鉴证科把伤痕拓了下来，拿去跟黄付野做木刀的地方做了比较，证明是同把木刀。至于陈老师这个人，在学校老师中的风评还算不错，他教的班级，在学校里成绩一直是名列前茅。但是在学生中，似乎有不好的流言。"

　　"是不是说，他跟一些女学生有暧昧的关系？"陈然道，"这点萌萌已经查出来了，不过好像不是流言，那些事传得有模有样的。这个陈老师，曾经因为跟一名女学生有暧昧，后来导致那名女生情绪失控而退学，几度自杀，现在正住在精神病院里。而这名女生，就是赖泽锋和黄付野的同学。"

　　"……这倒是个新线索。"张翔有些不自然。

"没什么啦,大叔。对于警察,学生们都有很强的戒备心理,不会什么话都告诉你们的。"林萌笑道。

"那,不如你们再去调查下黑色装甲的主人和那把木刀的主人?或许你们出面,会问出比警方更多的线索。"张翔转向陈然道。

"嗯,我和萌萌也一直很在意,为什么凶手行凶时,一定要穿上黑色装甲,又拿了把木刀。"陈然点点头。

"不,我现在最在意的是,"林萌跳下桌子,"为什么案发的时候,窗子会是开着的?"

"这种事,我怎么会知道?"赖泽锋道,"其实准确地说,那副黑色装甲的名字叫雷神。"

"但是,学长你花了三万多块做的装甲啊,怎么会安安心心地放在学校仓库里呢?而且丢了一点也不着急?"林萌问道。

"才三万块钱而已,不算多啊。"赖泽锋微笑着看着林萌,"况且那副雷神做得有点瑕疵,丢了也好,我准备再做一副新的。"

"那你跟陈老师有什么过节?"陈然没好气地问道,不知道为什么,他对这富二代有些莫名其妙的敌意。

"能有什么过节?他泡他的妞,我上我的学。你觉得我们之间会有什么冲突?"赖泽锋气定神闲答道。

"那么,传言说有女生跟陈老师有暧昧的事情,是真的了?"林萌眨眼问道。

"大概是吧,"赖泽锋道,"据说他们有段时间打得火热。"

"那你对陈老师的死,有什么看法?"陈然再次插话。

"天谴吧。你要知道,学校里不少女生都咒他不得好死。"赖泽锋笑了笑。

"你知道些什么?"林萌问道。

"都是些流言罢了。你如果有兴趣,不如问姓陈的教的那几个班,我估计有些女生会抢着跟你们说的。"

"比如说?"

"张舒算一个。"

林萌露出明白了的样子。

"你们的问题问完了?现在换我。"赖泽锋道,"我有些好奇,那两个目击者看到的凶手穿着我的雷神装甲、拿着木刀行凶的?"

"是的。所以你有很大的嫌疑。"陈然道。

"你想说什么?"林萌好奇地问道。

"我是在想,如果凶手为了杀死那个姓陈的,为什么会用一把木刀?换上把真刀岂不是更好?而且我的雷神装甲,尺寸是按照我的身材订做的,他如何能确定自己也刚好能穿得上?"

"你的意思是?"林萌突然觉得这个富二代的脑子并不笨。

"没什么意思。从舞蹈房那件案子之后,我就开始注意你了。"赖泽锋不怀好意地笑道,"我喜欢聪明的女生,怎么样,有没有兴趣做我女朋友?"

"做你妹!"林萌扮了个鬼脸。

"做我妹也好啊。"赖泽锋哈哈大笑,"如果这个案子你也能搞定,我有件事倒真想求你帮下忙。"

出了四层别墅的大门,陈然悻悻道:"我觉得这个富二代蛮可疑的。"

"没有利益冲突,没有动机,我想不出他为什么要干掉陈老师。"

林萌皱眉道,"况且,如果他是凶手的话,穿上自己的雷神装甲去行凶,不显得太傻了吗?"

"也许是故意的呢?那样我们反而不会去怀疑他。"陈然也觉得这个猜测有些牵强,他吸了下鼻子问道,"接下来,是要去找张舒,还是李博、梁旭他们?"

"去找黄付野。我想先弄明白几个问题。"林萌眼中漾起一层薄雾。

"木刀不能杀人?"黄付野嘴角挂着一丝淡淡的嘲笑,"那个富二代懂什么?"

"怎么?木刀也能杀人?"陈然有些稍稍的吃惊,"木刀不过是没开刃的木棍吧,怎么可能杀人呢?最多打个淤青什么的吧。"

"这你就不懂了吧。"作为《浪客剑心》的死忠,黄付野如数家珍地介绍,"我那把木刀,可不是简简单单的木刀。那可是铁木雕刻而成的,韧性和硬度都很不错,如果给练习过剑道的人用,轻轻松松就能打你个骨折。"

"这么厉害?"陈然张大了嘴。

"宫本武藏的成名之战,用二天一流直接击杀了秘剑燕返的缔造者佐佐木小次郎,你知道他用的什么?就是木刀,而且是左手!一刀就击碎了佐佐木小次郎的头骨盖!"黄付野兴奋地道。

"我们好像有些扯远了。"林萌咳嗽一声,"那学长,依你看,凶手带着你的木刀去行凶,并不代表他不想杀死陈老师?"

"那是自然,只要是个对木刀稍稍了解的人,就懂得它的威力。"黄付野神神秘秘地道,"你们不如把嫌疑对象放到那些练习过剑道的人身上。"

"为什么这么说?"林萌问道。

"陈老师不是被木刀劈死的么?据说李博和梁旭那两个家伙,也是被木刀打晕的。"黄付野道。

"所以?"

"没有练习过剑道的人,下手没有技巧,根本掌握不住分寸。普通的人,是把握不了劈死成年人和打晕学生的力道的。"黄付野很肯定地道,"所以,凶手肯定是练习过剑道的人。"

"原来如此啊。"林萌点了下头,"你跟警方提过这些吗?"

"没。"黄付野回答得很干脆利落,"那群警察都是脑残,我告诉他们木刀也可以杀人,他们竟然嘲笑我。"

"那学长,你有认识的学过剑道的人吗?"林萌笑道。

黄付野很警觉地瞥了林萌一眼,道:"认识是认识几个,不过那些家伙是不会杀人的。"

"你怎么能这么肯定?"陈然忍不住道。

"我能。"黄付野没有继续这个话题的意思,"比起怀疑他们,我宁愿你们怀疑我。不过说实在的,你们来找我,就是把我也当成了嫌疑人之一了?"

"是的。"林萌毫不避讳,"其实按学长你刚才说的,你可是最符合凶手特征的人选。懂剑道,没有不在场证明,而且身材跟赖泽锋学长差不多,刚好能穿上那副雷神装甲。"

"动机呢?"黄付野问道。

"来之前,我已经做了一些调查。学长,陈老师教过你们班对不对?"

黄付野做了个让林萌说下去的手势。

"当时陈老师似乎跟你们班里一个女生，也有暧昧关系，后来据说那个女生因为精神恍惚，最后退学了？有这回事吧？"林萌道。

黄付野点了点头。

"听说那女生的家长还来学校找过领导，但最后不了了之。学长你是绯村剑心的粉丝吧，恶即斩不是你的信条吗？"

"没凭没据的，陈老师又是学校里的教学砥柱，学校当然不会怎么样他。我知道你想说什么，不过我跟那个女生关系很一般，我不会为了一些捕风捉影的事情去杀人。"黄付野道，"另外，纠正你一个错误。恶即斩是斋藤一的信条，绯村剑心的信条是宽恕。"

"宽恕？"

"剑，是凶器。剑术，是杀人的伎俩。无论用多美丽的借口来掩饰，这都是无可置疑的事实。"黄付野道，"我虽然一直练习剑道，但并没有什么戾气。我觉得，对于恶人的惩罚，由我这样的人去做，似乎并不怎么合适。"

"那就留着那人渣继续逍遥自在？"

"他不是已经死了吗？"黄付野眼中有光一闪而过。

林萌意味深长地笑了。

"最后一个问题。学长，陈老师的的确确是被你那把木刀杀死的吧？"

"的的确确，他不可能是死于另一把木刀之下。我在晚会上要COSPLAY的是绯村剑心，所以那把木刀是独一无二的。"

"独一无二？"陈然疑惑地问道。

"你不知道吗？绯村剑心的刀，是逆刃刀。"

刘雨涵一直闷闷不乐，好像被英语成绩弄得很不开心。

梁旭跟在刘雨涵的身后，走了好久之后，终于鼓起勇气追了上去。

"你好。"梁旭干巴巴地打了声招呼。

"你好。"刘雨涵的回答有气无力。

"那件事……对不起啊，没帮到你。"梁旭满怀歉意地挠了挠头。

"偷试卷那件事？是我不对，害你们还受伤了。"刘雨涵摇了摇头。

"哦……那我看你很不开心，还以为……"梁旭呵呵笑道。

"不关你们的事。"刘雨涵道，"其实，我是在担心另一件事。"

"哦？什么事啊？说出来听听，看我能不能帮到你。"梁旭没由来地充满了干劲。

"这个……"刘雨涵一副欲言又止的样子。

"放心，我一定保密。"梁旭拍着胸脯道。

"张舒……跟你们说过什么没有？"

"张舒？"

"嗯，我和她是好姐妹，本来不该说这些的，但我还是觉得很担心。"刘雨涵拢了下头发，"死掉的陈老师，曾经骚扰过她。而且她还跟我说过，要教训他一下。"

"你是说……"梁旭没由来打了个寒颤。

"她还问我，有什么好办法，既教训得了陈老师，又不会被报复。当时我不是晚会主持人嘛，就告诉她，不如穿上赖泽锋的那副雷神装甲，拿上黄付野那把木刀……"刘雨涵苦笑，"我不知道，她是不是真的那么做了。"

有风。无雪。

已经是晚上了，天完全黑了下来。林萌坐在靠窗子的位子，黑色的长发在风中恣意地飞扬。这个案子出乎意料的简单，经过这几天的走访调查，答案在此时已经呼之欲出。只是在林萌的心里，仍有一个疑问，英语教研室里，那扇开着的窗子，是无意，还是有意？

两种可能，对应的是两种不同的结果。

在游戏和动漫的世界里，总有正义的代表去惩罚邪恶，士官长是，绯村剑心是。那么凶手穿上雷神装甲，拿上木刀，是为了表达对现实的嘲讽吗？

显然不是。

凶手选择雷神装甲，拿上木刀，是因为他别无选择。只有这两样东西，才能对他起到更好的掩饰作用。陈老师，无疑是被凶手约在午夜的英语教研室的。只不过，凶手的初衷到底是什么？

身后响起干涩的推门声，林萌回过头，笑道："你终于来了。"

"找我有事？"张舒双手插袋，站在门口。

"进来说话。"林萌站起身，"想问你几个问题。"

"免了。"张舒皱眉道，"我不习惯跟陌生人聊太久。"

林萌歪了歪头，道："那好吧，我们长话短说。陈老师死的那晚，你有不在场证明吗？"

"你怀疑我？"张舒笑了起来，"传说中的灵异二人组，也不过如此嘛。"

陈然在后门出现："学姐，麻烦你回答问题。"

"你们是警察吗？我有义务回答你的问题吗？"张舒冷笑。

"陈老师曾经骚扰过你吧。虽然被你拒绝了,可他却处处针对你,不停给你小鞋穿,让你很是困扰是吧。怎么,你没想过要教训他吗?"林萌面带笑意,"要是我,早就揍他了。那种人渣,不给他点厉害瞧瞧,他怎么肯收手呢?"

张舒耸了耸肩,并没有回答。

"学姐,我见了赖泽锋,我感觉你的体型跟他差不了多少,他那副雷神装甲,搞不好你可以穿上。我不知道你用了什么方法,让陈老师在英语教研室等你,但我看你虽然大大咧咧的样子,却并不是没有心眼。如果冒冒失失地教训了陈老师一顿,他以后报复的话,那怎么办?于是,你穿上了雷神装甲,这样的话,陈老师连你是男是女都分不清。至于木刀嘛……一个女生如何跟大她十多岁的成年男人搏斗?我查过了学校的社团名单,你好像跟黄付野是一个社团吧,都是练习的剑道。这样一来,木刀真是个不错的选择。"林萌淡淡道。

"你是说,我就是凶手?"张舒道。

"你敢说身穿黑色装甲、手持木刀的人,不是你吗?"林萌道。

"有证据?"

"没,所以我才问你当晚有没有不在场证明。"林萌嬉笑道,"就如学姐你所说,我们并不是警察,你没有义务必须对我们说。不过若是那样的话,我们只好把这个疑问丢给警察了。"

"你在要挟我?"张舒叉起了腰。

"是又怎么样?"林萌依然笑嘻嘻的。

沉默的对峙。

仅仅过了数秒。张舒出乎意料地叹了口气:"算了,反正也瞒不了太久。我就先告诉你好了。那天身穿雷神装甲、手持木刀,劈晕了梁旭和李博的人,确实是我。我受够了那个姓陈的人渣纠缠,想教训他一顿。约他的办法,你想象不到多简单。只需要找张小女生用的那种散发着香味的信纸,写上几句肉麻到让人想吐的所谓告白,那个人渣就老老实实地在英语教研室里等到了半夜。"

看着林萌面无表情的脸,张舒道:"不过,杀死那个人渣的并不是我,我到英语教研室的时候,他就已经死了!"

"怎么可能?"陈然上前几步,"陈老师的致命伤是在脑后,伤痕跟你所拿的木刀吻合!如果他不是你杀的,去哪里能找到一把一模一样的逆刃木刀?"

张舒摇头道:"我不知道。我上了二楼,发现英语教研室的灯并没有开。因为穿着装甲,遮住了脸,辨不出男女,所以我并不怕姓陈的会认出我。我举起木刀,大步走了进去。英语教研室的门是虚掩的,我推开门,刚抬起脚就被地上的东西绊了一跤,整个人摔倒在房里。等我爬起来,借着窗外的亮光,才看清了地上的东西。是姓陈的那个人渣,面朝下趴在地上。我犹豫了一下,踢了他一脚,他却纹丝不动。于是我摸了他颈间的脉搏,却发现已经停止了跳动!

"我当时脑子特别乱,想掏出手机报警,可是在身上摸了几下,才发现我穿着装甲,根本没带手机。这也提醒了我,如果我报警后,要怎么向警察解释我身穿装甲、手持木刀出现在这里呢?况且脚下还有一具冰冷的尸体?"

林萌点了点头,示意张舒继续说下去。

张舒吸了口气,脸上浮现出奇怪的表情:"就在我犹豫的时候,突然听到楼下有脚步声。我的脑袋嗡一声就爆炸了,如果被人撞到这场景,还不认定了我就是杀人凶手?我拉上英语教研室的门,想要躲一下,却发现无处可躲。紧接着,说话的声音已经到了楼梯口。于是,我心一横,就冲了下去。"

"然后你打晕了两人,消失在了茫茫的夜色中。"陈然摇头道,"你觉得警察会相信这个故事吗?"

"你们会相信吗?"张舒苦笑。

"你可以走了。"林萌点了点头。

"走?"张舒和陈然异口同声地问道。

"我相信你。"

"你真的相信她说的话?"陈然看着张舒渐渐远去的身影,向林萌问道。

"相信。"林萌笑笑道,"既然承认了梁旭和李博遇到的人是她,又何必否认杀人的是她,不是多此一举吗?"

"随你吧。"陈然摊摊手,"不把这个消息告诉张翔大叔吗?我们的进展要比预料中快很多。"

"告诉那个大叔有什么用?他只会又把案子查偏。"林萌不以为然地皱皱鼻子,"如果给他知道,穿黑色装甲手持木刀的人就是张舒,他第一个反应就是把张舒抓起来。"

"那又有什么不对?"陈然道,"目前就张舒的嫌疑最大。如果不是她,陈老师脑后的那个木刀伤痕怎么解释?总不可能还有一把逆刃木刀吧?黄付野学长也说过啊,他那把逆刃木刀可是在道具店定制的。"

"你这么想的,张翔那个笨蛋肯定也会这么想。"林萌道。

"笨蛋……"陈然没好气地道，"是个正常人都会这么想好不好？现在所有的证据都指向张舒。我看她就是被识破后，在抵赖。"

干涩的推门声再度响起，梁旭上气不接下气地跑了进来："林……萌，林萌，你知道身穿黑色……装甲、手持木刀的人是谁吗？……是张舒！"

我讨厌一切心灵鸡汤式的说教。作为一个在被虚伪的童话故事所装饰的世界里成长起来的人，当发现一切所谓的奉献、所谓的崇高、所谓的伟大、所谓的温情并不存在的时候，他感觉到的是这个世界对他的欺骗，这样的人如何能善良地活下去？

这段话读起来幼稚做作，很难相信是几年前自己写的。赖泽锋从笔记本上撕下这页，丢进手边小巧的碎纸机里，隔着透明的玻璃看它化为齑粉。也算不错，当你感觉到以前的自己幼稚时，那就说明你已经成长了。

他合上了笔记本，看着漆黑的夜色发了一会儿呆。不知道那个林萌查到了什么没有。如果她发现了这案子的真相，还算是有两下子，有必要邀请她参与到那件事吗？

如果她没查出来的话……

那就让凶手继续逍遥法外吧，反正死的人也不是什么好东西。

他按下灯，躲在黑暗里，露出了淡淡的笑容。

林萌像只猴子一样蹲在座椅上，一页一页地翻着面前的尸检报告。尸检报告还算详细，不仅描述了尸体的表象、解剖结果，甚至还附带了一小段的死因推测。尸体表面只有一处伤痕，在后颈处，细长形状，呈淤黑色。死因解剖推断是钝物造成脑干损伤，脑蛛网膜下腔出血，并引起心搏、血压的严重障碍，致使死亡。而且解剖报告上还提到了一点，说死者胃部有少许残留的扎来普隆。

扎来普隆……这是什么？

林萌皱起眉头，接着看下去。解剖报告的最后有段标注，扎来普隆：第三代镇静催眠药物。

安眠药？

怎么死者胃里有这东西？

解剖报告上写的是少许残留，也就是说远远没有达到致命的剂量。也正因如此，解剖报告并未将此列为死因之一吧。可是，为什么陈老师胃里会有这种东西？

莫不是……

林萌的眼睛眯了起来，或许真的是这样呢。

她仰起头，对张翔道："大叔，现在命案过去好几天了吧，你能组织手下去做几件事吗？"

"按你的思路去追查凶手？"张翔没好气地合上面前的文件夹，"现在人手不足，都在忙。"

"不，是去搜寻一些证据。凶手是谁，我大概已经知道了。这案子，比舞蹈房那个案子简单太多了。"

晚上十二点二十。

英语教研室里除了警察和灵异二人组，还站着梁旭、李博、赖泽锋、黄付野、张舒和刘雨涵。他们表情各异，却不约而同地沉默着，仿佛各怀心事。

"让我们从头把事情捋顺一下,"林萌搬了把椅子,"一月十七日那晚,梁旭和李博去英语教研室偷卷子,在教研楼一楼,遭到了身穿雷神装甲、手持木刀的神秘人的袭击,两人均被打晕。警方的思路是,那个身穿雷神装甲的人,很可能就是凶手。昨天上午,我已经搞清楚了,那个身穿雷神装甲的神秘人,就是张舒。"

张翔愣了一下,下意识地向门口的警察挥了下手,准备控制张舒。

"别急,大叔。"林萌拽了张翔一下,"虽然打晕梁旭、李博两人的是张舒,但凶手却不是张舒。"

看着张翔疑惑不解的样子,林萌皱了皱小巧的鼻子,道:"张舒只是一个幌子,是为了掩盖真正的凶手而布下的。"

张翔略沉吟一下,道:"你发现了什么?"

"细节。"林萌眯起了眼睛,"如果忽略掉这个细节,我想我会相信张舒就是凶手。但因为这个细节的存在,使得死者的行为显得很怪异。作为一个好奇心很强的人,我顺着这个细节,查出了不少事,终于发现了真正的凶手。"

"什么细节?"黄付野问道。

"到达案发现场的时候,我发现英语教研室里,有扇窗子没关。"

"就是这个?"梁旭瞪大了眼睛,"这有什么值得注意的?忘记关窗户这种事,有什么值得怀疑的?"

"果然被你注意到了。"赖泽锋站了起来,脸上带着笑容。

他从口袋里掏出一部新款手机,像放一枚糖果般放到了林萌手中,转身走出了英语教研室:"事情完了之后,我会打给你的。"

门口的警察想拦住他,林萌却摇了摇头:"让他走吧,他不是凶手。"

她揉了揉鼻端，这个赖泽锋，莫非早已经知道凶手是谁了？回过头，林萌又眯起了眼睛："如果一个脑子正常的人，在清醒的情况下，会在一个下雪天，开着窗子坐在冷冰冰的房间里等人吗？"

看到房间里所有人都露出沉思的表情，林萌继续道："还有一个细节，陈老师的尸体姿势。白色的现场痕迹固定线告诉我们，陈老师倒地时，是面朝门口的，而且他的左臂也是伸向门口。加上致命伤在脑后，我们可以推论出，凶手当时大致的位置。黄学长，你好像明白了？"

"嗯。"黄付野点了点头，"当时凶手应该比陈老师离门更远。"

"这算什么？冷笑话？"李博嘲讽道。

"不，这说明了一个问题。我们原来一直认为是陈老师在教研室等人，然后被进入教研室的凶手给杀了。其实，真实的情况是，凶手在教研室等陈老师！"

众人神色均是一震。

林萌接着道："而且凶手的目的，并不是仅仅要杀了陈老师，凶手还要把这起命案嫁祸给张舒！我一直觉得奇怪，如果凶手就是张舒，为什么她会穿着雷神盔甲去行凶？"

"怕陈老师看到嘛！"梁旭抢着道。

"真的是那样吗？"林萌白了他一眼，"如果张舒的目的是为了杀掉陈老师，她怎么会怕陈老师看到自己？一个死人看到了自己，还能告诉别人吗？况且，张舒有杀人动机吗？仅仅是受到了陈老师的骚扰？这理由也未免太牵强了吧。退一步来讲，如果张舒真的要杀掉陈老师，为什么要穿上行动不便的雷神装甲，还选择了一把木刀？"

"木刀也可以杀人。"黄付野瞥了林萌一眼。

"是，木刀也可以杀人。但是，学长，如果你要去杀一个成年人，一把木刀和一把真刀，你会选择什么？"

黄付野犹豫了一会儿，勉强道："真刀。"

"有预谋的杀人，如果没有特殊原因，人都更倾向于选择比较有把握的凶器，这才是正常的思维方式。所以，我相信张舒的话，她当时去找陈老师，并不是为了要杀死他，而只是想打他一顿。于是在'必须要杀死他'和'不要被他认出来'这两个倾向上，她选择了后者，才会穿上了雷神盔甲，拿上了木刀。这样的话，就算达不到痛扁陈老师一顿的目的，也至少不会被他认出自己。"

"可是，陈老师后脑的伤痕，确实是我那把逆刃刀造成的。"黄付野道，"那道伤痕的形状，跟我的那把逆刃木刀完全吻合。警方不是已经去了道具店，做过模型对比了吗？当时那把木刀在张舒手上，如果人不是她杀的，那道伤痕你怎么解释？没有道具店的模子，不可能有人能做出一模一样的逆刃木刀。"

"没有再去做一把逆刃刀的必要。"林萌走到窗边，推开窗户，一股冷风吹了进来，众人一起打了个寒颤。

陈然走到她跟前，从外面的窗台上拿起一个长长细细的东西。紧接着，他走到一张木桌前，将那东西高高举过头顶，用力劈下。随着一声闷响，陈然被反作用力震得后退了一步，但手上的东西却仍然完好，并没有断裂。

"黄付野学长，这东西硬度怎么样？"林萌道。

"这是……"黄付野上前几步，仔细端详着陈然手中的东西，

"我那把逆刃刀的布套?"

"不错。木刀布套。"

"但这东西应该是软绵绵的,怎么会变得这么硬?就算里面灌满了水,结了冰,也达不到木刀的硬度。这么细的冰柱,用那么大的力气,一定会断裂的。"

"你看看不就明白了?"

黄付野从陈然手中接过木刀布套,拉开绳结,往里面看了一眼,随即惊呼道:"原来如此,竟然这么简单!"

刀套里面,塞满了几条被叠成细长形状的小毛巾,而凝固了的冰则填满了它们之间的每一点缝隙。冰、毛巾、木刀布套。这三样东西在那个大雪纷飞的夜晚,被彻骨的寒意凝结成了一把杀人利器。

"冻上的毛巾保证了柔韧性,冰保证了硬度,木刀布套保证了形状。它的威力,并不亚于一把真正的木刀。我这样说,对不对?黄付野学长。"

黄付野在空中虚砍几下,点了点头:"你是在哪里发现的?"

"警方搜查了整栋教研楼,最终在垃圾堆里被找到的,当时里面还塞着三条小毛巾。显然是凶手在案发后,随手丢到了那里。布套里面的冰在白天融化了一部分,已经变了形,很难联想到是什么东西。垃圾车明天会来,如果警方没有找到这东西的话,谁也不会识破凶手的诡计。"

"你是说,凶手用这把冻得像铁一样硬的木刀布套杀了陈老师?"李博忍不住开口问道。

"是的。案发后第二天,我来到现场,发现了那扇半开的窗子,而且窗台上的积雪比其他窗台的薄了一些。如果我猜得没错,那是因为凶手为了保持木刀布套的温度，将木刀布套放在了窗台。那晚下着大雪，木刀布套在窗台的积雪上留下了一个很明显的凹槽，凶手为了掩盖这个痕迹，只好把窗台上的积雪全部给扫掉了。"林萌的目光扫过室内的众人。

"那扇开着的窗户……凶手为什么要让窗子开着？"张舒摆脱了嫌疑，明显地松了口气。

"为了让陈老师的尸体尽快冰冷下来，好让你确认他早已死亡。门是要虚掩的，灯是不能开的，不然很可能会引起学校保安的注意。只有将窗户拉开，让室内的温度降下来，才能在你赶到英语教研室的时候，陈老师的尸体已变得冰凉，从而让你产生他已经死了很久的感觉。"林萌道，"其实呢，你到英语教研室的时候，陈老师应该是刚死不久，最多在二十分钟左右。"

"凶手为什么要这么做？"张舒疑惑不解。

"如果动手太早，陈老师的尸体在你到达英语教研室之前被人发现的话，那又怎么能嫁祸给你？那个奇特的逆刃木刀伤痕，会成为调查的突破口，迅速地出卖凶手。"

张舒忍不住打了个寒颤："你是说……凶手知道我会在什么时候去英语教研室？"

"凶手知道，凶手还知道梁旭和李博也会去英语教研室，而且很可能会碰到你，成为目击证人。而能够做到这些的，只有一个人。"林萌的目光掠过神色各异的众人，落在最后面的一个身影上，"杀死陈老师的凶手，就是你！"

"你弄错了吧。"刘雨涵脸色苍白，像是随时都要晕倒的样子。

"劝说张舒穿上雷神盔甲、拿上木刀的是你。如果凶手不知道张舒要带着木刀前去，为什么要大费周折，用木刀布套去杀人？作为给张舒出主意的闺蜜，她跟陈老师约定的地点、时间你都知道，而凶手也知道。你能解释一下这是怎么回事吗？"

刘雨涵咬着嘴唇，没有说话。

"另外，指使梁旭和李博去偷试卷的也是你，而且你还特地告诉梁旭，去偷试卷最好在十二点二十，那个时候保安刚巡完校园。而张舒跟陈老师约的时间，是十二点。这样，梁旭和李博很有可能会撞上张舒。这样的巧合，也仅仅是巧合吗？"林萌的眼神咄咄逼人。

刘雨涵脸色苍白，却并不退让："我又没学过剑道，怎么可能打得过陈老师？就算给我侥幸打死了他，又怎么会出手又快又狠，恰好击中后脑致命的地方？"

"很简单，他当时的状态并不是清醒的，警方在他的胃里发现了少量的扎来普隆。一个躺着不动的人，别说你，就连陈然那个呆子都能劈中后脑。"

"证据呢？没有证据，你说谁是凶手都可以。"刘雨涵大声反驳。

"在我的强烈要求下，警方再次搜查了陈老师的住所，他们找来电脑高手，对陈老师的电脑进行了破解。在一个隐藏的硬盘分区里，发现了一些视频和照片。要我继续说下去吗？"

沉默了好久。

"那并不能说明什么。"迎着室内细微的议论声，刘雨涵抬起头，看着林萌，"我确实爱他，不过我并不知道那些东西的存在。就算知道了，又有什么？女人愿意为所爱的男人奉献一切。"

林萌讥讽的笑声飘荡在冰冷的室内："怎么，小清新装不下去了，就想伪装成一个爱情至上的痴情少女？我问你，刘雨涵，你碰过那个木刀布套吗？"

"我不是凶手，当然没有。"

"你有。以你跟陈老师的关系，搞到一把英语教研室的钥匙稀松平常。杀陈老师那天，一直下着大雪，真是施展计划的好时机。你提前进入了英语教研室，将塞进了毛巾和灌满了水的木刀布套放到窗台外面，经过好几个小时，木刀布套已经冻得像铁块一般。当你双手握起它，劈向昏睡着的陈老师后脑的时候，感受到那彻骨的寒意了吗？"

"你到底想说什么？"

"人体接触到温度很低的固体时，表皮的水分会结冰，跟固体连在一起。如果接着再剧烈活动的话，会使得一部分皮肤组织撕裂开，留在固体上。有没有听说过，冬天用舌头舔铁，被黏住的事情？"林萌直视着刘雨涵的眼睛，"警方在刀套上提取了一些皮肤碎屑，经过DNA鉴定，证明是你的。"

英语教研室里一片寂静，只有众人低沉的呼吸声。

仿佛过了一个世纪那么久，刘雨涵的声音响了起来，满不在乎："好吧，人是我杀的，那又如何？"

张翔呸的一声吐掉烟蒂，骂了句脏话道："现在的小孩子怎么都这样！"

刘雨涵轻声笑道："怎么？你认为我应该什么样？那个人渣偷偷拍下那些视频，还要压制成光碟，拿出去卖钱！我去求他，他竟然要我去搞什么援交！替他挣钱！这种人渣，难道不该杀吗？"

"这……总有其他办法解决的吧，你怎么不告诉我。"梁旭脸色通红，似乎受到了很大的打击。

"告诉你有什么用?"刘雨涵白了他一眼道,"我听说有一个女生被他逼疯了,现在还在精神病院里,我可不想坐以待毙。我问过人,以我这种杀人动机和年龄,量刑很可能在十年左右。十年之后,我只不过才三十岁,总比一辈子疯疯癫癫要强得多。"

"如果没被抓到,你连这十年的牢都不用坐,对不对?"林萌脸色冰冷,"告诉我,你问的那个人是谁?"

刘雨涵倔强地昂起头:"你觉得可能吗?"

张翔叹息一声,拍了拍林萌的头,带着刘雨涵走了出去。

"现在的孩子,都太聪明了,如果你们跟我们那时一样,那该多好?"他喃喃自语的声音跌落在房内冰冷的空气中。

天台。

小雪又慢慢地飘散起来。寒风卷起雪沫,旋转着从林萌身边呼啸而过,犹如魔鬼的低吟。她靠在冰冷的栏杆上,怔怔地望着阴沉的远方天空,似乎在想着什么。

口袋里的手机响了起来,她回过神,摸出来贴在耳边。

熟悉温和的声音传了过来:"都结束了吗? 美少女名侦探?"

"有什么事,富二代?"

"你愿意做我的女朋友吗?"

林萌没有笑,而是沉默了好一会儿:"富二代,刘雨涵所说的那个人,是不是你?"

"哦? 你为什么会这么想?"

"一个会被老师骗上床,又被拍下那些视频的女生,是想不出来那样的诡计的。"

"她不知道我是谁,我只不过是她微信中的一个热心网友而已。"赖泽锋的语气依旧一副很有涵养的样子,"不过,嫁祸给张舒,要梁旭和李博去偷试卷这些事,是她自己擅自加上去的。画蛇添足,反而让她过早暴露了自己。"

"你觉得,我会相信你吗?"

"以你的智商,你会的。"赖泽锋的语气突然变得低沉起来,"林萌,有件事,你要参与吗?"

"什么事?"

"一件困扰了我很多年的怪事,比这个案子,还有舞蹈房的那个案子,都要诡异得多。"赖泽锋淡淡道,"我相信,你一定会感兴趣的。"

"看心情吧。"林萌挂掉了电话。

雪终于又大了起来。

抬起头,缤纷的雪花从彤云密布的天空中坠落下来,堆在了肩膀、鼻翼、眉梢……

三 松之霜

这是我的,徐琬从粉红色的床上坐起,心头浮现出的却是这个有些奇怪的念头。

清晨的阳光透过窗帘缝隙,将金黄色洒满房间。她默默地叹了口气,呆呆地坐在床上,任斑驳的光线在清秀的脸上缓缓移动。过了好久,外面传来轻微的关门声,是钟点工阿姨出门了。空旷的家里,又只剩下了她一个人。

徐琬捋起长长的黑发,扎成了简单的马尾。起床,洗脸,刷牙。站在镜子前,徐琬看着对面的那个面色苍白的女生,幽幽地叹了口气。她拿起了妈妈的眉笔,接着是口红。今天是个特别的日子,一定要让自己漂亮一点。拍了点粉底,徐琬想了想,又喷了点香水。

早餐已经摆在了桌子上。徐琬坐到了桌子前,漫不经心地吃着。好久没跟妈妈一起吃饭了,昨晚她大概又没回来。妈妈的公司越做越大,回家的时间却越来越少,还不如当初在出租房里……一股痛楚从腹部升了上来,额头沁出细小的汗珠。徐琬咬紧了牙,这感觉真难受。她瞥了眼落地钟,刚好七点。今天是周日,韩枫跟自己约好了在图书馆见面。

剧烈的疼痛又从腹部袭来,喉咙里焦灼辛辣,犹如烧红的铁钎在反复炙烫。徐琬全身没有一点力气,从座椅上滑下,倒在了红木地板上。眼泪夺眶而出,将刚刚化好的妆弄得一塌糊涂。生命的迹象正在一丝丝地从几乎完美的身体里抽离,她心头涌出一股恐慌,用尽全身力气,发出了细微的声音。

"谁来……救救我……"

随即,死寂吞噬了世界。

陈然看了眼手中的高桥松饼,满脸狐疑地看了林萌一眼:"这个……确定是给我吃的?"

"对啊。"林萌露出温暖的笑容。

陈然放下松饼:"你会有这么好心?跑那么远买松饼给我吃?该不会在里面放了什么奇怪的东西吧。"

林萌很可爱地摇头:"哎呀,你怎么这样。人家本来就很淑女的嘛。给青梅竹马买些糕点,难道不是理所应当的事情吗?"

陈然打了个寒颤,下意识地看了下四周。清晨的中山公园显得比较安静,附近好像没有什么奇怪的家伙。

"吃掉吧?"回过头,林萌忽闪着大眼睛凑了上来。

"不要。"陈然干脆利索地拒绝,虽然不明白怎么回事,但感觉很诡异的样子。

"我叫你吃掉!你听不听话!"林萌怒气冲冲地喊道,一只脚踩上了石凳。

"不吃，我不喜欢甜食。"果然有问题。

林萌瞪了他一会儿，突然一手揽住陈然的脑袋，一手拿起松饼，死命地往他嘴里塞。陈然手忙脚乱地挣扎。

"啧啧，现在的大学生，光天化日之下就肆无忌惮地打情骂俏啊。"身后响起张翔的声音。

"要你管！"林萌恶狠狠地回应。

张翔不客气地拿起松饼，咬了一口："味道不错。"

陈然在林萌臂弯里扭过头，诧异地问道："松饼没问题？"

"完全没问题。"张翔又咬了一口。

"那……我也来一块？"陈然笑着向林萌赔罪。

"来你妹！"林萌敲了他个很响的爆栗，埋怨道，"大叔，你也太慢了吧，等了你足足有三十多分钟，警察不都是讲究效率的吗？"

"你以为我像你们一样，整天无所事事？"张翔道。被一个小丫头吐槽，是件很没面子的事情。

林萌没有回答，但脸上的表情分明是懒得跟你争论下去的样子。

"走了，走了。别让那边等急了。"张翔觉得很窝囊。

"那个……到底去哪里？"陈然跟在林萌后面，从袋子里顺出一个高桥松饼。

"怎么，你没告诉他？"张翔有点意外。

"昨天早上，我们学校的一个女生死了。"林萌板着脸，"大叔叫我们去帮忙破案。"

"明明是你死皮赖脸缠着非要来的。"张翔忍不住吐槽。

"唔……那女生……我们认识吗？"陈然小心翼翼地咬了口松饼，嗯……香甜爽口，真心不错，看来是错怪萌萌了。想起来，好像小学的时候,她也给自己买过橘子汽水呢。

"徐琬。人非常漂亮,是个很受欢迎的名人,"林萌道,"不过没我聪明。"

"哦……那个女神啊。"陈然嘴里满是松饼,口齿不清地答道。

林萌回过头,看到他的狼狈相,歪着头笑了起来。

"怎么死的?"陈然把嘴里的松饼咽了下去。

"中毒。"林萌道。

"哦,那挺不幸的。那样的女神啊……"陈然脑中浮现出了徐琬的样子,中毒的话,尸体一定很难看。

"松饼。"林萌突然又冒出了这么一个词。

"嗯?"陈然有点迷惑。

"毒是下在高桥松饼里面的。"林萌笑眯眯地说,"袋子里还有几个,你要吃完吗?"

"我……"陈然觉得嘴里满是苦涩的味道。

"徐琬死了?"手机那边的声音似乎很平静。

"是的。"韩枫心头泛起一股无力的感觉,为什么会变成这个样子?

"怎么死的?"

"还不知道。"

"那么,那件事,没有对她说吗?"

"没有呢。"韩枫机械地答道。

"都这么长时间了。"女生的语气带了点责怪的意思。

"对不起,拖了这么久。"韩枫麻木地道歉。

手机那边在说什么,他已经没有在听了。本来中午的时候,跟徐琬约好了在图书馆见面。但过了约定的时间,徐琬却一直没来,这在往常是根本不可能的事情。每次约会,徐琬都是早到的那个。又等了半个小时,韩枫意识到一定发生了什么,于是就打了她的手机,却一直没人接听。又尝试了几次,韩枫终于打了徐琬母亲徐英的手机,但是她也联系不上自己女儿。等到徐英终于忙完了手头的工作,回到家中推开门,看到的却是女儿已经僵硬的尸体。

"你还在听吗?"那边的声音没有担心的语气。

"嗯,我在听。"韩枫道,"要去参加葬礼吗?"

"是的,这个时候不去,未免显得太心虚了。"

要怎么面对徐琬的妈妈?韩枫觉得有些头疼:"那……我们一起去吧?"

"你是不是傻,这个时候还能一起去?分头去吧。我正在看书,没其他什么事的话,先挂了。"

"再见。"韩枫似乎突然想到了什么,"对了,警方说……她似乎是被谋杀的。"

然而那边已经挂断了,只有单调的嘟嘟声在手机里回响。

房子很大,能在长宁区买到这样面积住宅的人,通常很有钱。林萌在心里小小感慨一下,走进了房内。布局跟普通的商品住宅似乎并没有太大的不同,绕过白色玄关,是看起来有些空旷的客厅,身着不同制服的警察们在里面来回走动,闪光灯此起彼伏。餐厅和客厅是隔开的,正当中放了一张看起来蛮时尚的餐桌,上面摆着脱脂牛奶、提拉米苏、法式煎蛋吐司、蔬菜沙拉,还有咬了一半的高桥松饼。牛奶被打翻了，有道很显眼的白渍顺着桌脚延伸到了地上。尸体还在，只不过被搭上了蓝色的丝绒被单。

一个穿着裁剪合体职业套装的中年女人坐在尸体旁边，目光呆滞，好像被抽离了灵魂。是徐琬的母亲吗？林萌有些犹豫，在她面前掀开蓝色被单，是种很失礼的举动吧。张翔跟同事刚谈完话，走上前跟中年女人小声说了几句。那女人只是眼神空洞地看着远方，似乎完全没有在听。张翔叹了口气，扶起了她。

"我带她去警局做笔录，你们随便看看。"出门前，他这样交代林萌。

尸体一定惨不忍睹。林萌这样想着，掀开了蓝色的丝绒被单。奇怪，为什么会这个样子？徐琬的脸色虽然苍白得没有一丝血色，却很干净。中毒而死的人，不是应该……

"她妈妈洗的。"旁边一个年轻的警察摇了摇头，"据说是接到了女儿同学的电话，回家的时候看到了倒在地上的徐琬。根据尸体的状况推断，当时徐琬应该已经断气了。不过她妈妈受到这样的打击，似乎有点惊慌失措了。她并没有意识到徐琬已经死了，而是拨打了120急救电话，并用温毛巾擦洗了徐琬，紧紧地抱着。我们接到120的报警电话，赶到现场的时候，现场已经全被清洗干净了。"

"这样的话现场不是被破坏了吗？她妈妈为什么要这么做？"陈然道，"莫非为了掩饰什么？"

"哪有那么蠢的人，打完急救电话后再破坏现场，"林萌摇了摇头，"男人这种生物，总是不能理解母爱的伟大。"

"你就是那个大学生侦探吧。"警察递给林萌一双橡胶手套，"你表哥好像最近不在上海？"

"嗯,好像是福州那边有个奇怪的案子。"林萌敷衍道。她拉起徐琬的手,冰冷的感觉透过橡胶传了过来,让她打了个冷颤。连手指也被擦拭过了啊,指缝间似乎并没有留下什么东西,裸露的皮肤上没有明显的伤痕……

"尸体上没什么线索。"警察忍不住再次搭话。

林萌点了下头,站起身仔细看着餐桌。牛奶、蛋糕、面包、蔬菜沙拉、高桥松饼?奇怪了。

"我听大叔说,毒药是下在高桥松饼里的吧。"林萌看着餐桌上咬了一半的松饼问道。

"所有的食物都提取了样本,拿回去化验了。"年轻的警察似乎在有意卖弄,"松饼是豆沙馅的。但鉴证科的同事发现咬开的那个松饼,里面的馅有黑色的,也有黄色的。黑色的自然是豆沙,黄色的呢,好像是巴豆油。"

"巴豆?"陈然接过话茬,"泻药?"

"不,不,可不仅仅是泻药那么简单。巴豆油是巴豆的提炼物,这种东西内服超过二十滴就会致死,是不折不扣的毒药。"警察解释道,"前段时间曾经发生过误食巴豆油而意外死亡的案件,所以一眼就给认了出来。"

"可是……为什么要把毒药下在松饼里面?"林萌看着餐桌问道。

"桌子上的这些东西,只有松饼是有馅的点心,下毒方便一些。"陈然抢着道。

"但是,你在吃西式早餐的时候,会吃松饼吗?这就像到了肯德基,却叫了份炒面一样奇怪。"林萌皱着眉头。

"呃……或许是想吃甜点呢?"陈然看到了桌上的蛋糕,这个理由似乎太牵强了。

"早餐是谁做的?"林萌问道。

"钟点工,已经通知她到警局做笔录,现在应该在路上了。"年轻警察回答道。

"谢谢。"林萌冲他笑了笑,扯住陈然,"我们去警局。"

这小姑娘的观察力挺敏锐的。年轻警察看了看餐桌上的蛋糕和松饼,一般人对这种程度的违和感是不会在意的。

"如果说钟点工也没问题,那块松饼是怎么出现的?"赖泽锋用勺子轻轻地搅动面前的蓝山咖啡。

钟点工已经为徐琬家服务了快六年,那天她准备的早餐里并没高桥松饼。徐琬的起床时间很有规律,一般都在七点钟左右。在此之前,钟点工会做好早饭摆在餐桌上,然后离开房间。然后分别在上午十点半、下午四点钟,钟点工会回到房间,打扫卫生做饭。但由于案发当天,徐琬说她要外出,让钟点工休息,所以她也就一天都没再去。得知了徐琬的死讯后,钟点工很是震惊。"那么乖的孩子,谁会那么残忍啊。"她眼角湿润着问坐在对面的警察。

对面的警察只能报以无奈的沉默。徐琬是个非常优秀的女孩子,这是参与调查的警察们的一致结论。漂亮有气质,性格温柔,涵养很好,学习成绩也不错,再加上家里有钱,可以说是非常完美的女生。

"肯定是大家追逐的对象。"陈然小心地看了林萌一眼,"古典美女啊,这年头越来越少见了。"

以前的二人世界变成了三人行,这让陈然非常不爽。虽然林萌说叫上富二代,只是为了有个付钱的家伙,但还是让他产生了强烈的危机感。

林萌没有搭理他,而是接着富二代的话题说了下去:"警方问了徐琬的妈妈,她也不知道松饼是谁买的。因为工作太忙的缘故,她一周也就跟徐琬见两三次而已。依我看,她跟徐琬的感情也不会太好。"

"不见得,大人们有大人们的世界。"赖泽锋想起了自己的父母,"你怀疑她?"

"我表哥说过,任何与案件有关的人都值得怀疑。"林萌道。

"但是,母亲杀死女儿,动机呢?"陈然努力参与到谈话中。

"动机这种东西,在没有确定主要嫌疑人之前,是用不着去猜测的。时代在变,杀人的理由也跟着变得稀奇古怪。"赖泽锋道。

"现在的嫌疑人,徐琬母亲、钟点工,还有她的男朋友韩枫。"桌子上的蛋糕跟案发现场的好像很相似,林萌尝了一口,太甜了。

"你要一个个去查?"赖泽锋摇摇头,"跟警方相比,你在人力、物力、调查环境上都没什么优势。"

"萌萌可比那些警察聪明多了。"陈然讨好般地看着林萌。

"确实没什么优势,嫌疑人见不见我都不好说。"林萌显然更赞同富二代的话。

"注意安全。"赖泽锋看了陈然一眼,"这家伙虽然看起来比较柔弱,但好歹是个男生,带上他好了。"

林萌拍了拍陈然的脑袋:"我们总是在一起。"

陈然有点失望,富二代脸上似乎没有不快的表情。

"我去打网球。"赖泽锋将一张金卡放在桌子上,"这里的贵宾卡，你们请便。"

林萌很自然地接过金卡："有事的话，我联系你。"

赖泽锋起身，走了几步后却又回过头："那件事，你决定了吗？"

林萌歪着头道："上次案子里，你说的那个很神秘的事情？你还没有告诉过我到底是什么。"

"不是那个。"富二代将制服搭在肩头，很帅气的样子，"做我的女朋友。"

林萌托着下巴，沉吟了一会儿："让我考虑一下。"

富二代用手指点了林萌一下，带着灿烂的笑容离开了。

林萌抓起印制精美的菜单："难得到这么高档的餐厅，还难得有人替咱们结账。哎，笨蛋你要吃什么？"

"吃醋。"陈然幽幽地叹息。

"或许今天发生的事情，会让你觉得很难过，但也不必放在心上。因为今天总会过去，只要闭上眼睛，很快就是新的一天。人，只要活着，就会遇到更糟的一天。也许到那时，你回顾现在，只会淡淡一笑。"

可是，你已经没有未来了。林萌合上日记本，些许的伤感浮了上来。日记本里，有不少被撕掉的痕迹。看样子也并不是每天都写，并不怎么连贯，大多是徐琬的一些心情记录。

"谢谢伯母。"陈然轻声说。

徐英坐在沙发上，目光呆涩，茫然地盯着茶几上的相册。那里面，她女儿一次次地绽放着灿烂笑容。

"找到凶手了吗？"徐英声音嘶哑。

"这个……我们只是徐琬的同学，案子的话……"陈然挠了挠头。

"你们不是大学生侦探吗？"徐英抬起头，"警察说你们已经查清了两个棘手的案子。因为这样，我才允许你们看日记。"

"暂时还没有什么头绪。"陈然有些不好意思，"伯母，您对那块高桥松饼没有什么印象？"

"我平时比较忙，陪小琬的时间少，没怎么注意。不过，我对她还是很关心的，就连食谱都是请营养师特意安排的。钟点工阿姨也是严格按照食谱做饭的，高桥松饼并不在食谱上。"

"会不会是徐琬自己买的？"陈然问道。

"不会，那孩子买任何东西，都要经过我的同意。"

"任何东西？"陈然觉得有些不可思议。

"任何东西。"徐英用力点头，"我要把小琬培养成大家闺秀，不是随处可见的疯丫头。"

"可是这样的话……"

徐英瞪着陈然道："我知道你想说什么，觉得我对小琬太严格。但是现在这个社会这么乱，如果让她交了坏朋友，或者沾染了坏习惯，那可是不得了的事情。你要知道，女人最重要的阶段就是大学前后，这个阶段是女人的社会观、价值观成型的阶段……"

"啊，对不起。请问徐琬的父亲在做什么？"林萌突然打断了徐英的长篇大论。

"不知道那个人的下落。"徐英眉头拧成一团。

"你们离婚了？"林萌问得很直接。

徐英脸色苍白："那是我年轻时候犯下的错，不要再提了。"

"徐琬见过她父亲吗？"林萌端起面前的茶杯，咕噜咕噜地喝下大半杯。

"没有。"徐英厌恶地看着林萌。真是让人讨厌的孩子，一点礼仪都不懂。

"哦……没见过的话，应该是你怀孕期间，那男人就逃了吧。真是可怜呢。"林萌将胳膊搭在陈然肩膀上，"大婶，学校里有些传言，说徐琬有男朋友，这事你知道吗？"

"不可能，小琬很乖的，不会跟男生交朋友。"徐英双手握紧了拳头，脸色变得很红。

"可是，很多人都这么说啊。"林萌转向陈然，"你也知道吧，她男朋友叫什么来着，韩……啊，是韩枫！还没你长得帅呢。"

陈然不解地看着林萌，这家伙怎么突然变得怪怪的？

"出去。"徐英站起了身。

"大婶，你真的不知道徐琬有男朋友？"林萌嬉皮笑脸地问道。

"滚！"徐英声嘶力竭地怒吼。

陈然拉着林萌逃也似的跑出房间，身后随即响起震耳欲聋的摔门声。

"萌萌，你到底是怎么回事？"陈然问道。

"我收回我说的话。"林萌双手插进口袋，走在前面。

"什么？"

"母爱这种东西，有时候还蛮可怕的。"

"哦……你是在试探她？"陈然快步跟了上去。

"嗯，这种偏执的女人发作起来，谁知道会做出什么事呢。"林萌叹了口气。从张翔那里拿到的徐英资料，还算详细。徐英在大学时期，跟一个青年画家相恋并怀孕。这事儿在当时闹得沸沸扬扬，学校迫于压力，把徐英开除了事。父母很是生气，但徐英却自认为找到了真爱，离家出走跟那个青年画家同居。谁知道那青年画家却在孩子出生前，一声不响地逃了。徐英倒也强硬，并没有回到家中。而是把徐琬生下来之后，自己一边照顾一边打拼。多年辛苦之后，徐英有了自己的公司，而且越做越大。作为一个商人，徐英无疑是成功的。但作为一个母亲呢？或许是过去的经历太惨痛，使得她对女儿的保护过于严苛。

"我也觉得徐英很可疑，就是因为她破坏了现场，才让警方的查案进展缓慢的吧。"陈然道。

"你觉得是徐琬做了什么事，让徐英暴怒下失去了控制，将徐琬杀了？"林萌摇头，"不大像。冲动型的犯罪一般会选用手边的东西做凶器，慢慢悠悠下毒的还没见过。"

"说的也是。"

"没有证据支撑的推理只会让人迷失方向。"林萌道，"警方在装松饼的透明塑料盒子上，发现了一个不属于徐琬的指纹。大叔他们拿了盒子回局里做指纹对比，不过目前还没有发现指纹吻合的对象。"

"徐英的指纹对比过了？"

"不是她的。"林萌道，"不过，我倒是对某个人比较怀疑。"

市图书馆。

"葬礼延期了。"韩枫平视着对面。

"喔。"仅仅是敷衍了一句，刘昕仍注视着桌子上的小说。

这个冷淡的……韩枫暗自叹了口气。

"徐琬的尸体被法医解剖了,证实是中毒死亡。"韩枫刻意让语气显得平淡,"她吃的高桥松饼里,被掺入了巴豆油。"

"你在暗示什么?"刘昕抬起头,看着韩枫。

韩枫摇了摇头:"算了。"

"那就好。"刘昕又融入到铅字之中。

犹豫了一会儿,韩枫敲了敲桌子:"那两个人正在查。"

"谁?"

"林萌和陈然。"

"哦?灵异二人组?"刘昕合上了书,"你在担心什么?"

"没什么。"

"欲言又止,跟你优柔寡断的性格倒蛮像的。"刘昕道。

"韩枫学长?"林萌出现在桌子旁边。

"你是……"韩枫看着她。

对面的刘昕拿起小说,换了张桌子。

"哦,我是林萌。听说徐琬学姐遭遇了不幸,想安慰你一下。"

"谢谢。"韩枫敷衍道。林萌……是灵异二人组?

"你能说说徐琬学姐的事情吗?"林萌微笑着问道。

"抱歉。我不想谈。"

林萌在他对面坐了下来,从口袋里拿出一个小记事本,在指间漫不经心地转着水笔:"学长,她可是你的女朋友啊。"

"正因为是女朋友,你就不能体谅一下我的心情?"韩枫有些焦躁。

"这样啊……可是正常人的想法,应该是尽快抓到凶手吧。"林萌突然脱手将水笔转飞了，刚好敲在韩枫的额头上。

"啊……对不起。"林萌看着水笔跌落在韩枫身上，"能还给我吗？"

韩枫拾起水笔递给林萌，道："配合警方作过笔录了，其余的事，我也帮不上什么忙。"

林萌将水笔放进口袋："徐琬的母亲知道你跟徐琬的关系吗？"

"知道……"韩枫犹豫了一下，"不过她并不同意。"

"那你去过徐琬家里吗？"

"去过一次。"韩枫的脸色不那么好看，像是想起了不愉快的经历，"她把我赶了出来，还说要打断我的腿。"

"这么夸张？"

韩枫耸耸肩："抱歉，没有别的问题的话，我想安静地读下书。"

林萌微笑着站起身，拍了下站在书柜前的陈然。

陈然把手上的《你不知道的处女座》端端正正地塞进书柜，小跑着跟了上去。

"原先跟他同桌的那个女生，虽然换了位子，但眼光一直往你们那里瞄。尤其是你提到徐琬的时候，她好像很在意。"陈然道，"我瞄了一眼她放在桌子上的借阅证，叫刘昕。"

"刘昕……"林萌摸出手机，"叫富二代去查下好了。"

"我们自己去查不好吗？干嘛要那家伙参与进来。"陈然嘟囔道。林萌手中的手机好像是富二代给她的。

"我们去警局。"林萌轻轻拍了下口袋，"韩枫的指纹到手了。"

徐英跪在湿漉漉的大理石地板上，奋力地擦洗着贴满瓷砖的墙壁。强烈的消毒水味儿刺激着鼻腔黏膜，白色泡沫在洗手间四处迸裂，空气都显得凝重湿冷。汗水从额头滑落，流进眼眶，蜇得眼睛酸痛。她站起身，脸色阴郁着抓起橡胶水管，将激烈的水流射向墙壁。灰暗的水流冲散泡沫，汇成一层水膜顺墙而下，将一切痕迹洗涤干净。

这下好了。

不，还不够。她皱起眉头，走进了客厅，盯着餐桌旁的地板。还有这里。

她抓起橡胶水管，将水流开到最大。透明的水柱跌落在木地板上，溅起一层层的涟漪。一定要打扫干净。彻底地打扫干净。

徐英的牙齿在咯咯作响。

张翔扒拉着牛肉盖浇饭，口齿不清地说："高桥松饼的店已经确定了。幸运的是，那家店的规模比较小，而且街对面刚好有个摄像头，把进进出出的人全拍进去了。拿回视频资料后，我们安排了二十个人，对这一个月来的客人在进行辨认，看能不能发现奇怪的家伙。"

"奇怪的家伙？"陈然揉了揉鼻子。牛肉盖浇饭的味道闻起来很香，不过张翔一点客气的意思都没有。

"你想，如果凶手要把毒下在高桥松饼里，在买的时候，一定会乔装打扮一番吧。比如戴个棒球帽，穿个套头衫什么的，好让店员对他印象模糊。"张翔喝了口啤酒，很惬意地打了个饱嗝。

"发现了吗？"林萌坐到了桌子上。

"有几个，同事正在查，估计会有点眉目。"

"虽然是笨办法,但也算是个办法。"不等张翔吐槽,林萌小心地从口袋里摸出那支水笔,"喏,大叔。这上面的指纹你对照下,看跟高桥松饼盒子上的指纹是不是同一个人的。"

"指纹?谁的?"

"徐琬有一个男朋友,叫做韩枫。"陈然插话。

"韩枫……"张翔顿了一下,"嗯,是你们学校的学生。案发当天,他们约了在图书馆见面。我会交代下,看他在视频里出现过没有。"

"还有呢,我们在学校里调查了下。有传言说,韩枫约徐琬在图书馆见面,似乎是要一起私奔。"陈然道。

"私奔?"张翔把嘴里的啤酒喷了出来,"现在的小孩子脑袋里都在想什么?不都说徐琬文文静静的吗?怎么可能?"

"有其母必有其女。"陈然道,"她妈妈当年就这么做过。我想她同意跟韩枫私奔,大概也是对母亲的叛逆心理吧。在那么苛刻的管教下,总有一天会爆发的。"

"徐琬的尸检报告呢?"林萌打岔。

"那个东西……有点麻烦,徐英不同意解剖,好像还特意请了律师。"

"我去。司法解剖不是不用征求家属意见吗?"

"话是那样说没错,但这种事情很麻烦,如果再给曝到网上,嘿嘿。"

林萌蹙起眉头,刚想说什么,手机铃声就响了起来:"赖学长?"

"那个刘昕,是大二学生,跟徐琬不认识,但最近似乎跟韩枫走得比较近。人很聪明,但有些骄傲,朋友不算多,跟你稍有点像。"

家境一般，父母都是小公务员，算是那种稀松平常的好学生。"

"什么叫跟我稍有点像？"林萌不满地说道，"你见没见过刘昕啊，我可比她聪明多了！"

"喂，喂，我只是随便说说嘛。"那边的富二代笑道，"这是私家侦探的初步调查结果，我已经安排人跟踪她了，之后或许会有更详细的报告。"

"私家侦探……跟踪？"富二代的行事方式果然不太正常。

"那，就这样吧。"电话挂掉了。

"萌萌，你饿不饿？"陈然道，"我出去给你买点吃的吧。"无论如何，也要把富二代比下去。

"你饿了？高桥松饼，吃不吃？"林萌从包包里掏出已经被压得变形了的食物。

案子已经过去三天了，还没有什么像样的头绪。高桥松饼盒子上的指纹，虽然与韩枫吻合，但在拿回来的视频资料里，韩枫并没有出现。张翔不死心，又调了上个月的视频资料，却仍然没有发现韩枫。没有切实的证据，无法提审韩枫。就算高桥松饼盒子上明明白白地印着韩枫的指纹，他也可以说只是拿过盒子，也无法证实毒是他下的。有警察提议把调查方向转为巴豆油，但是巴豆油这东西，全国各地都有卖的，想要找出点有价值的线索，无疑是困难之极。

讲台上的英语老师正在喋喋不休地讲着课，林萌摊开一张纸，在上面写下案件的流程。清早徐琬被毒死在家里，中午与她约好的韩枫与之失联，就告知了徐琬的母亲徐英。徐英晚上赶回家中，发现徐琬的尸体。联系了 120 急救，并擦洗了徐琬的尸体。120 赶到，发现徐琬死于中毒，于是报警。警方当天晚上赶到，做了初步鉴证，第二天一早张翔带着自己和陈然到达现场。

最不合理之处，莫过于徐英为什么要擦洗徐琬的尸体。如果这可以解读为徐英在破坏现场，从而推定徐英很可能就是凶手的话，那她为何要把下毒地方安排在家里，又为何把巴豆油弄进高桥松饼里呢？这样不是自己给自己找麻烦吗？莫非徐英擦洗尸体，仅仅是因为精神创伤引起的强迫症？

再接下来，跟徐英关系并不好的韩枫，为何要跟徐英联络呢？仅仅是因为徐琬爽约？这未免太牵强了吧。对方可是声称要打断自己腿的人，让她知道自己仍和徐琬约会的话，没有问题吗？

巴豆油的毒性虽然强烈，但同时又是一种中药。比起砒霜、氰化物那些毒药来说，要容易得手得多，就算是大学生也能轻易买到。高桥松饼盒子上既然有韩枫的指纹，那代表凶手就是韩枫吗？如果他是下毒的人，那又为何主动跟徐英联系？

还有那个女生，是叫刘昕吧。她跟韩枫是什么关系？为什么会对徐琬的死感兴趣？

抽屉里响起嗡嗡的声音，是手机在震动。林萌偷偷摸摸出来看了一眼，赖泽锋的短信：私家侦探爆料，刘昕跟韩枫正在交往。

这倒是个新情况。林萌正要回复赖泽锋的短信，张翔的电话打了进来。

有没有搞错，不知道现在正上课吗？虽然有这样的想法，林萌还是按下了接听键。

"丫头，徐英意图谋杀韩枫，已经被我们抓了……"

"谋杀？"林萌低呼一声。

班里的同学都扭头看向她，讲台上的老师不满地敲了敲桌子："林萌！你知道你在哪里吗？"

"诶？"林萌愣了一下，随即眨了眨眼睛道，"这里不是地球吗？"

韩枫现在躺在医院里，徐英在众目睽睽之下刺破了他的肝脏。动机嘛……似乎是觉得如果不是韩枫，徐琬不会死。按道理说，徐英应该并不知道高桥松饼盒子上有韩枫指纹这件事，那么杀韩枫应该只是因为厌恶他，就把徐琬的死怪罪在了他头上，这在心理学上称为置换心理，就像赖泽锋说的那样，现在杀人的理由是越来越奇怪了。

从张翔那里弄来钥匙，林萌和陈然堂而皇之地进入了徐琬的家。徐英已经被警方拘捕，房间里更显得空旷。林萌走到餐桌前，站了一会儿。那里已经被打扫得干干净净，完全看不出死过人的样子。

走进徐琬的房间，里面的东西都摆得整整齐齐的。徐英在警方刚刚调查完现场之后，就迫不及待地打扫了整个房间。而对于大多数人来说，保持因意外去世的家人房间的原样，是更为正常的做法。

这次来现场，看来不会有什么像样的收获了。

"把巴豆油掺进高桥松饼里，很容易就会被发现，这下毒的手法真拙劣。"陈然道。

"可它的确毒死了人。"林萌没好气地说。

"那这样子的话，凶手一定对徐琬的家庭情况非常清楚。"陈然道。

"什么意思？"

"你想啊，在高桥松饼里下毒，如何能确保一定会毒死徐琬呢？

凶手肯定知道，徐英和钟点工都不在家吃饭，吃饭的只有徐琬而已。"陈然十分笃定地说。

吃饭的只有徐琬而已……林萌恍惚间觉得捕捉到了什么，却又有些模糊。一个念头摇摇欲坠地浮现在脑海里，如果是这样的话，那起先的推理全都是错误的吗？

门口突然传来轻微的咔嚓声，林萌和陈然彼此对望了一眼，是钥匙插进锁孔的声音。徐英回来了？抑或是凶手？

门打开了，一个微胖的中年妇女出现在门口，她诧异地看了眼房中的林萌二人。

"你先走，我断后。"陈然脸色严肃地将林萌推到一旁。

"断你妹啊！"林萌狠狠地敲了陈然一个爆栗，"阿姨，我们是徐琬的同学，来这里经过了警方的允许。"

"哦……你们是徐妈妈提起的那两个大学生侦探吧。"阿姨搓了搓手，"唉，我听说徐妈妈做了件傻事，放心不下就来房间里看看。她也是一时间气糊涂了，才会去对小孩子动手。你们跟警察很熟吧，能不能说下情，把徐妈妈放出来……"

是那个钟点工阿姨。

林萌笑着道："阿姨，徐琬死的那天，你是做好早饭就走了吧。在你走之前，餐桌上有高桥松饼吗？"

"呃……没有那东西。我做饭都是按徐妈妈的食谱做的，就算是小琬要吃什么，也得事先征求徐妈妈的同意。"

"这简直就像监狱。"陈然忍不住嘟囔道。

"有钱人家的规矩，咱们懂什么。"阿姨不以为然地摇头，"徐妈妈说，她是按照英国的什么淑女培训要求……"

"阿姨，你在这家做多久了？"林萌问道。

"好长时间啦，呃……五年多了吧，开始的时候嘛，还觉得这家人挺冷淡的……"

"这五年里，徐琬和徐英谈到过她父亲吗？"林萌又打断了她的话。

"她父亲……没有吧。"

"一次也没有？"林萌似乎对这个答案并不奇怪。

"一次也没有。"阿姨的语气很笃定，"起先我也觉得奇怪，但后来想想也就觉得明白了，你想啊，这女强人嘛……"

"阿姨再见。"林萌拉着陈然夺路而逃。

身后传来阿姨热情的挽留声："这俩孩子，不再坐会儿吗？我还想着给你们俩倒杯茶……"

张翔看了看短信，摇了下头。这丫头片子提的什么要求啊，都十几年前的事情了，要怎么查？接触过那件事的警员都退休了吧，现在去找人家帮忙合适吗？再说了，跟眼前这案子有关系吗？他摇了摇头，把手机丢在了一旁，拿起了桌上的协查函。

那是福州警局发过来的，要求核实林萌表哥徐川的身份。要是这家伙在就好了，张翔叹了口气，女人的推理能力果然不如男人。他打开了信函，似乎徐川在那里惹上了不小的麻烦……

"头儿，发现了，发现了。"门被推开，一个警察上气不接下气地嚷道。

"发现什么了？"

"你后来让对比的那个女大学生，她出现在视频里了，而且从店里出来的时候,还拿着一盒高桥松饼!"

"确定是她?"张翔呼的一声站起身。

"确定!时间就在徐琬死的前一周!要不要动手?"

"等等,等等,先进行外围调查,不要打草惊蛇。"张翔不由得兴奋起来,终于找到突破口了。

林萌的想法是正确的,果然在视频里发现刘昕购买了那家的高桥松饼。既然韩枫跟刘昕也在交往,那毒死徐琬的高桥松饼,由刘昕购买后交给韩枫也很正常。是合谋杀人吗?现在的大学生可真不容小觑啊。

他又瞄到了手机里的那条短信,十几年前的事,要不要查一下?

医院里的味道很不好闻,韩枫斜靠在枕头上,看着头顶惨白的灯光发怔。虽然料到徐英会恨自己入骨,但没想到她想要杀了自己。搞得这么麻烦,他在心里叹了口气。当初是为什么会想和徐琬交往呢?是被她身上那种古典而神秘的气质所吸引的吧。可是不久之后,就觉得这个女生相当乏味。太乖巧了,对自己曲意逢迎,就算是无意中说出的话也全盘接受,就像一个忠实的奴仆。而且,韩枫隐隐约约地觉得,徐琬似乎总在对他察言观色,揣摩他的喜好,并不断地改变自己。开始的时候,韩枫用徐琬太爱自己这样的理由来自我安慰,但不久之后却发现,完全不是这个样子。这个女生似乎将韩枫当成了自己的私人物品,连其他女生跟韩枫打个招呼都闷闷不乐,虽然从不在韩枫面前明显地表现出来。到后来,她甚至提出了毕业之后就要结婚。太累了,只不过谈个恋爱而已嘛。

"她吃下去的高桥松饼,是你送的吧。"刘昕坐在床边问。

"是的。"韩枫并不否认。大概警察很快就会弄清楚这一点,什么时候会找上来?

"所以?"

"我在想要不要实话实说。"韩枫的语气有些干涩。

"这个没有必要征求我的意见。"

韩枫好像下定了决心:"刘昕,你有没有想过要杀了我?"

刘昕有些诧异地看着他:"你什么意思?"

韩枫小声道:"我送给徐琬的松饼,其实就是你送我的。"

"你不喜欢吃?"刘昕看起来并不在意,"不喜欢就丢掉,干嘛送给前女友?"

"这个……"韩枫很尴尬。

"我明白了。我送你的松饼,你送给了徐琬,结果徐琬吃了,被毒死了。你是在怀疑我?"刘昕眉毛扬了起来。

韩枫有些尴尬地摇头。

"你所谓的实话实说,就是警方来查询的时候,把我说出来吗?"

"也不是那个意思……"韩枫发出一声苦笑。

"不过,搞不好警方还会有这种猜测,"刘昕声音冰冷,"是你在我送的松饼里动了手脚,毒死了徐琬。"

韩枫再次叹了口气……

隔着宽大的玻璃,能清楚地看到审讯室里的徐英。她犹如没有生命的木偶一般坐在椅子上,眼睛死死地盯着面前的金属桌面,双手不自然地垂下,身体摇摇欲坠。

"从进来就是这个样子，几乎没说过话。"张翔语气中有些疲惫，"不管我们怎么问，她只是反复念叨着徐琬是因为韩枫才死的。"

"徐琬是因为韩枫才死的。"林萌重复了一遍，这句话蛮有意思的。

"鉴证科的报告也出来了，徐琬死于早上八点左右。按照先前的笔录，徐英接到韩枫电话返回家中是晚上九点三十分左右，拨打120急救电话是九点五十分左右，在120赶到之前徐英擦洗了徐琬的尸体。嗯……我们的精神科专家推断，从那时起徐英的精神就不太正常，但是没想到她会去杀韩枫，说到底还是我们的失误。另外呢，高桥松饼那条线穿起来了。刘昕买的，韩枫送的，这点可以确定了。只不过嘛，有些奇怪……"

"怎么讲？"林萌踮起脚，认真地看着一窗之隔的审讯室。果然有这种单向玻璃，起先还以为只有外国才有。

"虽然现在大学生的感情生活很丰富，但是因为三角恋就要杀人，这种动机未免有些太牵强。再说了，学生之间不是一直有传言，说韩枫要和徐琬一起私奔吗？要杀，也应该是杀刘昕才对。"

"刘昕和韩枫的事，绝大部分同学都不知道。"陈然道，"是一个学长聘请的私家侦探查出来的。"

"那就是私奔的事情被刘昕察觉了，于是逼迫韩枫杀了徐琬？"张翔摇了摇头，"还是觉得有些小题大做。本来想提审那两个学生，但又总觉得证据不足。"

"那确实。"林萌道，"这个先放下不说。大叔，那件十几年前的旧事，调查得怎么样了？"

"去了以前的房子，而且走访了一些老邻居。不过嘛，毕竟很久了,很多人的记忆都有些混乱。"张翔道,"我说,十几年前的事情,能跟这案子有什么关系?"

"有没有关系,总要查过之后才能明白。"林萌近似敷衍地回答。

"其实,这案子的大致脉络已经清楚了吧,大学生争风吃醋毒杀情敌?"张翔将烟叼起来,"把这个作为新闻标题大概会很轰动。"

"先不要这么忙着下结论。不知道被谁撕掉的日记,被擦洗干净的徐琬的尸体,异常干净的案发现场,还有徐英杀韩枫的理由,这些不都没有搞懂吗?"林萌道。

"这些……只不过是细节。"张翔点燃了香烟。

"魔鬼都活在细节里。"林萌翻了个白眼。

"什么意思?又是你表哥说的?"

"不,斯蒂芬·金说的。"

"松饼是我买的。"刘昕很坦然地道。

"为什么选择在这个时候来坦白这件事?"林萌靠在天台的铁栏杆上,"警方还没有找上你吧。"

"嗯,确实还没有找我。不过最近几天,身后总是会有人影影绰绰地跟着,所以我只好来向你们自首了。"刘昕道。

眼前的这个女生,比起徐琬来说,差了不止一个档次。林萌暗地里想。不管是容貌、身材、气质,都比不上徐琬,奇怪了,为什么韩枫有了徐琬,还要跟她拉拉扯扯呢?

"选择你们不选择警方,是因为我不想把事情闹大。进了警局,总会有各种奇怪的传言,对以后多少都会有些影响。你们不是正在查这个案子吗?由你们转告给警方,再合适不过了。"刘昕很平静地说。

"你的意思是……你不是凶手?"陈然挠了挠头。

"对,虽然松饼是我买的,但我没有要毒死徐琬的念头。"刘昕道,"其实那松饼是我买来送给韩枫的,我并不知道他会送给徐琬。"

"可是,徐琬确实是吃了你买的松饼才死的。"陈然徒劳地追击。

"这点虽然无可否认,但是中间还隔了一个韩枫对吧。"刘昕道,"即使没有韩枫,如果没有我下毒的证据,警方也无法拘捕我,对不对?"

"这……"陈然无话可说。

"把事情跟你们说清楚,是为了省去不必要的麻烦。可不是我慌了手脚,来找你们自首的。"刘昕道。

"可你这样说没问题吗?不是把嫌疑都推给韩枫了?"林萌观察着她的表情。

"嗯,从结果上来看,确实是这样。但是,也有韩枫之外的人下毒的可能吧。毕竟徐琬的死,是在我送松饼过了一周后才发生的事情,时间这么长,什么事都可能发生。"

"但是韩枫知道了这件事后,还是会觉得这是你对他的背叛吧,你们还能以恋人的身份交往吗?"林萌道。

"无所谓,反正已经决定要分手了。"刘昕道。

"分手?"

"从他说考虑要不要把松饼是我买的说出来的那一刻,我就决定了。虽然他的做法,看起来并没有错。但作为男朋友,没有为所爱的女人担当的勇气,靠得住吗?"刘昕淡淡地道。

说起来挺容易的,很多女生却在这个问题上反复地犯错。原谅又原谅，分分合合的闹剧也看了蛮多的，这女生倒是个狠角色。

"那个……"林萌顿了顿，"有传言说韩枫在案发当天，约了徐琬到图书馆是为了私奔，你知道这件事吗？"

"传言这东西，往往都是靠不住的。"刘昕转身离去，"韩枫是约了徐琬到图书馆不假，但可不是要私奔，而是分手。"

"果然是这样。"林萌看着她的背影，点头道。

"得，这下嫌疑人又少了一个，只剩下韩枫和徐英了。"陈然有点失落。

"谁说她没有嫌疑了？"林萌摇头。

"嗯？松饼虽然是刘昕买的，但她事先并不知道韩枫会送给徐琬，这样的话……"

"你的脑袋只有在学习上好使吗？这么容易就跟着别人设好的思路走了。"林萌伸了个懒腰，"如果刘昕的目的不是为了毒死徐琬，而是为了毒死韩枫的话，能排除她的嫌疑吗？"

"转了一圈，又回到原点了？"陈然愁眉苦脸地道。

"不。经过了这几件事，我大概知道谁是凶手了，但是在此之前，还有几件事要确定下。"林萌缩了下脖子，天台上的风还有些凉。

"……我怎么什么都没看出来？"陈然有点尴尬，"你……该不会是在装腔作势吧。"

"所以说呢，这世上有人能成为福尔摩斯，有人只能成为华生。"林萌有点得意地打了个响指。

"我说……"

"嗯？"

"福尔摩斯是男的。"

砰,是爆栗在脑袋上炸响的声音。

是那种老式的出租房。

狭窄的楼道,厚厚的灰尘,黏湿的油渍糊满了四处,贴着旧报纸的老式玻璃窗,漆皮斑驳的木门,被锈迹侵蚀得摇摇欲坠的铁栏杆,总让人有种想要逃离的冲动。

胖子站在楼下,挖着鼻孔道:"虽说你表哥活得蛮有屌丝典范的,你也用不着跑到这种地方来看房子吧。为了二人世界什么都不在乎了吗?"

"界你妹!"林萌瞥了他一眼,"东西带了吗?"

"带了。"熊猫拉出一个银白色的密码箱,看了林萌身旁的陈然一眼,大大咧咧道,"嘿,这天然呆长得还行,等会儿我给川哥传个微信,让他死了兄妹恋这份心好了。"

"你乱七八糟地胡扯什么啊,"林萌的脸有些发红,"多波域光源灯和发光氨还在吧?"

"那是什么?"熊猫脸上露出痴呆的表情。

"你们在明诚集团案子里用到过的东西!"林萌几乎要吼起来了。

"啊,紫光灯啊。"熊猫在箱子里扒拉好几下,"在,还在。"

"你走前面。"林萌推着熊猫,拉上陈然,"我们去个房间看看。"

走过堆满杂物的走廊,穿过神色各异的人群,他们在一个房间门口停下。付了定金,钥匙已经从房东那里拿到了,目前需要担心的是锁还能不能打开。陈然掏出钥匙,往锈迹斑斑的锁眼里插去。门被顶开了,看样子锁已经坏了好久了。

三人走进房中，摸索了一阵按下开关，节能灯发出惨淡的光，勉强照亮了狭小的空间。是一室一厅的格局，林萌在房间里走了几步，用力嗅着潮湿的空气，试图要发现些什么。

"已经过了十多年了，不知道有多少人住过这间房子。真是希望渺茫呢。"她叹了口气。

"既然来了，总要试一下。"陈然给林萌打气。这个胖胖的家伙，不像情敌，不过刚才他提到的那个兄妹恋，那是怎么回事？

"总算明白你们要干什么了。"熊猫咧嘴笑道，"我来，我来，我看川哥弄过一次，算是轻车熟路了。"

他拿起那瓶发光氨喷雾，开始漫无目的地喷起来。雾气在房间里弥漫开来，眼睛有点酸痛的感觉，这东西能到处乱喷吗？对皮肤有没有腐蚀性？陈然掩住口鼻，不满道："大叔，你慢一点行不行？"

"我这是专业手法，你懂什么。"熊猫不大一会儿就喷完了一室一厅，乐呵呵地拿起了多波域光源灯，按下开关。

紫色的光线迸射开来，胖子的笑声戛然而止，仿佛被谁按下了停止键，房间里只有三人粗重的呼吸声此起彼伏。

"这里是地狱吗？"

地面、墙壁、天花板，几乎所有的地方，都布满了点点滴滴的妖异棕色，压迫得人喘不过气来。

站在讲台上的是林萌，旁边看起来有些呆呆的叫做陈然，那个中年警察坐在门口，似乎在等待推理结束后带走犯人。好老套的场面，像极了那些四十多分钟一集的推理日剧。只不过，教室里却只有自己。难道说，已经认定我是凶手了吗？刘昕冷笑。

"嗯,如你所见,这次的人比较少呢。"林萌向刘昕点头。

刘昕面无表情。

"在揭开谜底前,我们先回顾下徐琬的身世。"林萌干咳了一声。

后门发出艰涩的呻吟,脸色苍白的韩枫走了进来,他看了眼教室里的刘昕,选了个靠窗的位子远远坐下。

"你迟到了,不过还好没有错过。"林萌道,"我们都知道徐琬出生于单亲家庭,她的父亲在她出生前,就抛下母亲失踪了。犯罪心理学上有个著名的推论,不健全的童年生活往往是以后不幸人生的开端,这点在徐琬身上得到了印证。

"当初到达案发现场的时候,我有种不协调的感觉,是徐英的表情。虽然大叔说当时徐英的精神已经不太正常,但我还是觉得很奇怪,徐英不是歇斯底里的疯狂,也不是伤心欲绝的悲伤,而是那种……怎么说呢,就是那种担心的事情终于发生了的解脱。

"但是,这种疑惑只是一闪而过,更让我困惑的是,徐英为什么要清洗尸体,这个举动太匪夷所思了。而且我跟陈然再次登门的时候,房间已被打扫得干干净净,就连徐琬倒下的地方,也被打扫得干干净净。这是一种典型的精神创伤后强迫症的表现,给徐英造成精神创伤的,应该是徐琬父亲的失踪吧。但表现形式为什么会这么怪异,对清洁有着异于常人的偏执?我模模糊糊地有了一些想法,托大叔调查了十几年前的事情,竟然有了意想不到的发现。在徐琬出生的三年后,有人目击到了一个长发青年在徐英的出租房附近徘徊了好几天,而后又消失了。"

林萌停了下来,环顾四周:"怎么样,有没有嗅到一股危险的味道?"

"你说了这么多，跟案子有什么关系？"韩枫让自己表现得很镇定。

"我找来表哥的朋友，带了专业的设备，对徐英的旧居进行了调查。"林萌又想起那铺天盖地的蓝色斑点，"任何东西都不会不留痕迹地消失。凶手可以处理掉受害者尸体，擦去一摊摊的血迹，但仍会留下一些痕迹。血液中的蛋白粒子会附着在现场表面许多年，却无人知晓。但在用鲁米诺反应这种特殊手段检验血痕时，发光氨会与血红素发生反应，在多波域光源灯的照射下发出棕色的荧光。发光氨的灵敏度可以达到一百万分之一，也就是说，就算一滴血混在九十九万九千九百九十九滴水中，也可以被轻易地检验出来。"

"你们在徐英的旧居里发现了血迹？"刘昕好像很感兴趣。

"是大量的血迹。根据现场的血迹分布情况，可以推断出有人在那间房子里被碎尸了。以上都是不容置疑的事实，而下面的仅仅是我的推理。徘徊在附近的长发文艺青年，就是徐琬的生父，布满了房间的血迹，应该就是属于他的。从他在徐英怀孕期间失踪这件事来看，他不是那种肯负责任的家伙。选在徐琬出生三年后回来，恐怕也不是要重修旧好。虽然不知道他提出了什么要求，但他显然激怒了徐英，被杀死在了那间狭小的出租屋里。出租房里人流混杂，彼此漠不关心，徐英唯一要注意的就是如何处理尸体。碎尸，唯有碎尸，将尸体切成小块之后，当成垃圾，在发臭之前拎出房间。"

韩枫嘴唇发白："这么……"

"重口味？"林萌摇了摇头，"你的心理承受能力未免太差了。杀人碎尸不重口味，重口味的是所有的过程都是在年仅三岁的徐琬眼前完成的。"

教室里静悄悄的，陷入死寂。

过了好久，韩枫嘶哑着声音道："这仅仅是你的推理。"

"开始我也这么想的。年代久远，虽然检测出了血迹，证明了出租房里发生过杀人碎尸案。但鉴定DNA所需要的血液不足，而且没有确切的人证，想让徐英开口很难。但出乎意料的是，她的反应却是干脆利落，而且还补充了不少细节。"林萌摇头，"或许徐琬死后，徐英觉得活着没什么意思了。"

"十几年前，徐英杀死徐琬父亲的原因是，那个男人要争夺徐琬的抚养权。当然，徐琬的父亲并不是要给徐琬一个更好的生活环境，而是因为他的叔父想收养一个女孩，他可以从中挣一笔钱。这个要求彻底激怒了徐英，在徐英心中，女儿是她唯一的精神支柱。于是，在那个男人反复纠缠之下，徐英向他亮出了獠牙。"

"说到这里，你理解徐英要杀你的原因了吗？"林萌瞪着韩枫道。

"不……不理解。"韩枫面色苍白地回答。

林萌鄙夷地笑笑："那让我们回到徐琬死的当天。因为你决定跟徐琬分手，所以你才觉得给徐英打电话没有问题，对吧？在你给徐英打过电话之后，徐英返回家中是晚上九点三十分左右，拨打120急救电话是九点五十分左右，120到达徐英家用了将近二十分钟的时间。在这空白的四十分钟里，徐英做了一些事，现在可以肯定的是，远远不止清洗了尸体那么简单。"

"她还做了什么？"刘昕问道。

"撕日记。"林萌简单地回应。

"你的意思是，徐英是凶手？"韩枫仿佛抓到了救命稻草。

林萌笑了笑："十多年的时间，她和徐琬相依为命，发誓要将女儿培养成为淑女。韩枫，如果徐英知道你对徐琬做了什么，她想杀掉你可是一点也不奇怪。"

韩枫的脸色更加苍白了。

"你是说，徐琬堕胎那件事？"刘昕冷笑，"值得这么大惊小怪吗？"

"对徐英来说，不是大惊小怪，而是天翻地覆。她在女儿身上，看到了过去的自己。三岁的徐琬，对于陌生男人在房间里被母亲分尸这件事，到底能有多少认知我们并不知道。但是，这件事肯定在她心里留下了不可磨灭的印象。韩枫，你跟徐琬交往的时候，有什么奇怪的感觉吗？"林萌问道。

韩枫咽了口唾液。徐琬的那种刻意讨好，绝对听话的表现，是目睹碎尸情景后形成的扭曲性格吗？

"压抑太久的人，总会有爆发的一天。徐琬不顾母亲的反对，为你堕胎，要跟你私奔。可你呢？却像嚼得没有味道的口香糖一样把她摈弃。"林萌冷笑，"在徐英眼里，你简直就是徐琬生父的再生。"

"你到底查明白了没有？杀死徐琬的凶手是谁？"刘昕道。

"不用急，马上就会揭晓。"林萌道。

张翔又夹起了一支烟。林萌的表现欲很强。这个案子虽然表面看起来纠缠不清，但其实真相用一两句就能讲清楚。把来龙去脉全部剖析一遍，似乎是林萌的习惯。不过，这个样子……倒还真有点名侦探的气势。

"徐琬死于巴豆油中毒。巴豆油是一味中药，可以治病，但内服二十滴即可致死。我注意到，巴豆油味道苦涩，很容易被人发觉。相比于氰化物、砒霜这些毒药，它只有一个优点，就是购买渠道非常便捷。像我们这种大学生，在不太正规的中药店里也能买到。那么，为什么凶手要选择这种毒药呢？把苦涩的巴豆油掺在香甜的高桥松饼里，不担心徐琬尝出来味道不对吗？高桥松饼是刘昕买的，韩枫送的。这点徐琬也知道，还是韩枫你告诉她的，对不对？"

刘昕买了些点心给我，我不喜欢甜食，送给你好了。韩枫想起那个微冷的下午，他将高桥松饼递给徐琬的情景。

"因为是所爱的男人送给自己的点心，虽然发苦也要幸福地吃完。徐琬是这种心情吗？"林萌看着韩枫问道。

"我……"韩枫无力回答。

"男人果然是迟钝的生物。"林萌从包里掏出一叠粉红色的纸，摊在讲桌上，"三月七日，晴。听说他和她走到了一起，怎么回事？谣言吧？"

"三月十一日，阴。韩枫，你怎么能和刘昕交往，她哪一点比得上我？哪一点？"

"三月十五日，阴。希望只是个误会。"

"三月十六日，晴。我果然还是太天真了吗？"

"三月二十日，雨。希望你只是玩玩而已，我原谅你。"

"三月二十四日，雾。你一副心不在焉的样子，犹犹豫豫，掩掩饰饰，是准备分手吗？"

"四月一日，大雨。满足你的一切要求，为你堕胎，到头来是这个结果？我不要！"

"四月三日，阴。我好恨，为什么我什么都做了，还要跟我分手。好恨，好恨，好恨，好恨，好恨，好恨，好恨，好恨，好恨，好恨，好恨，好恨，好恨，好恨……"

"四月十三日,晴。你们永远也不可能在一起,这是我用生命换来的结果。"

林萌放下粉红色的信纸,看了眼刘昕,又看了眼韩枫。

"这是被徐英撕掉的徐琬日记。明白了?"

"凶手是徐琬自己?"刘昕摇头,"为了这样一个男人,终结自己的生命,值得吗?真是愚蠢。不过有一点,她说得很对,我永远也不可能和这个男人在一起了,这点倒要谢谢她。"

韩枫面如枯槁。

"在徐琬自杀四天前,电视上播报过误食巴豆油而死的新闻,徐琬大概是从这里得到的信息。徐琬在你约她去图书馆正式分手前,选择了经过刘昕和你两个人的手的高桥松饼自杀。她是单纯地要你心存愧疚,还是想要让你们成为警方的嫌疑人,这就没人能知道了。徐英接到你的电话后,发现了徐琬的尸体,也发现了她的日记。对于徐英来说,徐琬因你而死,你就是不折不扣的凶手。于是她撕掉了徐琬日记中的某些部分,清洗了徐琬尸体,掩盖起了真相,目的就是为了让你成为凶手。但是后来,她的精神状态越来越差,以至于要亲自动手杀了你。可惜啊,她未能如愿。"

沉默了好久,韩枫的声音突兀地响了起来:"也就是说,我终于洗脱嫌疑了。"

"我想过真相揭开后,你的各种不同反应,想不到竟然是这个。你就没有一点愧疚吗?"林萌讥讽道。

"那又如何?我做的事,在很多人眼里并不算过分。"韩枫低声说。

"我还以为你可能一辈子都无法解脱了,会永远都活在这件事的阴影之下。"林萌叹了口气，"刘昕说得对，为了你这样一个男人结束自己的生命，徐琬太蠢了。"

林萌跳下讲台，门口的张翔还在抽着烟。

"大叔，在女生面前抽烟，也是很过分的事情啊。"她伸手掐断了张翔的香烟，推门而出。

"接着。"一罐咖啡丢了过来，林萌将它贴在脸颊上，很温暖的感觉。

"又是一个曲折的故事。"赖泽锋靠在墙上，"考虑好了吗？"

"做你女朋友？"林萌愣了一下。

"不，是我提起的那件事。"

"不感兴趣。"林萌道，"以后也不要再提起了。"

赖泽锋淡淡笑道："我总觉得，你以后会忍不住查那件事的。"

林萌蹙起眉头，背对着富二代挥了下手，向走廊尽头走去。不知哪里来的风席卷地面，吹起了她的风衣下摆，在空中浮浮沉沉。

四 塞壬之歌

橘红色的太阳终于坠入广袤的海平面下,浓重的夜幕开始贪婪吞噬着最后的光亮。要开始了,一身灰色衣服的人下意识地摸了摸发凉的鼻头,嘴角浮现出木然的笑容。转过身,那栋称得上豪宅的大型别墅就静静地蹲在黑暗中,像只不怀好意的巨兽。

所谓的生命,是最容易忘记伤痛的,它会本能地把这些东西压在记忆的深处,任时间的灰尘一层层将其掩盖,然后装作什么也没有发生,愚蠢地活下去。只不过,有些事情总会有代价,那些痛苦经由时间的折磨,并没有化为乌有,而是慢慢发酵,成为一杯无法下咽的苦酒,默默地等着你端起它,一饮而尽。

微凉的夜风携着腥涩的味道,呛入心肺,让人几欲作呕。剧本手稿跌落在青苔斑驳的岩石上,满是字迹的页码翻过几张,停了下来:"真正活在底层的人们,没有资格绝望。然而能从那黑色深渊里爬出来的人,会成为连绝望也能够吞噬的恶兽。"

这句对白作为故事的开场再合适不过了。

穿着灰色衣服的人闭起眼，迎着风，张开双臂，似乎面向成千上万的观众们："SHOW TIME！"

然而所能听见的回应，只有低沉呜咽的风声。

富二代端了杯咖啡，靠在红色的剧场椅上，眼睛看着明亮的舞台，嘴角却挂着暧昧的弧度。从林萌的角度看去，很难弄清楚他是在由衷地欣赏，还是在不屑地嘲讽。这家伙是个异类，逆刃刀那个案子结束后，林萌对他的印象就是如此。虽然现在对富二代这种生物，大家颇多非词，但赖泽锋很明显是个不一般的富二代。他身上没有那种浅薄的嚣张跋扈，而是让人感到温暖内敛，似乎跟谁都可以成为勾肩搭背的死党。不过，那只是赖泽锋给人的错觉，没有人知道，他微笑的背后隐藏着什么。

陈然的脑袋歪在椅背上，已经发出了轻微的鼾声。对于这位青梅竹马的表现，林萌并不觉得丢脸。话剧这种文艺气息太浓的表现形式，对他们来说没有什么吸引力，况且还是大学生表演的话剧。

林萌漫不经心地看着舞台上那些校友们的拙劣表演。动作夸张，表情过火，角色之间没有交流，每个人似乎都在对着空气演独角戏。这个不入流的剧团，是怎么说动赖泽锋，占用他家的海岛别墅来排练的？

"戏曲、诗词、话剧，这些东西在你们眼里，都属于旧时代的东西吧。"赖泽锋淡淡地笑道。

"管他旧时代新时代，只是不喜欢而已。"林萌将尾指插进鼻孔，挑衅地问道，"怎么，喜欢这些小众的东西能让你觉得鹤立鸡群，满足自己脆弱的虚荣心吗？"

"其实这部戏蛮有意思的,是个推理剧。"赖泽锋毫不在意林萌的挖苦,"为了让演员有更真实的表现,他们只看了案件篇。而揭示了凶手、核心诡计的解答篇,据说只有编剧才知道。"

他冲站在舞台下的一个胖子轻轻挥了下手,那家伙满脸堆笑地向这边跑过来。人胖就不说了,奇葩的是他还在身上背了个大号的金属保温杯,跑一步保温杯就跳起来砸一下屁股,样子很是搞笑。

"魏源,风茂话剧团团长,也是这部戏的导演,他父亲在我父亲的集团公司里做事。"赖泽锋脸上仍旧留着淡淡的笑容,"其实说白了,来海岛别墅排练,就是借机会讨好下我,帮下他那不争气的老爸。"

"既然不喜欢,何必待见他?"林萌将尾指插进另一个鼻孔,问道。

"有很多事,做与不做不是取决于自己喜不喜欢。"赖泽锋停住话,向冲到了跟前的魏源伸出手,紧紧地握住他的手,"老魏你这话剧蛮有意思的,剧本写得真好,跟去年的真是天壤之别。"

魏源胖乎乎的脸上一副受宠若惊的样子:"哎呀,难得赖公子欣赏,我还一直忐忑,恐怕咱们这自编自演的话剧浊了您的眼睛。"

"主要是剧本写得好。"赖泽锋重复道。

"我们团里的那两个女演员也不错啊,人漂亮,又有气质。其实剧本只是一方面,我觉得这部戏您觉得好看,她们两个才功不可没。"魏源搓着手笑道。

林萌突然明白了赖泽锋口中的讨好是什么意思,她远远地瞥了眼舞台上的那两个大学女生,长得确实不错。

赖泽锋未置可否,指了指身边的少女:"林萌,我学妹。"

魏源先是错愕了一下，随即露出自以为是的笑容，双手伸向林萌："学妹好，学妹好。哎呀，林学妹人如其名，简直是林妹妹再世。那句话怎么说来着，出淤泥而不染，濯清涟而不妖，香远益清，亭亭净植。真是妙人，妙人！"

林萌将插在鼻孔中的手指抽出来，放进魏源的双手中，任由他大力地摇晃。她转身凿了陈然脑袋一下，笑嘻嘻地拆赖泽锋的台："陈然，我青梅竹马。"

魏源愣住了，看了看赖泽锋，又看了看林萌，根本搞不清楚状况。

赖泽锋微笑道："萌萌说得也对，我还没追上她，正在挖那小子墙脚。"

陈然刚被林萌敲醒，只听到了后半句，不解地问道："什么墙脚？"

赖泽锋换了话题："剧本是谁写的？能把解答篇先给我看看吗？"

魏源不好意思地摇摇头："您也知道，符城那脾气……"

"符城？"赖泽锋有些疑惑，"他不是一直写爱情吗？怎么突然改写推理了？"

魏源看看林萌，靠近赖泽锋，小声嘀咕起来。

林萌冷冷哼了一声，摆出一副老娘才懒得听你们秘密的样子，转头去看话剧。其实赖泽锋说得对，相对于那些蹩脚的演员们来说，剧本写得确实不错。话剧的名字叫《塞壬之歌》，写的是几个年轻人到一座孤岛上的私家别墅度假，以一起厨房盗窃为序幕，陷入了连环杀人案的故事。很传统的暴风雪山庄本格推理模式，但故事的节奏、人物的性格把握得都很好，就算透过那些拙劣的表演，仍能感觉到剧本的诚意。

林萌看了一会儿,实在受不了那些浮夸表演,索性翻起手中的剧本:

……房门半开,孙泪偲尸体躺在地上,头部膝盖着地,臀部撅起。

安璐经过门口,无意识地看了一眼,然后愣住。

安璐转身,走进房内,表情沉静地看着尸体。

章晨出现在门口,大惊失色。

章晨:(脸色苍白)塞壬……是塞壬的复仇!……

塞壬啊……好像是希腊神话中的鹰身女妖,用天籁般的歌声诱惑过路的航海者,从而使航船触礁沉没。不过话剧看了近三分之一,还没牵涉到塞壬什么事,大概又是作者故弄玄虚的手段吧。

一个中年人快步走进了小剧院。林萌认得他,是岛上这栋别墅的管事,叫忠哥。忠哥推开仍在讨好的魏源,附在赖泽锋耳边说了几句话,赖泽锋的眉头皱了起来。他沉默了一会儿,拍了拍忠哥肩膀,示意他们一起离开。等两人都离开了剧场,赖泽锋才向林萌道:"岛上进贼了,厨房被翻得乱七八糟,丢了不少东西。我让忠哥把这个消息保密,先通知大家停水了,晚饭延后。"

这个海岛离大陆足足有六个多小时的航程,面积不大,岛上只有赖家一栋别墅,有贼蠢到开船上来偷东西吗?况且闹贼的话,不是应该提醒大家注意吗?为什么要把消息压下来?

"你是不是有事瞒着我?"林萌问道。

赖泽锋道："只是感觉有些巧合，你看话剧里厨房被偷，然后我们的厨房也被偷了。"

"然后话剧里发生了连环命案，所以你担心我们这里也会发生连环命案？应该还有什么理由让你如此敏感吧。"

赖泽锋从口袋里掏出一张纸，递给了林萌。

陈然在一旁好奇地凑上来，小声念道："对于所谓的话剧来讲，以悲剧结尾通常更震撼人心，如果加点血，就是再好不过的调味。就由我来给这场演出画下句点吧，权当做塞壬的复仇。"

赖泽锋眼睛看着舞台："如果这不是无聊的恶作剧，那就是有点文艺范儿的杀人预告了。"

"塞壬的复仇……这才是你拉着我来这荒岛上的原因？"林萌道，"你觉得报警的话，未免有点小题大做，所以就先找我这个业余侦探来以防万一？"

"我不是那种被一张纸就吓得失魂落魄的人。请你来只是让你欣赏美景和话剧，如果有命案我还是倾向于警方。"赖泽锋嘴角翘起，全然不顾陈然的感受，"我可不想让自己喜欢的女人身陷险境。"

"我呸！"林萌冲赖泽锋做了个鬼脸。

陈然满怀醋意地接话："要真是模仿《塞壬之歌》来杀人，那是再容易不过了。只要问问编剧，知道了核心诡计，很容易推理出谁是凶手。"

赖泽锋正要答话，却见忠哥跟魏源一起跑了回来。

"死了，死了。"魏源双手神经质地抖动着。

"什么死了？"

"符城，符城死了。"魏源语无伦次，"一样，一样！"

忠哥推开慌乱的魏源，沉声道："话剧团的编剧死了。我们去通知他晚饭延时的时候，发现了他的尸体，已经凉透了，看样子至少已经死了三四个小时。听魏源说，死得跟他们正在排练的话剧一模一样。"

"模仿杀人吗？"林萌凝眉道，"富二代，现在有报警的觉悟了吗？"

案发现场是别墅的一间客房，在走廊的尽头。

"赖泽锋刚用卫星电话报过警。张翔大叔说明早四号风球过境，警方最快要后天才能登岛，在此之前，叫我们保护好现场……"陈然把后半截话咽了回去，他看到林萌正在往鞋子上套塑料袋。

"你要干什么？"忠哥皱着眉头，拦住林萌。

"现场鉴定。"林萌嘻嘻笑道。

"让她进去。"赖泽锋摆了下手，"忠哥你把话剧团的人先安排好，让人检查下别墅的门窗。警方来之前，我们的安全就靠你了。"

忠哥欲言又止，站了一会儿，摇摇头还是离开了房间。

符城的尸体就倒在那里，脸贴着地面，膝盖着地，臀部以可笑的方式撅起，甚至露出了里面的内裤。血迹的落点方式是溅射，连门外的木质地板上都有几滴。房内没有明显的脚印，没有打斗痕迹，实际上在符城死亡的时候，没人听到什么大的动静。凶器就扔在尸体旁边，是把小铁锤，锤头上的血迹已经变成了褐色。

林萌蹲在符城尸体旁边摇头道："这次现场留下的线索可不多。"

"说说。"赖泽锋也套上塑料袋，走进房内。

"首先，无法推断出凶手的身高。尸体的脸贴着地面，膝盖着地，臀部撅起，证明他是在弯腰或者蹲下的情形下被攻击的。这个姿势，只要身高超过一米二的人都可以敲到他的后脑。其次，无法推断出凶手的性别，铁锤不重，不管是男的还是女的，都能轻而易举地挥动它。最后，无法推断出凶手和死者的关系，死者是后脑受袭，而血迹溅到了门外地板，证明案发时候房门是开着的，不管是熟人还是陌生人都可进入行凶。"

陈然站在门外道："之前的厨房失窃，还有这起命案，都跟《塞壬之歌》相似吧。"

赖泽锋点头："除了死者不同，的确是模仿杀人。"

林萌看到房间一侧的那台笔记本电脑，快步走了上去。她用袖子垫住手，小心地握着鼠标，搜索了一番。然后，林萌有些失望地离开那台笔记本电脑："没发现《塞壬之歌》的解答篇，搞不好被凶手删掉了。富二代，我建议跟团员们私下谈谈，看有谁看到过解答篇。"

"没有人看到过解答篇。"赖泽锋沉吟道，"有件事没有跟你们说。魏源，就是话剧团团长，刚才告诉我《塞壬之歌》并不是符城原创。"

"不是原创？"林萌想起魏源鬼鬼祟祟地跟赖泽锋说话的样子，那时候说的就是这件事吗？

"符城非常自负，据说在大学时候还得过剧本创作奖。但这几年，他的状态跌到了谷底，写不出来什么精彩的剧本。而且因为剧本的问题，几乎跟剧团里所有人都争吵过。而《塞壬之歌》，据说是符城找枪手写的剧本。他只告诉了魏源，并强烈要求保密。而且他借口解答篇需要大改，只将问题篇交给了团员们排练。魏源觉得，符城将解答篇握在手里,是虚荣心所致。或许解答篇根本就没什么问题,符城这么做,只不过是为了给解答篇贴上自己的标签而已。反正解答篇原稿到底怎么样,除了符城外没人知道。"

"如果说,整个剧团,除了符城外没有人看到过解答篇,"陈然不解道,"那怎么可能有人模仿剧本杀了符城?"

"还有一个人,《塞壬之歌》的真正作者。"赖泽锋道。

"那么,就是这个人上了岛,杀了符城?"陈然道。

"不一定。不见得只有写剧本的那个人是凶手。根据问题篇,推理出核心诡计,也不是多困难的事。"林萌道,"我就可以。"

"又要查案吗?我们就不能老老实实地坐着,等后天警方来?"陈然忍不住吐槽。

嘭!林萌赏了他一个爆栗。

这是到明诚大学后的第四件案子了。前三个案子都结束得干脆利落,不止学校,连警方都知道有个名侦探的存在了,表哥你还敢小看我吗?林萌端了杯咖啡暖手,有些得意地想。虽然你遇到的都是些大案子,更有 soulmate 这种神一样的对手,但是作为只有十八岁的女大学生,我的表现也不差嘛。

说到这个案子,模仿杀人……还真是少见啊。凶手为什么要拘泥于模仿杀人呢?而且就连剧本里的厨房失窃都要模仿,有这个必要吗?杀人的环节越多,越容易出现问题,从而暴露身份。何况剧本里若是写明了核心诡计的话,很容易就能推断出凶手的身份。这不是作茧自缚吗?有这么蠢的人吗?还是说模仿剧本杀人,对于凶手来说有着某种特殊的含义?

没有了警方的帮助……只好单枪匹马去寻找蛛丝马迹了。林萌放下咖啡杯，向别墅外的一栋房子走去。不愧是富豪的手笔，厨房是独立于别墅外的，一栋近二百平方米的房子。

厨房里只有忠哥和徐伯在，见林萌进来，忠哥只是点了下头，又转身跟徐伯交代着什么。林萌自来熟地拉开双门冰箱，却发现里面很空，只有几大桶矿泉水和一些饮料。她又翻开旁边的冰柜盖子，除了几块冻肉、一些海鲜和蔬菜外，也没什么东西。

"厨房被偷了，丢了些东西。"忠哥皱着眉头道，"林小姐，岛上刚发生了杀人案吧，你一个小姑娘还是不要乱跑得好。"

"没事儿，我是个侦探！"林萌笑嘻嘻道。

"侦探？"忠哥哼了一声转身就走，虽然声音很小，但还是让林萌听到了，"鸡毛侦探！"

林萌也不生气，蹦蹦跳跳地走到徐伯身边，道："徐伯，中午的油炸香蕉超好吃啊，晚饭要做什么呢？"

"铁板盐焗虾、彩椒茶树菇还有海南鸡饭！"受到夸奖的徐伯笑得合不拢嘴，"要不是进了贼，丢了好些食材，我能给你们弄出一大桌好菜。"

"那咱们厨房原本有铁锤吗？"

"铁锤？厨房哪有那玩意儿。你说这小偷儿真够可恶的，把一些上好的食材偷走了不说，还把厨房弄得一团糟，厨具餐具都给丢到了地上，连调味盒都给打破了……"

"上好的食材？"

"丢了十几样！不然今晚上怎么会只有三道菜？别的不说，这东西也给丢了！"徐伯扭动肥胖的身体，弯下腰从橱柜里摸出一个玻璃罐,"尝尝。"

林萌扭开盖子,映入眼中的是细腻洁白的胶状物。在徐伯的鼓励下,她用筷子挑了一些点到舌尖,素雅的清香弥漫在齿颊之间。

"上好的椴树蜜!"徐伯脸上满是耀眼的油光,"丫头,这可是赖公子从东北那边花高价弄来的,本来想给你们做花茶来着。"

"刚才太急了,没尝出什么味道,我再来点。"林萌眨着眼睛换了把勺子,狠狠地挖走一大块。

徐伯笑道:"吃吧,吃吧。小丫头片子嘛,都爱吃甜食。"随即他又叹了口气:"可惜只剩这半罐了,花茶做不成了。你说这椴树蜜又不能当饭吃,偷这东西干嘛呢?玻璃罐子叮叮当当的,拿又不好拿,放又不好放。"

"或许小偷是个女的,也喜欢甜食呢?"林萌笑道,"徐伯,那些话剧团的人,你认识吗?我听赖泽锋说,他们去年在岛上住了一个多月。"

"对,对,去年也是这个时候,不过这次好像又换了人。"徐伯摇头,"具体都换了谁,我也记不清了,不过说到这椴树蜜泡的花茶啊,他们去年可都是赞不绝口来着,有个小姑娘还……"

这老伯就是话唠,还说不到正点上。林萌耐心地听完徐伯的话,问道:"那你知道他们之间关系怎么样吗?"

"那没注意过,都是些小孩子嘛,整天扮家家以为自己多高贵。"徐伯撇了下嘴,"说真的,我觉得你比那两个小姑娘好多了。你看你人长得漂亮,脾气还蛮好的,不像那两个小姑娘冷冰冰的,跟我们说句话都像是在抬举我们。我觉得吧,依赖公子的脾气,他肯定喜欢你多些……"

这老大爷还要当红娘嘛，林萌忍不住在心里吐槽。正要答话，却看到花匠老秦风风火火地闯了进来："老鬼，你是不是又把我的小铲刀藏起来了？"

　　"藏你那铲刀干嘛！脏兮兮的，白送我都不要！"

　　"扯！上次下棋赢了你，你就把我的割草机给藏起来了，你敢说这次不是你干的？"

　　林萌趁机猫着腰溜出了厨房。

　　"对于所谓的话剧来讲，以悲剧结尾通常更震撼人心，如果加点血，就是再好不过的调味。就由我来给这场演出画下句点吧，权当做塞壬的复仇。"安璐疑惑地看着林萌道，"这是……"

　　"赖泽锋收到的。如果结合厨房失窃和符城被杀，是不是觉得很奇怪？"林萌道，"自己参演的话剧变成了现实，而且死的还是团里面的人，大家是什么感觉？"

　　"这个……你得去问魏源。"安璐突然有点忐忑。

　　"那个胖子？整天神经兮兮地抱个大茶壶，一脸蠢相，能问出什么来啊？魏源、章晨、孙汩偲、赵怡宁和你。咱们团里还活着的五个人中，我看就数姐姐聪明些，我喜欢跟聪明人打交道，省事儿。"

　　安璐苦笑着摇摇头："魏源……本来……不是那个样子的。其实你还小，有很多时候，人并不像他看起来的那个样子。"

　　"喊，不都说相由心生吗？那些看起来就让人讨厌的人，有能耐的可不多。"林萌接着套安璐的话。

　　"你看我长得漂亮吗？"安璐微笑道。

　　林萌点了点头。

安璐叹了口气："所以说,这个世界是不公平的。你看我长得好,就自然而然觉得我聪明。都说人人平等,但大家都是普通人而已,自然有偏袒,有歧视。就拿剧团来说,长得漂亮的,不用努力就能轻易地得到主角的位置。而那些长得不好的,想要争取同样的角色,却需要付出百倍的努力,而且还不一定成功……"

"姐姐你说得好深奥,我听不懂。"林萌眨着眼打断安璐的话,"我听说剧本不是符城写的,这点姐姐你知道吗?"

"嗯……我们也在私底下议论过,文风确实不像符城的,倒是跟……"安璐叹了口气,没有说下去。

"怎么?姐姐你认识写剧本的人吗?"

"没,没有。只是想起了其他的一些事。"安璐担心道,"林萌,你不害怕吗?有人被杀了,凶手还不知道在哪里,你一个小姑娘跑来跑去,不觉得危险吗?"

"我没问题。"林萌道,"倒是姐姐你们要小心呢。"

"嗯?"

"凶手是模仿《塞壬之歌》这个剧本杀人的。如果顺着预告信的措辞和第一个死者来推理的话,很明显凶手的目标应该是你们剧团的人。"

"这么说未免有些太牵强了,我们……"

"怎么,大家还没有这个觉悟吗?塞壬的复仇,凶手很明显是说在对话剧团的人复仇嘛,而且动机看起来应该和《塞壬之歌》这个剧本有点关系。安璐姐,你能告诉我,剧团到底发生过什么事吗?"

安璐看着眼前这个一脸天真的少女,心头突然涌起了莫大的恐惧。

赖泽锋漫不经心地跟在忠哥后面:"岛上周边确实没有发现停靠的船只?"

"小庄和小宫他们开着快艇巡了两遍,没发现什么船。岛上也巡过了,暂时没有发现外人上岛的痕迹。依我看,凶手应该是离开了。阿泽你放心吧,有我在,你不会有事的。"

"忠哥,你的意思是只负责我的安全,其他人就不管了吗?"赖泽锋笑道。

"他们的死活,我一点兴趣都没有。"忠哥冷冷道,"尤其是那个叫林萌的小姑娘,跑来跑去的,让人心烦。"

"喂,喂,我可是在追她呢。"赖泽锋眯起眼睛。

"她?配吗?"忠哥转过身,看着赖泽锋道,"阿泽你是想让她帮你查那件事吗?"

赖泽锋打了个哈哈:"继续走吧,我们总得在天黑前,再巡一遍岛。"

"其实没有必要。小庄他们……"

"做做样子嘛。有人在我的地方被杀了,如果我还淡定得很,那小姑娘会怎么看我?"赖泽锋笑道,"虽然我早就明白,这案子是话剧团的团员做的。"

"话剧团……团员?"

赖泽锋淡淡笑着,看着波谲云诡的海面:"忠哥,你还记得去年,那个叫莫默的女生吧?"

"那个胖胖的小姑娘?嗯,记得……"

"或许有些时候,人真的会因为奇奇怪怪的缘故去做一些奇奇怪怪的事情。"他转头道,"忠哥,你不用紧张。这场戏,我们只需要安安静静地旁观就好了。"

或许是台风快要来了的缘故，海岛上的黄昏非常冷。

安璐蹲在悬崖的边上，瑟瑟发抖。符城死后，她完全没了初到岛上时的心情。本来只是排练下话剧，顺便认识下赖公子——多一个富二代做朋友也没什么坏处，这是魏源说的。可谁想到符城会死呢？

她摸出一支细长的女式香烟，抖抖索索地塞到唇边。好不容易从牛仔裤里掏拿出粉红色的纪梵希女士打火机，却没了点烟的意思。赵怡宁终于来了。她似乎一点都不觉得冷，只套了件紫色的羊毛对襟小套衫。

"后天警察就要上岛了，小宁你准备怎么说？"安璐问道。

"有什么说什么。"赵怡宁带着冷冷的高傲道，"你到底有什么事，非要跑到这里说？"

"没办法嘛，别墅里人多耳杂，总是不太方便。"安璐迟疑了一下，"小宁，莫默的事……"

"提那个蠢货干什么？"赵怡宁有些不耐烦，"就算《塞壬之歌》真的是她写的，现在符城也已经死了，说这些有什么用？"

"不是，我是觉得……"

"喂，我可没闲心吹着冷风跟你八卦。"赵怡宁做出转身要走的样子，"没什么重要的事，我可要回去了。"

安璐无奈地叹口气，堆起笑脸："是那个，符城和章晨不都追过你吗？后来你选了符城，章晨不还和符城打了一架，说要杀了他吗？这种事万一被警察知道，肯定会怀疑章晨的吧。"

赵怡宁怔了一下，却随即还是冷冷的语气："这是我的事，不用你操心。"

安璐索性把话说破："可是如果警方真的对章晨调查，肯定要牵连出你来。到时候如果传出来什么风言风语，对你不太好吧。"

所谓的符城和章晨都追过赵怡宁，只不过是委婉的说法罢了。事实是赵怡宁和章晨好的同时，又跟符城劈腿。章晨是和符城打了一架，但弄清楚事情之后，两个人几乎同时跟赵怡宁断了来往。据说赵怡宁目前正在追大四的一个学长，那学长已经在影视圈小有名气，对她来说是块很重要的跳板。如果这时候闹出什么丑闻的话……

赵怡宁皱起了眉头："你想干什么？"

"没什么，受人之托而已。"安璐道，"魏源跟符城吵架的事，他希望你别说出去。"

"魏源？你还跟着他瞎混？"赵怡宁又露出那种自以为是的笑容，让安璐心里很不舒服。

"前任嘛。"安璐有些不自然，"再说我不觉得他有那胆子杀人。"

赵怡宁哼了一声："看在室友两年的分上，我就对你说点真心话。安璐你能长点心吗？魏源这男人靠得住吗？他这次带我们来这海岛上排练话剧，不是摆明了想把我们介绍给赖泽锋吗？我是无所谓，你呢？你那不值一文的自尊心允许你向赖泽锋摇尾乞怜吗？"

"只不过认识一下，又不见得要做什么。"安璐强笑道，把捏在手里的香烟塞进干涸的嘴唇。

"把自己的前女友推给别的男人，只为了不知道能不能捞到的好处。你对这样的男人还抱什么幻想？还为他出头？你这几年浑浑噩噩的都干了什么？你想毕业后就回山沟老家吗？随便找个人嫁了？二十多岁就锄地喂猪奶孩子？"赵怡宁白了安璐一眼，转身离开。

悬崖上，只剩下孤独的安璐，还有海浪冲上岩石破碎的声音。

安璐在寒风中愣了好久，终于按下打火机，黯淡的火苗摇摆不定地吻上了唇边的烟草。她蹲下来，看着几十米高的峭壁下深邃的海水，将点燃的香烟弹了下去。红色的火光忽明忽暗，犹如孱弱的萤火虫自高空跌落，最终湮灭。

不知不觉，冰凉的泪水划过了脸颊。

……窗外大雨滂沱，安璐看着倒在餐桌上的赵怡宁，眉头紧锁，其他的人坐在旁边，各怀心事。

符城：（叹息）孙泪偲死了，小宁也死了，这到底是怎么回事？

章晨：（绝望）刚到海岛的时候，就觉得不对劲儿。我们都会死的，谁也逃脱不了塞壬的复仇！

魏源：（不耐烦）塞壬，塞壬，那只不过是传说中的生物，怎么可能在现实里存在？你一定是疯了！

章晨：（歇斯底里）你这混蛋，你敢质疑塞壬，下一个死的就是你！

安璐：（平静）不要吵，这两起凶案都是人为，而且凶手就在我们四个之中。

魏源：在我们四个人之中？为什么这么说？

……

灰衣人合上剧本，看了眼窗外逐渐暗淡的天空，将右手插进了裤袋，圆圆硬硬的东西还在。第二幕就要上演了，这个东西只需两滴就可以置人于死地。下毒,最古老也是最致命的办法,简单,粗暴。比起第一幕来说,要轻松一些。嗯,当对着符城后脑挥下铁锤的时候,还有一些犹豫,现在,却没有任何顾虑了。

话剧这个东西,既然在某一个时间开始,那么,必定要在某一个时间结束。

风茂话剧团的人到齐了。

安璐心事重重,赵怡宁漫不经心地在磨指甲,孙汩偲连连打着哈欠,章晨则有些敌意地看着魏源。

魏源下意识地躲开了他的目光,干咳一声:"符城……死了。发生这样的不幸,我们都很难过。今天把大家喊到一起,就是想问一下,等台风停了,大家有什么打算。"

没有人回应,气氛有些尴尬。

魏源扭开保温杯,往杯盖里倒满水,喝了一口。

仍旧没人说话。

他看了眼孙汩偲,道:"汩偲,要不你先说下。"

孙汩偲搔了搔头:"我觉得吧,虽然符城哥死了,但也不要紧的。回家还是留在岛上排练话剧都可以,团长你的意思是什么?"

他是今年才入社的,听话得很。

章晨冷笑一声:"不是说只有半部剧本吗?怎么排练?要不男团员回家,女团员和团长留下好了。"

"走还是留,都是个人的自由,用不着别人操心。"赵怡宁不痛不痒地回应。

章晨阴阳怪气:"个人自由不假,不过个人也得自重点。热脸贴人家冷屁股,不觉得丢人吗?"

"丢人不丢人是自个儿的事,有些人管得未免也太宽了吧。"

"好了,好了。"魏源赶忙打圆场,他看了眼低着头的安璐道,"璐璐,你怎么想的?"

安璐疲倦地道:"就算台风停了,警察会放我们回去吗?"

众人神色诧异地看着她。

"我听说……赖泽锋收到过杀人预告。林萌告诉我的。"安璐低声道,"对于所谓的话剧来讲,以悲剧结尾通常更震撼人心,如果加点血,就是再好不过的调味。就由我来给这场演出画下句点吧,权当做塞壬的复仇。你们不觉得熟悉?"

"这段话既矫情又幼稚。"孙泪偲想开个玩笑,然而却没人回应他。

"就算是莫默说的又怎么样?"赵怡宁白了安璐一眼,刚刚在悬崖边就这样,真是事儿妈。

安璐狠狠地吸了一口烟:"会不会,是莫默在向我们复仇。"

魏源的手又抖了起来:"怎么可能……"

"也许有这个可能,莫默当时想写剧本,符城一直排挤打压她。"章晨竟然有些幸灾乐祸。

"你们在说什么?"孙泪偲有些迷糊了。

"莫默,在你之前的团员,如果是她复仇,那就有意思多了。"章晨冷笑。

"原来你们认识凶手?那直接报警不就好了?"孙泪偲问。

"如果我告诉你莫默年初就已经死了呢?她的鬼魂杀人吗?警方不会觉得我们是在发神经吗?"章晨顿了顿,"况且大家对她的死……"

"别说了！"魏源神色张皇地打断章晨，"以前的事，提它干嘛！"

"符城刚拿出这个剧本的时候，我就觉得有些像她的作品。"安璐苦笑道，"推理剧……她是要化作塞壬，将我们全部杀死吗？"

"我说过了！别说了！"魏源厉声喝道。

马上，他意识到自己的失态，缓和了下语气道："那是意外，不是任何人的错。"

"冤死的好人，会化为厉鬼。"赵怡宁脸色苍白，骄傲的神色早消失得无影无踪，"我记得她在剧本里提到过这种说法，对不对？"

沉默，只有死寂的沉默。

晚饭吃得很闷，偌大的长桌上，没有人交谈。

林萌把虾壳嚼得咔咔响，眼光却在几个话剧团员身上溜来溜去。中午把预告信的内容透露给了安璐，看话剧团员们的神色，他们应该全都知道了。假如按照剧本的发展，还会再死两个人。

凶手的目标全部都是话剧团的人吗？把预告信告诉安璐的时候，她的神色很奇怪，像是想起了什么事。莫非这个话剧团有什么不可告人的过往？如果凶手就在话剧团团员中的话，魏源、章晨、安璐、孙汨偲、赵怡宁，这五个人究竟哪一个是凶手？

"晚餐没有椴树蜜花茶了啊。"章晨突然冒出来一句。

"厨房被偷了，椴树蜜丢了好几罐。"赖泽锋微笑。

"我记得去年的时候，莫默很喜欢喝椴树蜜花茶的。"章晨道。

"莫默是谁？怎么没听你们提起过。"林萌问。

"去年的时候，我们一起来这海岛上排练话剧，她虽说没安璐和赵怡宁漂亮，不过却很有才华。你知道吗？这次的剧本……"

"章晨！"魏源低声喝道。

"怎么，你怕了？"章晨不屑一顾。

"什么事，能告诉我吗？"林萌眨着眼睛，一副人畜无害的模样。

"其实，《塞壬之歌》很可能是我们以前团员莫默的作品。今年早些时候，她死于一次意外，但一直有流言说，她是被我们团里某个人杀死的。"章晨冷笑道，"说不定杀她的凶手，就坐在这里大大方方地吃饭呢。"

风茂话剧团的团员们一起将目光投向章晨，神色复杂。

"那预告信中所说的'权当做塞壬的复仇'，意思就是为莫默报仇吗？"林萌将虾壳吐到餐碟上，"如果按照这个逻辑，符城跟莫默一定有过节吧？"

"符城跟谁没有过节？"赵怡宁道，"不过只要没做过亏心事，就算真是莫默的鬼魂复仇，也没什么好怕的。"

"没做亏心事？"章晨冷笑，"是谁总以老资格自居，指使她干杂活？况且，剧本上第二个死的人，就是你！"

赵怡宁道："狗屁！多干些杂活就要杀了我？那整天欺负她作弄她的人，会不会被她碎尸万段？再说，就算剧本上第二个死的人是我，但不见得现实里第二个死的人也是我。剧本上第一个死的人是孙汨偲，但现实里第一个死的人却是符城！"

章晨突然打了个嗝，呼吸有些急促，脸色变得煞白，额头上渗出密密麻麻的一层细汗。他双手抓向脖子，用力地挠着。

"中毒……"安璐打了个冷颤。

"怎么……会……是我……"章晨眼睛圆睁，声嘶力竭，一头栽到了餐桌上。

刺耳的惊叫声伴随着餐具破碎的声音在大厅响起,众人慌乱地起身,一片嘈杂。

"不要慌!"赖泽锋沉稳的声音响起,"任何人不要离开房间,不要动桌上的食物!"

林萌站起身,借着明亮的灯光仔细打量着眼前的尸体。章晨的眼睛睁得很大,虹膜上一片鲜红,血从嘴角淌出,已经没有了呼吸。

"中毒……"她喃喃道,"一样的食物,却只有章晨中毒。座位是大家随意坐的。凶手怎么可能如此准确地毒死章晨?"

突如其来的冷风犹如活物一般扑进大厅,掠过众人的脸庞,发出窸窸窣窣的声音,犹如鬼魂的低语。

人已经死了两个,其中一个还是在眼皮子底下被杀的,这让林萌很是郁闷。她靠在大厅的沙发上,双眼无神地盯着天花板。明明没有什么精彩的诡计,却一点头绪都查不出来,果然现实要比推理小说难搞得多吗?第三个死者……剧本上写的是在密室里,被塞壬用海水淹死了。这种匪夷所思的死法,人力怎么可能做到?

大厅里,还活着的四个团员正在激烈地争吵。半天之内,连杀两人,凶手的效率还真是蛮高的。如果按照这速度,第三个人应该是今晚就要挂掉了,也怪不得他们会乱成这样。林萌眯起眼睛,仔细地观察着团员们。

惊慌、愤怒、害怕、麻木……唯独没有人伤心,看来这个三流话剧团的关系还真不和谐。

赖泽锋走进大厅,完全无视乱糟糟的话剧团团员,走到林萌身旁坐下:"厨房和上菜都没什么问题。应该是在餐盘上下的毒。"

"徐伯你信得过?"林萌瞟了他一眼。

"信得过。"赖泽锋依旧是平静的语气,"这岛上,只要是我家的人,我都信得过。"

"其实,我有点怀疑你。"林萌眼睛看着天花板道。

"理由呢?"赖泽锋轻轻笑了起来。

"整个剧本以你家的海岛别墅为背景,作案的凶手,既要熟悉岛上的环境,还要熟悉这些团员。现如今岛上的人,就数你最符合这个条件。况且,《塞壬之歌》是莫默写的,徐伯说过,莫默和你好像很是投缘。虽然我不晓得莫默到底是死于什么样的意外,但我可不会相信什么鬼魂复仇的屁话,我倒是觉得,是有人在为莫默复仇。"

"你太看得起我了。我像是那么有担当的人吗?为了一个萍水相逢的女生,就让自己的双手沾上鲜血?"

"我可没有忘记,咱们的富二代在逆刃刀那个案子里,扮演了什么角色。"林萌道。

"你是我喜欢的人,我对你不撒谎。"赖泽锋很认真地道,"这次的案子,确实没我什么事儿。你得明白,虽然我老爸钱很多,但这样的海岛别墅也仅此一座。死过人的房子,住起来难免会不太舒服。"

林萌没有说话。

"不必自责,凶手动作太快,你根本没有时间去思考推理。这不是你的错。"赖泽锋安慰道,"按照剧本,第三个死者死于密室,我们只要把他们全都安顿在大厅里……"

"他们坚持要一人一间房。"林萌摇头。

"一人一间房？留在房间里等死？"赖泽锋皱起眉头。

"我搞砸了。"林萌叹了口气。

赖泽锋扭头，用奇怪的眼神看着林萌。

"好吧，好吧。你跟陈然出去后，他们四个在大厅里像疯了一样大喊大叫，说是莫默的鬼魂来复仇什么的。我听得聒噪，于是就把自己的推理给他们详详细细地讲了一遍。现在这四个人，都知道凶手就在他们中间。"

"然后呢？"赖泽锋脸上又浮起那种淡淡的笑容。

"他们现在连四个人睡一起都不敢，怕凶手等大家睡着了，起身杀了其余的人。"林萌冷笑。

"愚蠢。一人一间房的话，不正好给密室杀人创造条件吗？"

"不过在他们看来，却是最安全的，每个人都只相信自己，不相信别人。别管这些蠢货了，"林萌探头看了看大厅门口，"陈然呢？跟你一起出去的，怎么没回来？"

"跟忠哥他们在一起巡房，他说要再仔细看看你的房间，确保安全。"赖泽锋道，"那小子虽然笨，但对你却还算不错。"

忠哥带人上楼巡房了，陈然则独自留在一楼，看着黑乎乎的楼道发怔。

如果没有记错的话，楼道的尽头就是符城被杀的房间。他没由来打了个寒颤——为了保持现场，符城的尸体还留在那里。陈然往后面挪了挪，有点后悔没跟忠哥一起上楼。多爬几层楼梯，要比跟尸体待在一层楼好多了。

虽然这次的案子，林萌信誓旦旦地说绝对是人为，但陈然心里还是有些不踏实。毕竟，前几个案子就算再危险，他们都是旁观者。而这次的案子，他们却身陷其中，更要命的是还没有警察。

要不是别墅里的客房都在一楼，陈然倒是很想帮林萌换个房间。他转身按下林萌房间的日光灯，看光线溢出走廊，心才稍稍安定了一些。然而恍惚间，借着余光，他似乎看到了什么。陈然揉了揉眼睛，往楼道深处走了两步，向那个奇怪的地方看去，却猛地吸了口凉气。黄色的木制地板上，出现了一条若有若无的黑线，蠕动着向其中一个房间飘去。

他转身跑下楼梯，冲进大厅，对林萌大声道："萌萌！今晚我们两个必须要睡一间房！"

林萌愣了一下，脸色马上红了起来。而一旁的赖泽锋，则似笑非笑地看着他。

死神从不按常理出牌。

林萌睁开眼后，没来由地想起了这句话。她看了眼坐在椅子上靠着门打盹的陈然，翻身下床。昨天在房间里瞪着眼几乎等到黎明，直到五点多钟才眯了一会儿，然而除了呼啸的风雨声之外，却没有听到任何的异动。她走到窗前，拉开窗帘。大雨如注，天地之间白茫茫一片，稍远一点就什么也看不到。这样的天气，警方的船根本无法起航，更别说来岛上接人了。

这可真是绝好的运气，如果凶手还有第三个人要杀的话。

手机铃声突兀地响起，是赖泽锋，林萌按下了接听键。第三个死者已经出现了吗？

"来厨房吧，早餐准备好了。"

"谁死了?"林萌忍不住问道。

"没人。"赖泽锋在手机那边道,"大家都还活着。"

"那……警方明天就会登岛,也就是说,凶手把第三起命案放到了今晚?"林萌道。有时候,死并不可怕,可怕的是等死的感觉。那些话剧团的团员,今天的日子一定很难熬。

她走到门口,赏给还在打盹的陈然一个爆栗:"吃饭啦,呆头鹅!"

谁是凶手?

安璐站在门口,呆呆看着漫天的大雨,身后,就是章晨的尸体。

"赖公子说了,所有人都去厨房吃饭。"魏源在前方静静地看着她,"走吧,他们都过去了。"

"你留在这里等我?你不怕我是凶手?"安璐道。

"谁都可能是凶手,只有你不会是。"魏源摇头道,"璐璐,你太善良了,根本狠不下心杀人。"

"也许我不是你想象的那样。"安璐苦笑。

"虽然已经分开了,但我知道你是什么样的人。"魏源向安璐伸出手,"雨大,我们一起。"

安璐愣了一下,突然觉得鼻子好酸。有些事,本来以为可以云淡风轻;有些人,本来以为可以若无其事,但曾经发生过的,毕竟已经发生过。

她伸出了冰凉的右手,跟着那温暖有力的感觉,义无反顾冲进了茫茫大雨中。

赵怡宁曾经问过她值不值得。而安璐知道,在这个世界上,有些事是无法用值不值得来衡量的。

即便做错了,也错得心甘情愿。

赵怡宁站在窗前,看着魏源拉着安璐从雨中跑过。

她冷笑一声,这个傻瓜,真是白白浪费了那张漂亮的脸蛋。所谓的爱情,只不过是小孩子的无聊把戏。别再说什么爱情伟大之类的陈词滥调,在那些所谓的爱情故事中,男主角可以是个穷光蛋,可以是个窝囊废,但女主角哪一个不得漂漂亮亮?男人爱女人的容貌身材,这是伟大的爱情。女人爱男人的权力金钱,怎么就变成了拜金女?

十四岁那年,赵怡宁第一次将这个问题抛给母亲的时候,母亲只是笑着摸了摸她的头,说长大你就明白了。

已经过了六年,赵怡宁觉得自己确实明白了。

这个世界上,足足有七十多亿人。这七十多亿人对于爱情的看法很显然不会只有一种。自己的想法比起某些人来说,并不算惊世骇俗,只不过更现实一点罢了。

对于自己来说,人生的路很长,为了追求更完美的物质生活,男人只不过是块垫脚石罢了。就算这样做,很多人会看不起她,但这样做又不犯法,其他人管得着吗?你喜欢篮球打得好的男生,我喜欢有宝马车的大叔,那你就比我高尚吗?

只不过是各取所需,你有什么资格站在道德的制高点对我指手画脚?

她忿忿地想,转眼看到了丢在床边的《塞壬之歌》,抬脚踢到了一边。这个叫莫默的小姑娘,总爱跟自己谈什么人生观,讲什么道德人格，真是让人讨厌。你品位高，有素养又怎么样？还不是被我呼来喝去？还不是死得不明不白？

她嘴角浮现出一丝冷笑，高跟鞋踏上剧本，用力踩下去。

四选一，貌似是个很简单的单选题，但就是找不到正确答案。林萌有些恼火，是自己太弱了吗？如果表哥在的话，会不会觉得只是个小CASE？她漫不经心地翻动着手上的《塞壬之歌》，一股无力感浮上心头。

她不止一次地觉得，自己要比表哥更聪明。虽然表哥告诉过她，能否成为优秀的侦探，智商只不过是其中一项参数，更多的是靠社会阅历、知识结构、情绪洞察这些因素。但她不屑一顾。我错了吗？我果然还是太嫩了吗？林萌有些泄气。没有了警方的大量鉴证侦查工作支持，我只不过是个自大的中二病患吗？

"在想什么？"赖泽锋将热咖啡递给林萌。

"搞不好，我阻止不了第三个人被杀了。"林萌抿了口咖啡，好苦的味道。

"为什么要阻止第三个人被杀？你有这个义务吗？"

"咦？你这个人真奇怪。难道任由命案再一次在我眼前发生吗？传出去的话，我岂不是被人当成了傻瓜？"林萌白了富二代一眼。

"所以，你要和凶手比赛吗？"赖泽锋摇头，"我记得英格兰有句谚语，出问题的人不见得比答问题的人聪明。"

"少来了，我又没脆弱到要比我还笨的人安慰我。"林萌道。

"那倒也是。"赖泽锋笑道，"那我们来讨论下案情。"

"厨房失窃、符城被砸死、章晨被毒死，这三件事全部都是凶手在模仿《塞壬之歌》。所谓的模仿杀人，通常都是模仿已经发生或者以文字等形式表现过的杀人案件。而咱们的凶手为什么连厨房失窃都要模仿？如果片面地从犯罪心理学上来分析，可能会得出这个凶手患有强迫症的结论。但是还活着的四个团员，很明显都没这个毛病。况且，凶手只单单模仿了厨房失窃，剧本里的其他一些事件，他并未模仿。那么，厨房失窃对凶手来说，就有非常重要的意义。"

"什么意义？"

"我想不到。"林萌摇头，"不过，《塞壬之歌》的作者莫默的死，好像有些蹊跷。昨天章晨死了之后，我和陈然去套话剧团团员的话，一提到莫默，他们就立刻缄口不言。莫默的死，应该跟话剧团团员们多多少少有点关系。凶手刻意模仿《塞壬之歌》杀人，很大程度上应该是在替莫默复仇。"

"剩下的四个团员里，你认为谁的嫌疑最大？"赖泽锋问道。

"不知道。"林萌叹了口气，"就目前来说，谁都没有嫌疑。魏源胆小自私，安璐温和善良，赵怡宁骄傲冷漠，孙汨偲木讷老实。他们都不符合凶手的心理画像。但别忘了，他们可都是演员，就算是蹩脚的演员，也比普通人的伪装能力强得多。"

"那……有没有可能是其他人做的？"

"除了他们，除了我们，其他人就只有忠哥、徐伯、老秦他们几个了。你不是说过，绝对相信你家的人吗？"林萌道，"莫默去年只在岛上待了一个多月，就算跟他们再熟，值得他们为了她杀人吗？况且，《塞壬之歌》是离开岛后才完成，他们怎么拿到的剧本？这个可能性非常小，凶手应该在四个团员中没错。"

"孙汨偲……去年没来岛上，可以排除他的嫌疑吗？"

"第一起命案是上岛四天之后才发生的，四天的时间，足够他熟悉岛上的环境了。"林萌突然打了个冷颤，望着漫天的大雨喃喃道，"富二代，天气预报好像几天前就预报过这次台风吧。"

"我们上岛前就预报过了。怎么了？"

"莫非台风也在凶手的算计之中？"林萌脸色阴郁下来，"凶手根据天气预报，确定了台风过境时间。然后赶在前一天将符城、章晨两个人杀死，由于台风的关系，即使我们报了警，警方只能在第三天登岛。这样的话，就给第三起命案留下了两个晚上的时间。凶手的执念看起来很深，第三个人，难道必须要在密室里被海水淹死吗？"

"还剩下四个团员。虽然不知道凶手会以什么手段布置密室诡计，晚上我会安排忠哥他们一人守一个房间门。"赖泽锋道，"这样的话，可能会稍微好一点。"

真正的死亡，来得都非常突然。

午饭时间，人没到齐。

林萌有种不好的预感，是自己太大意了吗？跌进了惯性心理陷阱？凭什么会觉得凶手一定会在晚上动手？她问坐在位子上发呆的魏源："安璐呢？安璐怎么没到？"

"早上吃过饭，她说有些不舒服，想睡一会儿。"魏源愣了下，"来的时候我敲了她的门，没有回音，还以为她……"

林萌推开凳子，顶着大雨跑向别墅。

陈然和赖泽锋等人起身赶上。

豆大的雨点砸在脸上，很痛。但林萌已经顾不得了。如果有第三个死者的话,她不希望是安璐。虽然跟安璐的交集仅限于那次短短的谈话,但是她却对安璐有种莫名其妙的亲近感。希望是我神经过敏了,希望你只是睡着了,希望凶手没有那么快……林萌已经冲到了安璐门前,用力地敲着门。

只有沉默。

"让开!"忠哥一脚向门踹去,然而门只是振动了一下,里面依旧没有回应。

"用这个。"赖泽锋把泡沫灭火器丢给忠哥。

一下,两下,三下……

门终于被砸开了,越过忠哥的肩膀,林萌看到了房内。

安璐静静地躺在地板上,眼睛睁着,毫无生气。

死不瞑目吗?林萌只觉得深深的疲倦涌上心头,闭上眼睛,无力地靠在冰凉的墙壁上,任刻骨的凉意侵蚀身体。

门不止上了锁,连防盗链也挂上了,窗子也反锁着,的确是密室。而且,最让人感觉不可思议的是,安璐死于溺水。那只是一间卧房,别说盥洗室,连洗脸盆都没有。凶手是从什么地方弄来的水,淹死了安璐,然后又将水带出密室?

话剧团只剩下三个人了,杀戮会按照剧本终结吗?还是说,莫默的复仇才刚刚开始?已经跟魏源这三个人都谈过了,虽然隐隐约约有了一些疑虑,但还有几个重要的细节问题没有答案。

这栋别墅的造型有些特别,廊檐比较宽,就算站在窗户外面,也淋不到雨。窗户是那种白色的聚氯乙烯材质,在里面用月牙锁锁上之后,根本不可能拆下来。林萌用力推了推面前的窗户。推不动。

不是从窗子这里进来的吗?

密室……密室……真是头疼。

"别查这个房间了,萌萌。"陈然有些紧张。

"嗯?你怕什么?你该不会相信赵怡宁那个疯婆子的话了吧,怎么可能有鬼魂复仇这种事!"林萌道。

"其实……"陈然眼神闪烁。

"什么?"

"昨天晚上,我跟忠哥一起巡房。在走廊里,我看到地板上有一条黑线向一个房间飘过去。好像……好像就是这间房。"

"是吗?"林萌不在意地反问,"那你怎么不早说?"

"我不是怕吓到你吗?你看上午就又死了一个人,又是密室,又是淹死的,可真邪气。我觉得这案子诡异得很,我们还是老老实实待在岛上吧,反正明天张翔大叔就要上岛了。"

"指望那个笨蛋破案?还不如直接把我表哥搬来!"

"那请你表哥来也好啊。"

"好你妹!"林萌怒气冲冲。表哥一向反对她查案,他总觉得她还没长大,还是那个追着他讨糖吃的小孩子。

林萌转身要走,眼角余光突然瞥到了什么。她疑惑地转过身,仔细地看着窗户,上面有几只蚂蚁。

蚂蚁?黑线?密室?窗户?

"……你说这椴树蜜又不能当饭吃,偷这东西干嘛呢……"

"……老鬼,你是不是又把我的小铲刀藏起来了……"

莫非……

灵光刺破迷雾,一个大胆的想法跳了出来。她伸出手,在窗框上面抿了一下,放进嘴里。嗯,这个味道,好熟悉。

"你说你昨晚,看到一条黑线飘向这个房间?"

"嗯……记不太清了,但应该是这个房间没错。"陈然挠挠头,"怎么了?你发现了什么?"

林萌后退几步,站在大雨中,仔细地打量着别墅。她像是想起了什么,摇了摇头,又向左边走了几步,然后又向右边走了几步,终于点了点头。

陈然慌了,跟着跑进雨中,拉起林萌:"你被鬼上身啊?淋什么雨啊?感冒了怎么办?"

"或许,密室之谜我已经解开了。"林萌喃喃道,"但是,凶手是怎么淹死安璐的?"

林萌看着纸上的人物关系图,揉了揉太阳穴。用卫星电话跟张翔再次取得联系,拜托他查了下风茂话剧团的团员背景。巧的是,一年前因为话剧团团员莫默的死,警方曾经做过简单调查。当时的结论是意外身亡,毕竟跌下地铁月台这种事,在上海并不算稀奇。而警方之所以立案调查,却是跟一封匿名信有关。信上言之凿凿地说莫默被剧团的人欺凌,并被推下地铁站台而死。但是警方在调查后,却并未取得什么实质性的进展,只好将匿名信视为恶作剧处理。

或许当初写那封匿名信的人,就是这次连环杀人案的凶手?

赵怡宁跟符城、章晨都有过暧昧,还有个在谈的大四学长。安璐跟赵怡宁是室友,是魏源的前女友。莫默跟符城是老乡。符城得过新星话剧最佳剧本奖。魏源曾经住过精神疗养院……林萌突然想起了什么,她又仔仔细细地看了遍人物关系图,确定几乎没有人跟孙泪偲扯上关系。大一新生，莫默死的时候，还没加入剧团？

林萌拿起了压在最下面的孙泪偲的资料，高中时期是不良少年？曾经街头打架被治安拘留？这是同一个人吗？为什么你现在看起来一副人畜无害的样子？她盯着资料上孙泪偲的照片，喃喃自语。

安璐的尸体已经被白布搭了起来，林萌在旁边站了一会儿，还是觉得有些不舒服。真是奇怪，明明死掉的都是人，符城和章晨死的时候，林萌基本上没什么感觉，而安璐的死，却给了她不小的打击。这就是安璐说的长得好和长得丑的人的区别吗？显然不是。林萌潜意识里，希望死掉的第三个人是赵怡宁。人果然是根据自己的好恶来判断的生物，可悲吗？

安璐是被淹死的。在这个既无水源又无容器的房间里，凶手是怎么做到的？林萌抚摸着光滑的木制地板，又小心地敲了敲，是实心的。果然撬开地板，在下面藏上一盆水的想法太不切实际了。案发当时是下着雨的，那么凶手是把睡眠中的安璐拖到外面淹死的吗？还是说在外面接满了雨水，跑到房间里淹死的安璐？剩下的水倒是好处理，直接倒在木地板上，不用一会儿就会顺着缝隙渗透下去。只不过，容器是什么呢？进房的时候端了个脸盆？不，不太自然，如果凶手是使用那种方式进的房间，那满满的一盆水如何端进来，真是个不小的难题。

林萌站起身，仔细打量着房间。就是很普通的卧房，应该不会有什么密道暗门之类的，赖泽锋他父亲再有钱也不会心血来潮修那些玩意儿。床、衣柜、电视、空调……到底会是什么东西呢？

林萌拉开衣柜，被里面码得满满的鞋子吓了一跳。嗯，应该不是安璐的，别墅里的话，会不会是赖泽锋他父亲包养的小三的？她有些恶毒地想,又拉开了另一扇柜门,帽子。最后一扇,衣服。这女人肯定多少有点强迫症。

"你看得蛮仔细的。"赖泽锋靠着房门道。

"富二代,这房间是你爸爸金屋藏娇用的?"林萌关上柜门。

"他的事我从来不管,所以我的事他也很少过问。"赖泽锋笑笑。

门外响起匆忙的脚步声,陈然出现在赖泽锋身边:"萌萌,那东西张翔大叔已经查到了。我根本想不到,孙汨偲竟然会是那样的人!"

很多时候,人并不像他看起来的那个样子。

林萌突然想起了安璐的这句话,幽幽地叹了口气。

看完了资料,林萌把额头贴在桌面上,感觉到一股凉意逐渐冷却了沸腾的思绪。

好乱……如果说符城、章晨的死,都是莫默的复仇,那凶手为何要杀死安璐?安璐有什么错?《塞壬之歌》,按照这个剧本来杀人,对于凶手来讲,到底有什么样的意义?

一杯暖暖的咖啡被塞到手里,是赖泽锋。

"熬过今晚,明早警察上岛,一切就都结束了。"他的表情很是平静。

"然后我们就可以置身事外吗?以旁观者的角色看警方查出真相?"

"不一定,也许警方查不出来真相。你知道吗?在现实中,并不是每件案子都能被侦破的。我去过警察局的档案室,宽阔阴冷,一眼望不到边的金属档案架上摆满了数十年来的悬案。它们待在被遗忘的角落，就犹如一具具死不瞑目的尸体，冷冷地看着你。"赖泽锋淡淡地道，"有很多时候，我们都该庆幸，置身事外也是一种幸福。"

"给你这么一说，我压力更大了。"林萌无奈地又将额头贴在桌子上。

赖泽锋笑笑，没有再说话。

林萌拉开咖啡罐的拉环，抿了一口，嗯……好苦。

她转过咖啡罐，原来是黑咖啡啊。提神是提神，就是味道太苦，喝不惯呢。拉过桌子上的水杯，林萌将咖啡倒进去，准备放两颗方糖。黑色的液体从罐内流出，倒在小小的玻璃水杯里，发出汩汩的声音。林萌右手在桌子上乱翻，寻找刚刚还看到的方糖。

"喂，漫出来了。"赖泽锋提醒道。

"啊，真是的。我三心二意，老是把东西弄得乱七八糟。"林萌赶忙放下咖啡罐，随手拿起纸巾去擦溢出来的咖啡。

突然之间，什么念头在脑中一闪而过。林萌拿着纸巾，愣愣地看着咖啡的污渍慢慢将它洇透。是这样的吗？有那个东西吗？她站起身，飞快地跑进安璐的房间，拉开衣柜柜门。在这里。幽暗的光线下，那个东西就静静地躺在那里。

如果是这样的话，凶手，是那个人吗？

她僵硬地转过身，看着地板上蒙着白布的安璐尸体，只觉得鼻子发酸。对于所谓的话剧来讲，以悲剧结尾通常更震撼人心……安璐，你甘心吗？

夜幕下陷入黑暗的豪宅别墅，总是恐怖灵异事件上演的绝佳场所，更何况别墅里躺着三具尸体。赵怡宁站在玄关外，迟疑着不敢上前。

"走吧。话剧总有落幕的时候，"林萌从她身后走过，站在空旷的大厅里，"不管舞台上留下的人，有罪还是无罪，塞壬都已经停止了她的杀戮。"

"装腔作势！"赵怡宁低声骂了一句，走进大厅。

"人到齐了。"忠哥低声道。

赖泽锋点头，示意他前面带路。长长的木质地板上回响着纷乱的脚步声，在安璐的房间前面骤然停下。

陈然推了下门，门是锁着的。

林萌转身离开："十分钟后，我在房间里，给你们开门。"

"那里面可是有具尸体，你不怕？"魏源手在颤抖。

"死人不可怕，活人才可怕。"林萌转身离去。

赵怡宁冷冷地哼了一声。

"我说，刚才那丫头说是十分钟后从里面给咱们开门？"徐伯很是困惑，"我记得阿忠不是刚巡过房，所有的门窗都关上了吗？"

"这你就不懂了吧，这叫现场重演。"老秦抱起肩膀，"这个娃娃，看起来蛮有气势的。"

孙汨偲脸色怪异。

沉默。

似乎过了很长时间，又似乎只有短短的一瞬。门在众人面前打开了，林萌就站在里面。

"这怎么可能？"孙汨偲走进房内，四处打量。门窗并没有被破坏的痕迹，墙壁也都完好如初。

"有些时候，看似奇妙的东西其实非常简单。"林萌走到窗前，

"几样很简单的东西,就能让人毫不费力地进到房间。凶手是按照《塞壬之歌》来杀人的,而《塞壬之歌》的剧本,是莫默以这个岛为背景创作的。那么,所谓的诡计,就必须依靠这个岛上存在的东西完成。这是我的理解。"

"这个房间的位置还算不错,处于别墅的北侧。不管是从厨房、花园都看不到这里。凶手选择这个房间作为密室,就是为了最高限度地降低被目击的风险。凶手,是从窗户进来的。"

"不可能,那天晚上我们检查过了,窗户是锁着的。"忠哥沉声道。

"今天晚上你不也检查过了吗?"林萌走到窗户前,"如果我说,凶手根本就没开月牙锁呢?"

"不开月牙锁,怎么能进到房间里……"忠哥诧异地停下下来,他看到林萌把整扇玻璃取了下来!

"怎么会?"忠哥快步走上去,接过林萌手里的玻璃,那是货真价实的玻璃,"玻璃在窗户上没有固定?很早之前就会摔碎的。"

"谁说没有固定?"林萌示意忠哥在玻璃边缘上抿了一下,"是不是觉得黏黏的?你放到嘴里,尝尝什么味道?"

忠哥将信将疑地吮了下手指,疑惑道:"甜的?"

"椴树蜜。"林萌向徐伯道,"凶手模仿《塞壬之歌》对厨房行窃,就是为了偷椴树蜜。椴树蜜在这种温度的室外,会结晶胶化。胶化后的椴树蜜很黏,而且是乳白色的,跟玻璃胶的颜色非常像。如果不是靠近了去看,根本分辨不出来。"

"天杀的!怎么能这么糟蹋那上好的蜂蜜!"徐伯道。

"秦大爷,你不是丢了把铲刀吗?那不是徐伯藏起来的。"林萌接着道。

"不是他还能是谁？谁会有闲心开老头子的玩笑？"

"凶手。上岛之后，他先偷了你的铲刀，用来撬开窗框的PVC封条。那些封条是用强力胶粘在玻璃上，凶手撬的时候，应该费了不小的功夫。你们看，窗框边细小的凹痕非常多，这就是凶手将铲刀插进封条跟窗框之间的罅隙，撬掉封条时留下的痕迹。在撬掉玻璃窗外面封条后，凶手又将玻璃跟里面的封条撬开，但里面的封条仍牢牢地粘在窗框上。这样的话，玻璃可以轻而易举从外面取出来。接着，凶手在封条上涂满了偷来的椴树蜜，并将玻璃放进窗框，重新贴上封条。由于椴树蜜在低温状态是胶状的，具有一定的黏性，所以只要不是用力拍打窗户，玻璃是不会掉下来的。"

"这几天虽然风大雨大，但是这栋别墅有个很独特的设计。或许是考虑到了海岛上天气比较恶劣的状况，几乎所有的外墙都有很宽的廊檐。也就是说，就算是有台风，雨水也淋不到窗户上。而且就算风再大，由于房间内侧的封条并没有被从窗框上撬开，强力胶仍牢牢地将封条固定在窗框上，玻璃即便受力也不会跌落到室内。于是，早上安璐身体不舒服在房间睡着了之后，凶手来到窗外，从外面用铲刀轻易地撬开了封条，将玻璃取下，翻窗进入室内，将安璐杀死。"

"原来这就是所谓的密室，你是怎么发现的？"忠哥问道。

"陈然说，他在跟你巡房的时候，看到地板上有条黑线。而我又在这扇窗户上发现了几只蚂蚁。当时想到，是不是在昏暗的光线下，陈然错把蚂蚁看成了黑线？那蚂蚁为什么会出现在玻璃上，为什么会到这个房间呢？发甜的食物。丢掉的椴树蜜、小铲刀，细节连起来，就是诡计的真相。"

"那凶手是谁……你查清楚了？"赵怡宁问道。

"孙汨偲，你因为什么加入剧团？"

"啊？自然是……自然是喜欢演戏……"

"说谎。"林萌冷冷地打断了他的话，"我托岸上的警方调阅了你的资料，在高中时你是个不良少年，打架斗殴、偷鸡摸狗是常事，怎么到了大学，突然变成了一个喜欢话剧的文艺青年？"

"这个……人总是会变的嘛。"

"你的家境并不好，可你到了大学后，仅仅一个学年，就阔绰起来。换手机，买电脑，你从哪里来的钱？"林萌盯着他，鄙夷地问道。

"我有个朋友，很有钱，不对，我买了点基金……"

"你们剧团在年初，发生了团员意外死亡事件。警方在收到匿名信之后，曾经开展了一段时间的调查，但由于没取得实质性进展，而自那以后也没再收到匿名信，于是就不了了之。我能问下，你当时勒索的是谁吗？"

"你在说什么？我不懂。"孙汨偲瞪着林萌道。

"符城？章晨？"林萌转向赵怡宁，"还是你？"

"笑话，为什么要勒索我？"赵怡宁脸色苍白。

"因为他知道了你们合谋杀死莫默的事情。将莫默推下地铁月台的人，是谁？是第一个死掉的符城？还是第二个被毒死的章晨？"

"随你怎么说！反正他们都已经死了！"赵怡宁强辩道。

"他们是死了，可孙汨偲还活着。明早警方上岛，你觉得他会愿意为了你们继续保守秘密吗？"林萌接着道，"匿名信是孙汨偲寄的，目的应该是让你们知道他手中握有相应的证据。我不知道你们到底达成了什么样的协议，但孙泪偲进了社团，手头开始阔绰起来。你们在负责他日常开销的前提下，把他留在身边是为了方便联系，还是想瞅准机会也把他杀了呢？"

赵怡宁把头扭向一边，不肯回答。

"那么……凶手就是孙泪偲？可是他为什么要杀人？还非要模仿《塞壬之歌》？"魏源小声问道。

"你开什么玩笑！凶手怎么可能是这个混蛋！"林萌突然提高了声音，把魏源吓了一跳。

他低声嘟囔了一句，继续问道："那不是他的话，是赵怡宁吗？"

"赵怡宁？"林萌冷笑道，"凶手是谁，你不清楚吗？"

"我？清楚？"魏源迷茫地看了看林萌，又看了看赖泽锋，"赖公子，这是怎么回事……"

"你身上的那个大号保温杯怎么没带？第一次见你，我就觉得有一种不协调感。就算在三楼的剧场，也有自动饮水机，而且在大厅里还有柜子专门放饮料之类的。在一栋到处都可以喝水的别墅里，背个笨重的大号保温杯，不觉得太累赘了吗？"

"到底什么意思？你觉得我是凶手吗？"魏源张皇失措，"你是不是搞错了，我绝对没有杀人。"

"密室之谜解开后，我一直纠结凶手是如何淹死安璐的。人要是被淹死的，水面必须要同时浸过鼻子和嘴巴。也就是说，要开口面积比较大的容器。而窗台比较高，凶手就算卸掉了玻璃，不用两手撑住窗框的话，也很难翻进室内。这样的状况下，不管是从窗户外面端盆水进来，还是把安璐从房间里拖出去，都不太现实。那有没有更好的办法呢？我在下午的时候，把咖啡从罐里倒进水杯的时候，突然想到了一个看似很笨，但又很实用的办法。大号保温杯，容积三升。斜背在肩上，就可以轻轻松松地跳过窗台。"

"你因为这个怀疑我？可是你刚才也说了，淹死人的话，就要开口面积比较大的容器。我的保温杯开口大小你见过的，根本无法同时把人的鼻子和嘴巴一同浸过去的。"魏源双手颤抖着回答。

"你的演技真好。"林萌叹了口气，"我始终觉得你不过是个胆小自私趋炎附势的家伙，还是安璐说得对，有很多时候，人并不像他看起来的那个样子。"

她示意陈然打开衣柜，将其中一样东西拿了出来："那天早上，你带着安璐一起去的厨房，牛奶是你亲手端给她的，在那杯牛奶里你放了安眠药。早饭之后，药效发作，安璐回到了房间昏睡。你在窗外确定了房间内的状况之后，撬开玻璃，进入房内，将保温杯里的水，倒进了这件东西里，淹死了安璐。"

"普通人大脑缺氧的极限是五分钟，在溺水的情况下，人会挣扎，精神高度紧张，耗氧量剧增，撑不到五分钟就会窒息死亡。而这件东西的材质，比起普通的布制品，漏水的速度要慢得多。把保温杯里的三升水倒在这里面，就算一直不断地往下渗水，能同时浸过鼻子和嘴巴的水面至少可以维持十六分钟。这点陈然和赖泽锋已经做过试验，就没有再次演示的必要了。"林萌将那件东西丢到了魏源面前。

是一顶宽沿皮质牛仔帽。

啪，啪，啪。

孤独的掌声响起。

魏源直起腰，抬起头，胆小懦弱的表情消失了："果然是连破三起奇案的天才少女，传言并没有夸大。"

"你承认了？"林萌道，"我想知道，为什么……"

"为什么把安璐作为最后一个死者，对吗？"

"符城、章晨、赵怡宁跟莫默的死有关，孙汩偲也不是什么好东西。但既然你是在为莫默复仇，为什么要杀了毫不相干的安璐？"

"还记得预告信吗？"

"对于所谓的话剧来讲，以悲剧结尾通常更震撼人心，如果加点血，就是再好不过的调味。就由我来给这场演出画下句点吧，权当做塞壬的复仇。"

"那么，悲剧是什么？悲剧就是将美好的东西打破给人看。完美晶莹剔透的水晶杯，刚刚还在阳光下闪着骄傲的亮光，让人陶醉在生活何其美好的感叹中，而瞬间就不知被哪里来的一股力量打碎，跌落在满地的尘埃中，再无重生的可能。以一个看似无辜的少女，配合绝好的诡计，不算是《塞壬之歌》的最后高潮吗？"

"神经病！"陈然骂道。

"低潜在抑制症。"林萌刻薄道，"魏源，警方的资料里提到你去看过精神科医生。他们没告诉你，你已经疯了吗？"

"对，我的确是个疯子。在小时候，当我看到一条道路的时候，就会迅速联想到该条路会通向什么方向，或者铺路时的情景。开始我并不在意，但这几年这样的情形出现得越来越频繁，以至于影响了我的日常生活。我去看了医生，原来我天生就对环境刺激特别敏感，并比普通人容易在更短的时间内接收并处理更多更综合的信息。你说得没错，是低潜在抑制症。如果智商低的人得这种病，结果通常是精神分裂。但如果患者有足够高的智商，结果通常是具有创造性的天才。但由于极度敏感，会对周围的苦难有强烈的共鸣，总觉得别人受到了不公平待遇，自己不能坐视不管。

"你们想象不到，因为这个听起来很酷的怪病，我经历了多少常人不能忍受的痛苦。和安璐的相识、相爱、分手，也是其中之一。我们从大学开始，相处了五年。她不止一次地看到，我所付出的和所得到的。她不明白我为什么这么做，就算是知道我患有低潜在抑制症，她仍旧不能理解我。像所有平庸的爱情故事一样，我们最终分手了。分手之后，我决定扮演一个猥琐自私的人渣。或许这样，就不会再有人靠近我，不会再有人爱上我，我也不会因为他们的痛苦而痛苦。

"后来，莫默到了剧团。我其实挺欣赏她，也挺关注她的。莫默是个天才，但同时她又是个弱者。剧本写得非常好，但却总是被人欺负。在岛上的时候，她是很努力地在写剧本，很努力地想得到符城他们的认同。可是人类这种生物，总是莫名其妙地想要伤害别人，排挤别人，来彰显自己的地位。我只是隐隐约约地知道莫默一直在被欺凌，我刻意不去接近这些事，想让自己远离那些纷扰。

"直到莫默死了。我已经懒得去追查他们为什么要杀了莫默，是赵怡宁觉得莫默太爱说教规劝，是符城想将她的剧本占为己有，还是章晨对于莫默的反抗恼羞成怒？原因已经不重要了，人已经死了。"魏源蹲在安璐的尸体旁，掀开了白布，"遮住眼睛、闭起嘴巴、捂住耳朵，装作没看到、不知道、没听到，这世界就会变得更好吗？作为话剧团的团长，我放任欺凌的存在，最终有人因为我的冷漠而死，我又跟凶手有什么区别？"

林萌道:"但是,你抱着赎罪的心态,按照《塞壬之歌》的剧本向欺凌过莫默的人复仇,就称得上高尚了吗?你觉得莫默会……"

"你觉得莫默会同意你这样做吗?你是要这样说吗?收起这些无聊的说教吧。我们从小受到的教育,都是要如何原谅别人。但是以德报怨,何以报德?"魏源冷笑道,"现实并不是童话故事,莫默一味软弱忍让,得到的结果是自己的死亡。宽恕不宽恕是上帝的事,我要做的,就是送他们去见她。"

"如果我没猜错的话,依照《塞壬之歌》杀人,除了为莫默复仇外,你还有另外一个目的。"赖泽锋插话。

魏源没有回答,静静地看着他。

"去年在岛上的时候,莫默曾经说她终于写出了一部精彩的推理剧,并说自己的理想是成为一个伟大的剧作家。你这么做,是不是在帮助她实现遗愿?按照死者留下的剧本杀人,最后被杀死的还是凶手的无辜前女友,这件案子里充满了可以炒作的爆点。除了那些媒体会密集报道之外,大概还会有话剧团将《塞壬之歌》搬上舞台吧,说不定还会拍成电影。莫默的名字,到那个时候,应该会广为人知。"

"赖公子果然心思细腻,希望我先前的表演没有恶心到你。"

"好说。不过我对于你为什么要把安璐当成最后一个死者,却还有一个猜想。要我说出来吗?"

魏源在安璐的尸体旁坐下,摇了摇头:"不见得每个细节都要探求出真相。离天亮还有十一个小时,这段时间里,你们让我和她单独待一会儿,行吗?"

雨已经停了。

凛冽的海风吹散乌云，冰凉的月光洒满了整个海岛。

"我还是不明白。"林萌疑惑地望着漫天星空，"为了让案子更有新闻炒作的价值，就把自己的前女友杀了，这种做法明显过了吧。"

"或许正因为过了，媒体才会追踪报道。你对人性的了解，还只是开始而已。"赖泽锋道。

"这是你的真实想法吗？你不是说你还有一个猜想吗？"

"那只是个猜想而已，没有任何的证据。"赖泽锋顿了一下，"魏源既然患有低潜在抑制症，安璐若是无辜的话，他是下不了手的。就算是安璐的死能让《塞壬之歌》大红大紫，但在低潜在抑制症的影响下，那近似疯狂的罪恶感还是会阻止他下手的。"

"你是说……安璐也跟莫默的死有关？"

"你还记得魏源的原话吧。'以一个看似无辜的少女，配合绝妙的诡计，不算是《塞壬之歌》的最后高潮吗？'看似无辜，潜台词不就是安璐并不是无辜的吗？"赖泽锋道，"孙汨偲为了所谓的自首表现，已经向忠哥坦白了。虽然他并不知道到底是谁将莫默推下了地铁月台，但杀死莫默，是符城、章晨、赵怡宁、安璐四个人的共同决定。第一个死掉的符城，把莫默的剧本占为己有。第二个死掉的章晨，经常欺负作弄莫默。而赵怡宁则是对莫默态度恶劣，孙汨偲则是对莫默的死知情不报。那安璐呢，安璐在莫默的死这件事上，扮演了什么角色呢？"

"安璐……"林萌咬着嘴唇，看起来那样温和善良的人，也有不为人知的一面吗？

"魏源亲口说莫默是个天才，在莫默死后又不遗余力地想让《塞壬之歌》得到认可，从这些细节上看来，魏源对莫默有很深的好感，甚至可能产生了爱意。我觉得魏源说了谎，就算他装作对团员欺凌莫默不管不问，但他的内心一定有过非常痛苦的挣扎。而作为魏源的前女友安璐，如果看出来了魏源的精神状况，那一直这样下去，会发生什么，她应该很清楚。会不会存在一种可能，安璐为了防止魏源精神崩溃，跟符城他们共谋杀死了莫默。甚至说把莫默推下地铁月台的人，就是她呢？"

"这……可能吗？"

"一个为爱痴狂的女人，有什么事做不出来？安璐的逻辑是，既然莫默的事一直让魏源痛苦，那把莫默杀死，魏源就可以解脱了。但她没想到的是，魏源却知道了真相，化身为塞壬，为莫默复仇。就在刚才，魏源阻止我说出这个猜想，并整晚都想留在安璐的尸体旁，他大概早已知道了这件事。"

比起那些精细缜密的杀人诡计来，更匪夷所思的，是人心。林萌想起来剧本中的这句话，沉默下来。海风呜咽而过，侧耳倾听，似乎在极远处有悲伤而又孤独的歌声传来。

"塞壬之歌。"她喃喃道。

然后，是冗长的沉默。

五 黄泉歧路

"那条路被称作黄泉歧路,是有原因的。"说这句话的女人很好看。

"不错吧。"赖泽锋坐在林萌身边,"叫江夏,很有气质对不对?"

"看上人家啦?你们都是富二代,彼此应该很容易对上眼?"林萌懒洋洋地道。

"胡扯,她有未婚夫。"赖泽锋摇头。

"喊。"林萌发出了个意义不明的单音节,靠着柔软的熊皮垫子,昏昏欲睡。所谓的上流社会,就是这个德性吗?邀一群不咸不淡的朋友,到一栋人迹罕至的深山别墅,开一场不伦不类的酒会。好像这样子一闹,就显得大家多有品位一样。相对于此,林萌还是更喜欢跟着表哥在夜市摊上喝啤酒吃烤串。

"是因为从黄集镇到泉月山的路吗?所以简称黄泉歧路?"余群乐笑眯眯地接话。他也是客人之一,虽然知道女主人已经有了未婚夫,但还是不遗余力地讨好。

"那应该叫黄泉路了,为什么加了个歧字呢?"林萌道。她第一次见余群乐,就非常反感。高大、帅气、笑起来阳光灿烂,这种男人放在学校那种单纯的环境里,无疑会被那些幼稚的小女生们奉为男神。但是在这场酒会中,余群乐对女主人近似哈巴狗似的讨好却让林萌几欲作呕。

"从黄集镇到泉月山,有两条路。一条是县道,距离较近,可以直达泉月山;另一条是国道,距离较远,绕个大圈子之后,才跟距离近的那条路交会,转向泉月山。江夏说的那条近路,虽然距离比较近,但因为路况不好,大家都叫它黄泉歧路。"余群乐没有看林萌,而是再次向江夏报以暧昧的笑容。

"这只是一种说法。"江夏故作严肃地压低声音,"还有另一种说法,是那条路上闹鬼。"

又是这种老掉牙的怪谈。林萌漫不经心地把目光转向窗外。虽然夜色如墨,但在廊灯的照射下,可以看出雪依然下得很紧。

"那条县道很早之前就有了,后来铁路要从县道上穿过去,要在交叉点修个涵洞。但是施工的时候,只往下挖了一半,就发现了几十具白骨。当时正闹'文革',负责人也不信邪,就命令工人继续往下挖。可是第二天就出了施工事故,当场死了三四个工人。施工方只好将挖到的白骨又全埋了进去,在上面浇筑了一层水泥,草草地修完了事。以致那个涵洞的限高很低,好多高一点的车都过不去。"江夏道,"而且,路修好之后,发生了好几次稀奇古怪的事情。前几年,有个晚上走那条路的人,莫名其妙地死在了涵洞附近。所以呢,虽然上泉月山走那条路比走国道要快很多,但很少有人愿意走。"

赖泽锋点头:"原来如此,怪不得我们昨天上山走的也是国道。"

余群乐道:"我们过岔路口的时候,那条路旁的路标牌上明明写着泉月山,却没有一辆车往那边拐。"

林萌撇嘴道:"或许同路的那些车,没有来泉月山的。上山时我看了下,好像整座山上也就二十多座别墅,这种天气上山的人本来就不会很多。"

余群乐冷笑一声:"小姑娘,那不知道你注意到了没有。我们经过岔路口的时候,雪已经停了好久,但在那条岔路上却没有一道车胎痕迹。也就是说,在很长的时间里,并没有车走黄泉歧路。这难道不是大家都对那条路心存忌惮的证明吗?"

有些男人总是这样,不遗余力地维护自己感兴趣的女人的尊严。

"刚才江夏姐姐已经说过了。那条路上的涵洞比较低,高一点的车子过不去。这种天气上山,大家一般都选择越野车。越野车的车高比一般轿车高了不少吧,有傻瓜愿意去冒险试试吗?"

余群乐脸色很不好看,他觉得眼前的这个小姑娘在自己看来就像一个笨蛋。他冷冷哼了一声:"家父是迈恩集团董事长,在下是天众基金创始人,请问你是?"

林萌眨了眨眼,装作很难为情的样子道:"如果我说自己是上海明诚大学的学生,你会不会觉得很尴尬?"

余群乐愣了一下:"我为什么会尴尬?"

"你想啊,一个普通大学生的智商都比你高,这让优秀的你情何以堪?"

"噗嗤"一声,江夏笑出了声。余群乐铁青着脸,忍住了没有发脾气。他明白,这栋别墅的女主人有比他更深的背景,在这里轮不到他放肆。

赖泽锋干咳一声："余先生，我这位朋友还是个小孩子，个性比较轻浮，爱开玩笑，希望你别介意。"

林萌白了赖泽锋一眼，低声嘟囔道："说我是个小孩子，你不也一样吗？"

"不会，不会，赖公子言重了，童言无忌嘛。"余群乐赶忙顺着这个台阶下来了。

"不过她也算个半吊子侦探，破了几个小案子，虽然说不上很聪明，但比起你来，应该是要强上那么一点点。"赖泽锋继续微笑道。

余群乐脸色变得很是难看，他也不好得罪赖泽锋，只好冷冷哼了一声，起身就走。

"侦探？我第一次见到呢，你破过什么大案子？"江夏倒是很感兴趣的样子。

"没什么大案子。"林萌打了个哈欠。

"前些日子，我家海岛别墅的那个案子，就是她破的。"赖泽锋依旧微笑道。

"是她破的？"江夏愣了一下。

"对，是她自己破的，没有警察的帮助。"

"哪有那么夸张。"林萌倒有些不好意思。

"这么厉害啊……"江夏正要问下去，桌子上的手机却响了起来。

"喂？还在路上啊？现在都快凌晨两点啦。知道，知道，路滑不好走，那你慢慢开吧。哦？快到岔路口了？对了，你那辆越野车过不了黄泉歧路的那个涵洞，走国道吧。嗯，嗯，天气这个样子，至少得三个小时吧。那我们先睡了，你到了的话，再给我电话。"

"是我未婚夫，程薄。"江夏放下电话，笑道，"不用等他了，我们先睡吧，明天再接着聊。"

林萌伸了个懒腰，看来今天就到此为止了。她没有预料到的是，自己已经卷入了一桩离奇的杀人案。

程薄死了，在黄泉歧路上。

出事的地方离山庄别墅有十三四公里远，正是国道和县道的交岔路口。林萌赶到的时候，警察已经在现场了。她跳下赖泽锋的车，搓了搓手，快步地走了过去。凛冽的寒风携裹着大片的雪团砸在脸上，颇有点冰凉刺骨的意思，但她却浑然不觉。林萌看到那里停了一辆满是冰块泥浆的路虎揽胜，车旁边只有江夏、余群乐和一个上了年纪的警察在。现场并未拉起警戒线，四周零零散散地还站着几个看热闹的路人。

"这么不专业啊。"她撇嘴道。

"这里是偏僻的东北长白山区，离最近的县城也要五六个小时的路程，警察能及时赶到，已经很不错了。"赖泽锋道，"不过看样子，这位警察大叔最多是镇派出所的。"

两人已经走到跟前，只见这位警察五十多岁的样子，一直挠着快要秃的头，围着车子不断地打量。江夏则虚弱无力地靠在余群乐身上，面无血色，似乎随时都要跌倒。余群乐看起来很镇定，当然只是看起来而已。他始终不敢向车内看上一眼，大概是第一次见到死人的缘故？林萌走上前去，江夏未婚夫程薄的尸体就靠在驾驶位上，看起来很安详，如果不是脑袋上那块已经发黑的血渍，就像睡着了一样。

"你怎么看？"林萌突然向余群乐问道。

余群乐皱了下眉头："警察……警察说是抢劫，已经向县公安局打过电话……"

"你觉得呢？是抢劫吗？"

"程薄身上的现金、手表、戒指都不见了，很明显是抢劫……"

"哦，哦。"林萌随口应了两声，又开始仔细地观察现场。

车况还好，没有损坏的迹象。轮胎的缝隙里塞满了污浊的雪块，挡泥板上全是黑色的冰屑，车体的下方还有几道划痕，可能是夜晚赶路时蹭到了石头之类的东西。林萌脱掉手套，把手指插进引擎盖上厚厚的积雪里，用力地戳了一下，很硬的感觉。她拉开副驾驶边的车门，看到有包香烟卡在车门和座位之间的缝隙里。

林萌摸出张餐巾纸，将香烟包了起来，小心地从里面拈出来一根，放进口袋。

"喂，喂，你这闺女，干什么呢？"警察看到了林萌，慌忙上前制止。

林萌吐了下舌头，躲在赖泽锋身后，道："大叔你也觉得是抢劫吗？"

"嗯，应该是吧。"警察很明显也拿不准，"不过凶手没有拿走死者的手机，是没注意到吧。"

"大叔，你看走眼了。"林萌道，"这可不是什么抢劫杀人的案子。"

"不是？"警察挠了挠头。

"你懂什么，别瞎说。"余群乐冷冷地瞥了林萌一眼。

林萌道："如果按照抢劫杀人的结论倒推，不觉得很奇怪吗？

程薄在半夜里,在下着大雪的荒寂公路边,莫名其妙遇到了一个搭车人,他会停车吗?况且江夏又催过他,程薄应该急着赶到山庄才对。"

"这倒是……不过也不能否定这兄弟停车的可能。"警察竟点了点头。

"那就更奇怪了。如果搭车人是抢劫犯,那他只抢走了钱包而已,这些东西能值多少钱?值得他杀人吗?还有,他抢了东西杀了程薄后,怎么逃走的?这条路只能到山上别墅,那么被杀掉的人,不用想就是去山上别墅的人,杀了人后带着死者的遗物上山吗?没有人这么蠢吧。那逃到山下去?为什么凶手不开走这辆车?要知道步行下山至少五六个小时吧!就算他不会开车,没把这辆路虎开走,那他就不怕别人发现了死者报案,迎头撞上上山的警察?这样的天气,步行下山,想想都奇怪吧,"林萌转头对警察笑道,"大叔你要是撞见了,肯定会拦住车盘问一番吧?"

"那是肯定的,我们这里人烟稀少,在这种天气里,这么偏僻的地方基本上碰不到步行的人。"警察脸上竟然浮现出了佩服的神色。

"最后的硬伤是,"林萌道,"车内几乎没有搏斗的痕迹。如果真是抢劫杀人,程薄难道不反抗吗?我觉得吧,这更像是有预谋的故意杀人,而且是熟人作案。"

故意杀人……赖泽锋看了林萌一眼。如果是故意杀人的话,凶手应该知道程薄的行程,那么嫌疑人……

"故意杀人啊……"警察又挠了挠头顶,"那个谁,你是……"

"我叫林萌,帮上海警方破过几起案子,希望可以帮到你。"林萌笑嘻嘻地道。

警察还守在现场，江夏和余群乐已经回别墅去了。而林萌上了赖泽锋的车后，就闭起眼打盹，昨晚只睡了五六个小时，精神头儿还没缓过来。

赖泽锋打开车上的暖风，道："如果是预谋杀人的话，那凶手就是别墅里的人了？"

"嗯？你怎么这么问？"林萌瞪大了眼睛。

"我又不是陈然那个傻瓜。"赖泽锋淡淡道，"那辆路虎揽胜是规规矩矩地停在路边的，程薄又坐在驾驶位上，也就是说，程薄死的时候，车并不在行驶状态。而且，车门车窗都没有损坏的痕迹，程薄被袭击的时候，应该是开着车门的。一个下着雪的大半夜，程薄为什么要在人迹罕至的路边把车停下来？又把车门打开？很明显是看到了熟人，而且这个熟人还走到了他的驾驶位旁边。程薄以为这个熟人有什么话要说，才打开了车门。"

林萌道："你的反应挺快的。"

赖泽锋继续道："既然是有预谋的杀人，那么至少凶手知道程薄的行踪，并且就在附近。按常理推断，有嫌疑的，自然就是在那栋别墅里出席酒会的人。怎么样，有怀疑对象吗？"

"没，"林萌摇头，"参加酒会的有十多个人，我一个都不熟，而且现在也没什么疑点可查。"

"我听说，余群乐是江夏的前男友。"赖泽锋道。

"哦？八卦一下。"

"他们好像因为什么小事儿，和平分手了。然后江夏才认识了程薄。"赖泽锋道，"虽说在我们这个圈子里，恋爱上的分分合合稀松平常，而且婚姻这种东西基本上跟爱情无关，但还是可以往情杀这方面考虑一下。"

"看起来,你对余群乐也没什么好感嘛。"林萌打了个哈欠。

赖泽锋笑笑:"不晓得为什么,有些人虽然本身没有什么大毛病,但第一眼就让人很讨厌。"

"不过……我记得你是替你父亲出席这个酒会的吧,对江夏了解吗?"

"江夏父亲江岳山告诉我的。"赖泽锋眼睛眯了起来,"江岳山对余群乐不怎么待见,但对程薄似乎也没什么好感。"

"每个父亲跟女儿的男朋友都是天敌。"林萌撇了撇嘴。

"呵,你懂得还挺多的。"

"我表哥说的。"

"徐川啊……"赖泽锋微笑道,"有空倒要拜访他一下。不过这好像有点扯远了,回到案子上来,如果一时间确定不了嫌疑人,要如何下手?"

"当然是作案手法。"林萌道,"其实我比较在意的是,为什么凶手要把程薄杀死在这个地方。"

透过前车窗望去,白茫茫的大雪肆意地飘荡在天地之间,平添了一股莫名的肃杀之意。

"黄泉歧路啊……"两人一同喃喃道。

程薄死在了黄泉歧路路口,这个消息已经在别墅里传开了。出乎林萌意料的是,似乎并没有人表现出多大的震惊。或许所谓的失态,在这些人身上,是很不容易出现的。他们只是面色平静地向江夏还有江岳山表示一些哀悼之情,而后者也只是微微点头示意。没有林萌想象中的泪水和悲戚，也没有恐慌和不安。

就算是县公安局的警察赶到了别墅，通知所有人不能离开的时候，也没有人表示愤怒或者惊讶。也许这就是所谓的涵养，没有人会表现出失了方寸的样子。既然大家都是有钱有闲的主儿，那唯一丢不起的就是面子了。

林萌觉得挺没意思的，虽然她明白一个圈子有一个圈子的游戏规则，但这种所谓的优雅却让她感觉到很假。更为关键的是，她已经跟六七个人旁敲侧击地谈了程薄的死，但几乎所有人都面带微笑地看着这个陌生的少女，并未吐露出一点有用的东西。

就在林萌的调查陷入僵局之时，她意外地发现这次的警察很开明。县局的警察一共来了五个，为首的是个看起来只有三十多一点的二级警司，叫吴森。这位二级警司到现场简单地看了看，就带着人来到了别墅。很显然，他也认为这是起谋杀案，而凶手应该就在这栋别墅里。尤其让林萌感到兴奋的是，这位警司对林萌似乎很感兴趣。在知道林萌以往的光荣事迹后，他毫无保留地向林萌分享了所有的情报。

程薄，江夏的未婚夫，致命伤为右太阳穴的钝器伤。尸体被发现时，伏在了方向盘上，已经完全僵硬了。而且，车内并没有搏斗的痕迹，也没有发现明显的血迹。由于死者是坐在驾驶座上的，而致命伤又在右侧的太阳穴，可以推断出凶手有很大的几率是在车内行凶的。警方也正是因为这一点，才偏向于否定陌生人抢劫杀人的可能。

毕竟，在大雪纷飞的深夜，毫无防备地在陌生人身旁停车，让其上车的人并不多。但让警方感到棘手的是，经过排查之后，别墅里的人大多没有作案的可能。

由于天气寒冷的缘故，法医无法推断出程薄的准确死亡时间。因为程薄开的车是路虎揽胜，而且江夏又告诉过他黄泉歧路那个涵洞过不去，所以可以推断出程薄走的应该是省道的部分。当晚，江夏与程薄进行了一次通话，程薄刚刚经过了第一个岔路口，时间是凌晨一点五十三分。从第一个岔路口到程薄死亡的第二个岔路口，车程大概是三个小时。也就是说，程薄的死亡时间应该在凌晨五点左右。而第二个岔路口与泉月山庄之间，还有一段十五分钟的路程。如果凶手是别墅里的人，至少要在凌晨四点四十五分前出门，杀死程薄，并在凌晨五点十五分左右回到泉月山庄。

"凌晨四点五十五分，余群乐起夜的时候，不小心把消防报警器当成了日光灯开关，别墅里的人全都起来了，那时候一个人不少。"林萌打着哈欠告诉吴森。

吴森皱着眉头："别墅里大部分人，你都不熟悉吧，会不会漏看了谁？"

"就算我漏看了，还有其他人呢。大叔你们不是录好了口供吗？十几个人都漏看了某人，应该不会出现这种状况的。"林萌道。

"也就是说，全部都有不在场证明？"吴森苦笑，"莫非是我的推断有问题？"

"现场的一切，都告诉我们是熟人作案，是一次有预谋的谋杀。"林萌摇头道。

"但是在凌晨四点五十五分，所有人都有不在场证明。五分钟之后，程薄被杀死在了第二个岔路口，在这五分钟之内，是没有办法从泉月山庄赶到案发现场的。"

"但是……所谓的三个小时,也不是准确到百分之百的吧,或许程薄开的速度快一点,在凌晨五点之前赶到了岔路口呢?"

"需要注意的是,凌晨四点五十五分所有人都有不在场证明。就算我们假设当时程薄已经死了,凶手返回了泉月山庄。但从泉月山庄到案发场地,往返有半个小时的路程,那也就是说凶手要在凌晨四点四十分就杀死了程薄,这样一来,程薄就要提前二十分钟到达岔路口。"

"三个小时的车程,提前二十分钟……应该算是正常吧?"

"我们的人已经做了三次试验,相同款式的越野车,走相同的路段,最快的是三小时零六分钟,最慢的是三小时十七分钟。这已经是极限了,提前二十分钟基本上是不可能的,更何况程薄当时走的还是夜路。"

"那……有没有考虑另一种可能?"林萌有些不甘心地问。

"我明白你的意思,你是说程薄可能是在五点钟之后被杀的。但如果是这样,就更不可能是别墅里的人作案了。凌晨四点五十五分,大家被余群乐弄醒之后,有些人就坐在了客厅里喝咖啡,玩桥牌。直到凌晨五点二十左右,警方接到报警电话,并没有人出过别墅。"

"要出别墅,必须经过客厅,这个我知道。但是……凶手会不会是顺着房间窗户滑到别墅外面了呢?那样的话……"

"客房全部都在二楼,顺着窗户滑出去的难度可不小,就算是顺着窗户滑了出去,但杀完人后再爬到二楼客房,可不是普通人能办到的。况且,凌晨四点五十五到凌晨五点二十分,只有二十五分钟的时间,这对凶手来说,也太苛刻了。"

"这样一来,好像是不可能犯罪啊……"林萌的眼睛放光。

"如果走黄泉歧路的话……"坐在一旁的赖泽锋突然道。

"我们已经看过了那条线,涵洞高度太低,程薄开的路虎揽胜过不去。而且,江夏已经告诉过他,让他走国道。"

"嗯……我们再去看一下,如果有发现的话……"

"通知我。"吴警官很客气地道,丝毫没有把林萌当成小孩子,"我们会在第一时间赶到。"

雪已经停了。

林萌站在涵洞口,不住地摇头。

涵洞太低了,赖泽锋不用踮起脚尖就要碰到脑袋了。林萌从口袋里摸出卷尺,量了下,只有一米七一。

"奇怪。这么低的涵洞,难道路政部门没注意到吗?都不会再往下挖深一点?"林萌嘟囔道。

"说不定下面真的埋有一大堆白骨吧。"赖泽锋淡淡道。

林萌打了个寒颤,白了赖泽锋一眼:"乱说!对了,要不要把程薄的车开过来试试?"

"开不过去的。程薄的路虎揽胜车高是一米八七,多了十六厘米。"赖泽锋道。

"你对好车可真是如数家珍啊。"林萌不怀好意地讥讽道。

赖泽锋笑笑,并未答话。

林萌托着下巴沉默了一会儿,道:"把车胎放气了后怎么样?"

"车胎放完气,最多下降十厘米左右,还有六厘米的差距。别小看了这六厘米,硬开过去车顶肯定会剐蹭变形。但程薄的那辆,我看过了,车顶没问题。"

"真是麻烦呢……"林萌道,"你说凶手会不会是带着铁锹把涵洞地面下挖了半米,把车开过去后又给填上了?"

"这下面可是水泥地。"赖泽锋道,"说起来,你为什么要执着这条黄泉歧路?"

"直觉。"

"直觉?"

林萌没有说话,而是退到涵洞口,盯着上面冰冷的火车铁轨。凉风卷起雪沫,吹进了她的脖子里,让她忍不住打了个寒颤。遥远的地方隐约传来汽笛的声音,一段沉寂过后,黑色的火车携裹着狂风呼啸而过。

铁路附近,是大片的农田,其间散落着一些被积雪覆盖的凸起。林萌走到其中一个跟前,费力地敲开已经冻结了的雪块,发现是个玉米秸垛。

"当地的农民在收完玉米后,习惯把秸秆堆在地头。"赖泽锋解释道。

林萌摇了摇头,叹气道:"完全没有头绪呢……"

江岳山的打扮很休闲,神态也很轻松,似乎完全没有把准女婿的死放在心上。他左手夹着一支燃烧着的香烟,右手不停地拨弄着手机。林萌绕到他的身后,发现是花花绿绿的股市走势图。吴森轻轻咳嗽了一声,提醒他注意。江岳山将视线从手机屏幕上移开,只是短短地跟吴森对视了一眼,又回到了原处。

就在林萌以为他要继续沉默下去的时候,江岳山开口了。

"对于程薄的死,我没什么看法。不幸随时都可能发生,谁也不可能超然物外。不过呢,他死了,对我来说也算是一件好事。"

"为什么这么说?"吴森问道。

"程薄虽然追女人挺有一套,但却是那种华而不实的家伙,只会装腔,不会做事。我就江夏这么一个女儿,嫁给了他,早晚我的公司也是他的。公司是我白手起家费尽心血经营起来的,交到这么一个男人手中,倒真是有点舍不得。"

吴森皱了皱眉:"既然你对程薄并不怎么满意,那你就放心把女儿交给他?"

江岳山脸上浮现出那种老于世故的表情:"我不是说过了吗?程薄追女人挺有一套的。而大多数处于热恋中的女人,智商基本为零,我的女儿也不例外。虽然我不看好这桩婚事,但父亲的极力反对,只会让女儿产生逆反心理。她自己的选择,她自己去接受后果。他们两个结婚后,我是不会在经济上给予什么支持的。能过得下去就过下去,过不下去就离婚。女人嘛,不经历几段伤心情事怎么能成熟起来?"

"你倒看得豁达。"吴森道。

"这位江夏,真是你的亲生女儿吗?"林萌带着嘲讽的表情。

"小丫头,你觉得我太不近人情了,很冷血,是不是?"江岳山抬头看着林萌道。

"对。"林萌点头。

"侦探游戏好玩吗?"江岳山突然笑道。

"哈?"林萌不明所以地看着他。

江岳山抬起夹着香烟的手,面无表情地点了点林萌:"亵渎不幸的死者,无视伤心的家属,将悲惨的案件当做智力游戏,来显现自己智商方面高人一等，从而换取肤浅的成就感。这种幼稚的满足感刺激了你的虚荣心，让你乐此不疲地投入到一个又一个案件中。直白点说，你只不过是个利用案件来凸显自己与众不同的冷血大学生而已，你又有什么资格来指责我？"

"你……"林萌第一次被人如此血淋淋地批驳，竟然说不出话来。而且那个吴森警官，竟然也没有替她辩解。一旁的赖泽锋轻声说了句对不起，抓起林萌的胳膊，将她扯到房间外面。

"你搞什么啊！我都被损成那个样子了，你要不拉我出来，我肯定要骂他的！"林萌瞪着赖泽锋道。

"我觉得他说得挺有道理的。"赖泽锋反而笑了笑，"有时候，你那种自以为是的得意劲儿，真的会招来很多人的反感。"

"我哪有！"林萌气鼓鼓地往房间外走去。

"有则改之，无则加勉。你不是想做一个超越你表哥的侦探吗？他会因为一点抢白就恼羞成怒吗？"

林萌眼前浮现出徐川那种满不在乎的笑容，不屑道："他？他可是个从来都不知道自尊心是什么的家伙！"

"怎么样？觉得江岳山有嫌疑吗？"赖泽锋换了个话题。

"应该不是他干的。"林萌的情绪已经平静下来，"我不会因为个人感情影响了判断力。江岳山属于那种头脑冷静、心思缜密的人，而且他对女儿的婚事十分开明，不会去杀程薄的。"

"其实，如果弄不清楚不在场证明的话，我们现在做的这些都没什么意义。"赖泽锋道。

林萌点了下头。

别墅是三层结构。

第一层是大厅、餐厅、厨房、公共洗手间之类的房间，第二层是客房，第三层则是娱乐室。林萌在大厅里兜了一圈，在玄关处停了下来。

她摸了摸壁纸，光滑细腻，应该是上好的品牌。抬头，天花板上的消防喷头被用木匣很巧妙地装饰起来，不仔细分辨的话，根本看不出来。而左手边的消防报警开关，则突兀地镶嵌在墙壁上，跟周围显得格格不入。

红色的按钮……如果不注意，又在黑暗中的话，确实有可能当成灯光开关。但是，这多少有点不对劲嘛。就算是装潢不怎么讲究的公共场所，消防报警开关上通常也有塑料盖子的，怕的就是被人误按。怎么在装修如此精致的别墅，会对这个碍眼的存在视而不见呢？林萌往前走了两步，仔细地端详了一下。报警开关周围有个四方形的印迹，似乎以前有过什么东西。林萌用手指拭了一下，竟然感觉还有些黏黏的。

"原先那里有个青花瓷样式的罩子，是黏在上面的。但据余群乐说，他按下开关的时候，罩子并不在上面，可能是白天掉了。"吴森警官在后面道，"不过值得注意的是，我们问遍了别墅里的所有人，并没有人见过掉落的青花瓷罩子，余群乐的证词不见得靠得住。"

"当然不见得靠得住。"林萌道。

"你是指……"吴森问道。

"哼！"林萌转身离去。

"这小姑娘怎么了？"

赖泽锋笑笑："刚才在房间里，江岳山抢白她，你没替她说话，看样子是记仇了。"

"哦，其实我也不赞成你们大学生掺和到案子里的。"吴森耸了耸肩，"不过既然张翔跟她有旧，就马马虎虎吧。"

"原来是张翔打的招呼啊。"赖泽锋露出一副怪不得的表情，"那就当还你个人情。林萌刚才想的什么，我来告诉你好了。你注意到了吧，所有的客房都在二楼，而且二楼还有独立的洗手间。"

吴森示意赖泽锋说下去。

"余群乐说他是起夜的时候，把消防报警开关当成了灯光开关，按了下去。但是他起夜上洗手间，为何不选择二楼，而是来到了一楼？况且你看一楼消防警报开关的位置，离公共洗手间很远。就算余群乐来了一楼的洗手间，他解决完问题后，为什么又跑到玄关这里找灯光开关呢？这明显说不通嘛。"

"说的也是。"

"还有，看这个消防报警开关四周的痕迹，那个青花瓷的玻璃罩子应该是刚掉不久。如果罩子不掉，余群乐根本无法按到按钮的。"

"你是说，有人故意弄掉了罩子？"

"很有可能是余群乐弄的。"

"那么，所谓的不在场证明，就是余群乐故意搞出来的。"吴森摸着下巴，"他这么做的用意何在？"

雪越下越大，完全没有停下来的意思。赖泽锋靠在车门旁，看着大雪中忙碌的林萌，一丝笑意浮现在嘴角。林萌穿着一件红色的防寒服，笨拙地挥舞着一把笤帚，弯腰扫着涵洞那头的积雪。她手中的笤帚不停地挥动，将上层的雪扫开，但很快雪花又铺上了薄薄的一层。

"徒劳无功。"赖泽锋笑道,"你在干什么?"

"扫地!你看不懂啊?"

"你知道我问的不是这个。"

林萌没有回话,她好像发现了什么,蹲了下去。赖泽锋踱步走上前去,发现她正面带笑容地看着地面。那是一大片已经冻起来的雪块,雪块中夹杂着几个长长短短的黄白色物体。赖泽锋仔细分辨了一下,是烟蒂。林萌掏出小刀和塑料袋,用力地切割起雪块。

"我记得当初在发现程薄尸体的时候,你在副驾驶边的车门那里,夹走了一根香烟。"赖泽锋道。

"是一个牌子的。我弄走这些烟蒂,交给警方进行科学鉴证,提取出残留的唾液,核对DNA。"林萌已经将雪块挖了出来,用小刀分离出烟蒂,装进塑料袋子里。

"如果能确认这些烟蒂是程薄留下的,那么就能证明程薄当晚确实到过这里。只不过,依照时间来推断,他不可能到了这个涵洞,又拐回去重新走国道上泉月山庄。"

"是的,他只有通过这个涵洞,才能在凌晨五点左右,到达黄泉路口。"

"那现在只剩下一个难题了,他是怎样把路虎揽胜开过这个涵洞的?"

林萌突然道:"为什么一定要把路虎揽胜开过这个涵洞呢?"她快步走到铁路路基旁,"这段路基没有隔离网,富二代,你的车能直接从路基上开过去吗?"

赖泽锋摇头:"我那虽然是越野车,但不是坦克。这段铁路路基倾斜度太高。"

"试试。"林萌歪着头看着他。

赖泽锋叹了口气,走向了自己的奔驰 G500。

发动机炸出怒吼,扬起一蓬雪雾,以势不可挡的姿态冲向铁路路基。

"啧,啧。富二代真是没心没肺,一点都不心疼车。"林萌笑嘻嘻地摇头。

越野车冲上路基,轮胎高速地旋转,将车下的雪块全都激荡开来,几块路基上的碎石被挤飞,跌落在附近的雪地上。上不去,林萌作出了这样的判断。车胎很快在路基上刨出了一个坑,车头顶在里面,却无法再上前一步。

奔驰发出一声悲鸣,心灰意冷地退了下来。

赖泽锋跳下车:"我这车过不去,程薄那路虎揽胜也没辙,除非是悍马才有可能。"

林萌绕到车前,看到车头已经被路基划掉了不少漆,还出现了一些被碎石撞出的凹痕。她有些气馁站在冰凉的铁轨上,茫然地看着视线所不能及的远方。纷乱的雪花从彤云密布的天空中飘下,将一切都掩盖起来。突然之间,路基上的一些东西引起了她的注意。林萌走近几步,看清楚了,是一些散落的稻草。奇怪,怎么会有稻草?

"喂,你这闺女!站在铁轨上干嘛?"身后传来一个急切的声音。

林萌回头,是原先在命案现场的那个老警察。她蹦蹦跳跳地走下路基,道:"大叔,我过来看看雪景。"

"你这闺女,瞎胡闹,下这么大雪,赶紧回去吧。"

林萌推了赖泽锋一下,示意他开车:"就准备回去呢,大叔你在这条路上干嘛啊。"

"嘿,吴科长安排的活儿,让我顺路问问,看有什么发现。"老警察看了下四周,小声道,"你们赶紧回去吧,刚才我问那边的住户,说前几天看到这条路上有鬼灯笼!"

"鬼灯笼?"林萌脸色变了,"什么意思?"

"就是鬼打灯笼!"老警察道,"你是城里孩子,不懂咱们乡下的忌讳。咱们乡下,只要看到晚上有红色的亮光出现在路上,都要远远避开的。祖辈儿上传下来的,说那红光是鬼差拿人时候提的灯笼,生人不敢过去,碰到了自己的魂都要被勾走的!"

"大叔你的意思是说,这几晚都有人看到这条路上有红色的亮光?"林萌急切地问道。

"嗯!有人说还看到红光一直动来着,真是瘆人!"老警察挥手道,"赶快走吧,走吧,天好像快黑了!"

回到别墅,天色已经完全暗了。

林萌支开了赖泽锋,自己一个人围着别墅转了起来。泉月山庄虽然名字听着很大气,但只有一栋大型别墅,紧挨着别墅不远是排平房,用来堆放杂物。毕竟在这种深山里,就算再有钱也不会动太大的工程。

林萌围着别墅转了一圈,摇了摇头,转身走向了那排平房。她在找一样东西,刚才在涵洞那边,那些铁轨上的稻草引起了她的注意,让她想起了另一种可能。只不过只凭稻草,还无法完成穿越涵洞的诡计,她需要找到另外一些东西。

平房的门没关,轻轻一推就开了。

房间里没有光，黑暗之中，似乎有什么静静地等待着林萌。她向旁边摸索了一阵，找到了灯光开关。按下，头顶的钨丝闪烁了几下，终于发出了昏黄的光。房间里很乱，乱七八糟的杂物胡乱地堆放着，看起来很长时间没有动过的样子。

没有？林萌有些失望。那种东西应该原本就是在泉月山庄的，凶手用完之后应该会放回原处。毕竟随意丢掉的话，反而会引起警方的注意。应该就在这排房子里才对嘛，她又向房间里走了几步，被脚下的旧沙发挡住了去路。林萌跳上沙发，摸出手机打开手电筒向里面照去。在几把旧椅子上面，很清楚地看到了那种东西。

就是这个，她松了一口气。

低下头，林萌发觉有个身影正在慢慢地接近自己。她转过身，道："你终于沉不住气了。"

窗外的雪依旧下得很大，完全没有停下来的迹象。江夏靠在窗边，端着一杯红酒，失神地看着漫天纷飞的雪花。窗台边摆着一本《圣经》，封面上，被人用黑色的油笔写着一句话：通往天堂的近路，必将经过地狱。

她叹了口气，转过身，看着自己的父亲。

"怎么？"江岳山目光凌厉。

"我总觉得这么做……"

"于心不忍？你没那个资格。你要知道，一个人总要为自己的愚蠢付出代价。你应该庆幸的是，现在坠入地狱的不是你。"

江夏欲言又止，下意识地抿了口杯中的红酒，一股酸涩的滋味涌上心头。

"你一早就怀疑我?"余群乐站在门口,手里紧紧地握着一个扳手。

"如果不是你造成的不在场证明,警方的进展应该要快得多。"林萌道。

余群乐耸耸肩:"你觉得我是多此一举?"

林萌没有回答他的问题,反而问道:"把稻草绑在折叠梯上,用冰雪冻起来,然后斜靠在路基上,形成一个坚固的坡面,从而可以使越野车开过铁路。这个诡计并不怎么出彩。我不明白的是,为什么你要选择这种方式杀掉程薄。"

"你觉得像我们这种人,应该怎么杀人呢?花重金聘请职业杀手吗?"余群乐道。

"案发当晚,在江夏给程薄打过电话之后,不知道出于什么样的原因,程薄没有走国道,而是转头驶上了黄泉歧路。黄泉歧路的涵洞口,有跟在程薄车上发现的相同牌子香烟的烟蒂,警方已经拿去市里做DNA检测了,相信很快就会出现结果。而你,那晚在大家都散了以后,一个人开车从泉月山庄出发,赶到了黄泉歧路的涵洞口。

"你杀掉了程薄,然后把他放到了副驾驶的位子上,开着越野车利用折叠梯越过了铁路。然后,你把车开到了第二个黄泉歧路的岔路口,停在那里。然后你又把程薄挪回驾驶位,自己下车回到别墅。因为走黄泉歧路要比走国道快两个小时左右,你到别墅的时候,最多四点多一点。你换好衣服,等到四点五十五分左右,按响了火警开关。

"我们几个都知道,江夏当晚给程薄打过电话,要他走国道。而且黄泉歧路上的涵洞,程薄的越野车过不去。于是大家就形成了一种思维定势，潜意识里认为程薄走的肯定是国道。那么，根据路程时间推算，程薄的被杀时间应该在凌晨五点之后。于是，在凌晨四点五十五分还在别墅里的人，自然有了不在场证明。那么，不管警方把程薄的死推断为蓄意谋杀还是抢劫杀人，都怀疑不到你身上。是这样的吗？"

余群乐道："不得不说，你脑子转得还挺快的。"

林萌瞥了眼他手上的扳手："你现在是要杀我灭口？你不怕被警方怀疑？"

"那总比被你指认为凶手的好。"

林萌扬起手机："你似乎没我预想中那么聪明。"

余群乐愣了一下，脸色阴沉下来："就算录音了又怎么样？你没有机会把录音交给警方。"

"谁说没有机会？"身后传来一个声音，是吴森。

余群乐转身，看到赖泽锋也在。他摇了摇头："我说你怎么不跟着这小姑娘，原来只是为了引我出来。"

赖泽锋淡淡道："虽然拆穿了你的诡计，但没有证据的话，终究无法指证你。"

余群乐举起双手，道："好，我跟你们走。"

扳手从他手中滑落，跌到地上，发出了一声闷响。林萌注意到，他的嘴角竟有一丝若有若无的笑容。

"案子结束了吗？"林萌自言自语。

"你是不是觉得，这个案子结束得太仓促了。"赖泽锋靠在壁炉旁，看着紧锁眉头的林萌道。

"还有好多东西没弄清楚。比如余群乐的动机是什么,余群乐是怎么把程薄骗到黄泉歧路上的,他开过去的车是怎么处理的,那个老巡警告诉我们的红光是什么……"

赖泽锋没有说话,只是静静地看着她。

林萌沉默了好久,突然问道:"富二代,我像是那种没心没肺,以破案子为乐,虚荣感很强的人吗?"

"确实有点,不过也没有江岳山说得那般不堪。"

"你跟江岳山熟吗?"

"差不多吧,打过几回交道。"

"你觉得他平时就是这副做派吗?"

赖泽锋犹豫了一下:"那倒不是,说起来,他突然攻击你,我当时也觉得有些奇怪。"

"一个身家数亿的富豪,就算没什么涵养,也犯不着跟我这个大学生发生冲突嘛。而且死的是他女婿,他还有嫌疑,得罪了查案的人,对他有什么好处呢?"

"你是说……江岳山是故意说出那些话来惹恼你的?"

林萌的目光掠过赖泽锋,停到了墙上的大幅镜框上,那里江岳山慈祥地笑着,看着自己的女儿。

警察已经带走了余群乐,别墅里的客人们在做了简单的寒暄之后,陆陆续续地离开了。没有人发表对这件案子的看法,既不表示对江岳山父女的同情,也不谴责余群乐的残忍。或者,若无其事就是这个圈子的礼貌,毕竟对于强者们来说,他们并不需要廉价的关心。

林萌坐在赖泽锋的车里，无聊地看着窗外的雪景。赖泽锋开得并不快，当他们经过黄泉歧路路口时，林萌特意看了一眼。什么都没有了，那地方被雪花掩盖，已经看不出来发生过什么事故。她轻轻地叹了口气，低头摆弄着手机，吴森刚刚给她发过来了一份资料，显示的是程薄当晚的行程。警方调取了路口的录像视频，证实程薄开的确实是那辆路虎揽胜。而且程薄在路上的一个加油站加了油，也被录像头拍了下来。

天色渐渐地暗了下来，林萌在颠簸中，昏昏沉沉地睡了过去。当她再次醒来的时候，发现赖泽锋已经把车开到了黄泉歧路上。

凌晨两点多钟，除了铁轨上偶尔经过的火车之外，黄泉歧路上并没有什么动静。赖泽锋看了眼缩成一团的林萌，道："冷吗？要不我把空调打开？"

"别，冻一下无所谓，你一发动车，很容易被发现的。"

"凶手不一定会来吧。"

"天气预报说明天是晴天，凶手肯定会来。"林萌盯着黑漆漆的外面，突然轻声道，"来了。"

黑暗中出现了一点红光，沿着黄泉歧路飘移到了涵洞路口，停下。一道亮光在黑暗中出现，在广阔的农田上犹如活物一般地掠过。它越过田埂，跳过玉米秸垛，撞到了奔驰，骤然停下。

"下车。"林萌简短地说了一声，已经推开车门跳了下去。

亮光突兀地消失，似乎从来没有出现过一样。而与此同时，几道刺眼的探照灯光从铁路路基上射了下来，在农田上略作搜索之后，就锁定了一个身影。那个身影停止了奔跑，将手电筒丢在了地上，转身看着跑过来的林萌，竟然释然地笑了。

警察从铁路那边冲了过来,很快将身影包围起来。吴森往前走了两步,点了点头:"果然是你,江夏。"

江夏的目光却穿透黑暗,停在不远处的一个玉米秸垛上。吴森示意了一下,两个警察跑了过去,将上面的积雪用铲子铲掉,一辆路虎揽胜逐渐显现出来。

"是你想到的?"江夏看着林萌道。

"嗯。"林萌脸上并没有一点愉快的样子,"为什么要杀程薄?"

"每一个以悲剧收尾的爱情故事,大多有类似的原因。"江夏苦笑,"是我看走了眼,以为他爱的是我。"

"其实呢?"

"他得知我父亲在我们结婚后,既不会让他参与企业的经营,也不会给予我们经济援助时,露出了本来的面目。"

"就因为这个?你就要杀了他?"

江夏闭上了眼:"我父亲在两个月前,食物中毒过一次,进了医院急救。我后来聘请了私家侦探,查到是他做的。婚期将至,如果突然取消婚礼,圈子里会产生各种各样奇怪的流言。而且,他手里掌握的东西,足以让我身败名裂。"

赖泽锋插话道:"所以,你选择在黄泉歧路上杀了他。"

江夏低下了头:"我是逼不得已。如果跟他结婚,我能想象到结局,我父亲和我大概都会相继死于意外。"

"黄泉歧路,真是个杀人的好地方。"林萌道,"这条路因为传说和涵洞的缘故,在晚上一直人迹罕至。而程薄被杀那晚,又下着大雪,更不会出现什么路人。但你仍不放心,还在车头上蒙上了一层红色的塑胶袋,远远看去就是一道红光,似乎是当地人口中的鬼差灯笼。就算有些人到了这条路上，看到红光，也会避之不及吧。"

江夏看了眼已经从雪堆中出现的路虎揽胜，道："当晚你们都散了后，我又跟程薄联系了一下，我告诉他刚听人说国道发生车祸，路被封了。我要他走黄泉歧路，把越野车停在涵洞口那里等着，我开轿车去接他。"

"但是你却开了辆跟他的车一模一样的路虎揽胜。到了涵洞口，在见到程薄之后，你趁他不注意，杀了他，将他放在了自己所开的那辆路虎揽胜上。然后将他车上的车牌取下来，换到你的车上。然后你将他的车开进农田，用防水罩将车罩起来，铺上稻草，堆上雪。当时的雪下得很大，你知道只需要再过一两个小时，这个雪堆看起来就跟旁边的那些被雪覆盖的玉米秸垛差不多了。接着，你开着停在涵洞那头的路虎揽胜，从黄泉歧路上赶向泉月山庄。由于走黄泉歧路比走国道要快将近两个小时，当你走到第二个黄泉歧路岔路口的时候，时间应该还很早。你下了车，关于指纹、发梢之类一切的遗留物你都不用担心，反正是未婚夫的车，没有那些东西才更显得奇怪。"

江夏道："你是怎么想到我换了同样的车？"

"程薄有盒香烟，散落在了副驾驶和车门之间。是你搬运尸体的时候，不小心弄掉的吧？我当时感觉有些奇怪，因为对于开车的人来说，把香烟放在副驾驶那侧，很不自然。最符合逻辑的解释是程薄在副驾驶位子上坐过。还有一点，发现程薄尸体的时候，我戳了下引擎盖上的积雪，发现除了上面一层薄雪，下面的雪已经结成了冰，很硬。这表明车子应该熄火了较长的一段时间，不然的话引擎盖上的雪结不了冰。"

林萌顿了一下:"按照你的计划,你在四点钟左右的时候,将越野车停在第二个黄泉歧路路口。由于当晚下着大雪,天色又非常黑暗,再加上路上人烟稀少,你觉得有很大的可能不会有人看到越野车,就算偶尔有赶夜路的车子路过,车灯照到了越野车,也看不到车里的状况。只有天亮的时候,才会有人发现程薄的尸体报警。而由于大家都认为程薄是从国道上来的,那么根据路程所需的时间来推断,程薄的死亡时间应该在凌晨五点之后,想必你应该已经准备好了不在场证明吧。这个计划虽然不算完美,但在逻辑上也没什么大的差错,依靠山区小镇警察的能力,想要还原真相,还真是困难了点。但让你意想不到的是,余群乐却在你回房间之后,按下了火警开关。"

"那个傻瓜。"江夏喃喃道。

"余群乐不傻,他应该是看到了你从外面返回吧。我只是奇怪,他怎么知道你做了什么,又为什么迫不及待地跳出来当替罪羊。"

"他在门口堵到了我,问我干了什么。"江夏闭起了眼睛,"我实在没有勇气再去骗他,就告诉了他一切,笑着说如果想报警就请便,然后自己回到了房间。只过了几分钟,我就听到了火警警报。"

众人一起沉默,只有呜咽的风声携裹着雪花犹如受伤的小兽掠过。

"对于警方来说,在一起凶杀案中,制造不在场证明的人都是重点怀疑对象。而且那家伙又在案发后,偷偷跑到铁路涵洞那里,在铁轨上铺了好多稻草,来诱导我怀疑他用了升降梯的诡计,开着越野车翻过铁路路基。"林萌道,"他布置这些东西太明显了。案发当晚,下着大雪,就算他用了升降梯的诡计,但稻草不被大雪掩埋,也被风吹走了,怎么可能还留在铁轨上,摆明了是故意丢在那里的。如果这栋别墅里,有什么人让余群乐觉得可以为之牺牲的话……"

"所以,你怀疑到了我。"江夏道。

"前女友。"林萌点了点头。

江夏笑了笑,语气有些哀伤:"突然想起了一首老歌。"

"嗯?"

"爱我的人为我付出一切,我却为我爱的人流泪狂乱心碎。"她昂起了头,黑色的长发在黑暗中肆意地飞舞。

六 云上之歌

"《旧约全书·申命记》里曾经说过：以眼还眼，以牙还牙。"

"那是个意外，我们没想到会死那么多人。"中年人舔着发干的嘴唇，惶恐地仰视着怪物。

"你是在寻求宽恕？"怪物的声音里充满讥讽。

"是的，是的。"中年人连连点头，眼底闪过一丝生的渴望，"《圣经新约·马太福音》里也说过的：你们饶恕别人的过错，你们的天父也必饶恕你们的过错。"

怪物似乎是在思索，停了一会儿道："好，你可以走了。"

中年人大喜过望，爬起来转头就走。只要过了这座钢索吊桥，逃到山谷外面，就可以找公司的人把这个不知好歹的家伙干掉。当然，在干掉这个家伙之前，一定要好好嘲讽一下这混蛋，看看他脸上的那种表情。接着，他眼前突然一震，后脑传来了剧烈的疼痛感，中年人迷茫地转身，惊骇地看向怪物。

"宽恕不宽恕你，是上帝的事情，我来安排你们见面。"

天旋地转，世界快速地沉没到黑暗之中。不知从哪里渗出来的浓雾，贪婪地吞噬着他残存的意识。直到此刻，中年人仍不敢相信，自己的死亡是如此的突然草率。

说真的，眼前的景色乏善可陈。陈然听着沈冰絮絮叨叨的介绍，不动声色地撇了下嘴角。破败、荒芜、阴郁而死寂，偏偏这样的景色，还取了个很文青的名字：云上之歌。他打了个哈欠，身子往旁边偏了偏，离沈冰更远了一些，试图让那些华丽而又空洞的词汇不在自己耳边聒噪。

烟雨蒙蒙弥漫在这个小山村里，让陈然多少有些惆怅。寒假里，林萌不告而别，跟浅薄的富二代赖泽锋一起去了千里之外的泉月山庄，这让他觉得很不爽。他跟林萌从小就是邻居，从幼儿园一路走到了大学，标标准准的青梅竹马。仅仅再过不久，就可以做一些大人们能做的事了，却突然杀出了个富二代，让他不禁感叹命运的无常，并且生出了强烈的危机感。所以，当这次林萌提出想要跟沈冰一起见识下云上之歌的时候，他毅然跟了过来。

不过，林萌跟沈冰并不怎么熟悉，仅仅是认识的程度。而且这个所谓的山中幽谷，看起来也只不过是个很平常的小山村而已。为什么沈冰邀林萌来，而林萌就那么痛快地答应了呢？陈然觉得很难理解。

就像是要回应他的疑问似的，身旁的沈冰喃喃地道："云起了。"

陈然歪着头，以不解的姿势看着眼前那些灰绿色的山脊。不知道从哪里渗出来一丝丝的浅白，在微风的轻扰下不断地变幻着形状，温柔而不失坚定地融合汇聚，凝成一幕幕柔白的轻纱，起舞在天地之间。渐渐地,轻纱越来越浓,越来越多,穿过众人的身旁,将所有的景色隐没起来,只剩下一片纯白。

"好厉害……"陈然由衷地发出了一声赞叹。

"像不像人间仙境?"沈冰轻声道。

"所以才叫云上之歌?"林萌用小指挖着鼻孔问道,"云有了,歌呢?"

"别说话,听……"

众人侧耳倾听,然而除了鸟叫蝉鸣之外,并没有听到什么歌声。陈然疑惑地看了眼沈冰,正要问话,却听得从飘渺远方,传来了略显悲凉的歌声。是个男人唱的,虽然听不懂歌词,却觉得旋律跟眼前的景色恰到好处地融合在了一起,让人心中升起一种苍茫辽阔的感觉。

"就像是灵魂在洗澡。"陈然喃喃道,"这歌……是谁唱的?"

沈冰的脸变得有些绯红:"是童杰哥。"

林萌坏笑道:"哦,就是那个跟你订有娃娃亲的家伙?怎么样?长得帅吗?"

沈冰慌乱地摆摆手,掩饰道:"云雾很大,稍远一点就什么也看不到了。你们小心一些。前面有座吊桥,你们过的时候,一定要抓紧旁边的钢索……"

林萌在后面捣了陈然一拳:"呆子,你在这个村子里尽量跟紧我。"

林萌说话的吐气吹在陈然的后脑勺上,痒痒的。陈然不自然地抖动了下肩膀,问道:"为什么?"

"你觉得我为什么来这山沟?"

"因为美景?"陈然苦笑着摇了摇头,"你对这些好像并不在乎,该不会又有该死的案子吧。"

"你真聪明,沈冰说去年她们这里下了场大雨,爆发了场泥石流,死了不少人。"

"那是自然现象吧,算什么案子?"

林萌压低了声音:"村里一直有谣言,说泥石流其实是有人动了手脚……"

"那报警不就好了,我们两个只是大学生!"陈然莫名其妙地焦躁起来,狠狠瞪了走在前面的沈冰一眼。

"警方会因为大学生的怀疑立案吗?而且沈冰觉得,凶手很可能是村子里的人,她不想打草惊蛇。"

"她那么热心干嘛?就算是人为的,跟她有半毛钱关系吗?"陈然在心里暗骂了一句"事儿妈"。

"你不知道?"林萌脸上的笑容退了下去,"沈冰的父母都死于那次泥石流。"

陈然愣了一下,想要说什么,却看到走在前面的沈冰转过身,对他们喊道:"到吊桥了,你们跟紧我,一定要抓好旁边的钢索。现在雾大,视线不好,千万要小心一点。"

那是一座钢索吊桥,桥面是看起来上了些年头的钢板。现在能见度也就十米开外,吊桥悬在空中,前方和下方都是一片白茫茫的云雾。

"沈冰有些紧张过度了吧。"陈然挠了挠头。是因为失去双亲之后的心理创伤吗?记得林萌说过类似的心理学理论。

"你还是抓紧点好。"林萌跟了上去,"现在有云雾,你看不清楚。要知道，这座钢索吊桥，可足足有一百多米高呢。"

"一百米……"陈然心里打了个激灵，气急败坏地冲林萌嚷道，"你故意的吧！明明知道我有恐高症！"

林萌回过头，朝陈然扮了个鬼脸："你再不跟过来，天一黑，山上可是有狼啊！"

前方突然传来一声惊叫，林萌和陈然两人同时抬头看去。却见沈冰捂着嘴，惊恐地低头看着吊桥桥头。雾太大，影影绰绰的，看不真切。两人跑上前去，发现是个瘫软在地上的中年男人。暗红色的血迹从他的后脑延伸到衣服上，已经完全干涸了。林萌上前，将手指搭在他的颈动脉上，停了一会儿，道："沈冰，报警，这人刚死不久。"

两个小时后，警方赶到了现场。林萌跟警察搭了几句话，就熟练地套上脚套、手套走到了尸体旁。一个警察在四周拉起了蓝白相间的警戒线，将陈然和沈冰隔在外面。沈冰有些怏怏不乐地走到一旁，怔怔地看着山谷中的景色。

满山的云雾逐渐散去，青翠的山林又逐渐显露出来。泥石流已经过去一年了，当时被冲毁的地方，已经长出了娇嫩的绿色。再过数年，谁还会记得这场灾难呢？就连失去至亲的村人，都已经慢慢步入了日常的生活轨道。只不过，那个童杰哥千辛万苦跑来的度假村项目，却难说了。

有过自然灾害、死过人的地方，是很难通过项目评估的。这是童杰哥告诉自己的。发生泥石流之后，投资公司一度打算撤资。为了说服公司的决策层，童杰极力邀请了公司的几名高管到山村来实地考察，这个中年人好像就是其中之一。沈冰还记得他以前在村子里颐指气使的模样。

"报应。"身后响起了苍老的声音。

沈冰回过头,看到老村长也来了。她犹豫了一下,还是没有上前打招呼。因为这个度假山庄的项目,老村长和童杰有很大的分歧,两人大吵过好几回。自己跟童杰有娃娃亲,这种场合里搭话,难免会有些尴尬。好在林萌已经出了警戒线,快步向自己走了过来。沈冰迎上去,问道:"是事故吗?"

"应该是他杀,"林萌脸上的表情很奇怪,"不过看现场留下来的痕迹,好像不是人为的。"

"既然是他杀,怎么会不是人为的?"陈然也凑了过来。

"致命伤在后脑,警方说看起来是钝器伤,不过形状有些怪异。"林萌停顿了一下,"沈冰,你们山里有熊吗?"

"熊?"沈冰吃了一惊。

"警方说伤口很像熊掌的形状,而且尸体周围,只有熊掌形状的足迹。"

"那是狗熊伤人吗?"陈然一副我明白了的表情。

"你们村里人说已经有几十年没见过熊了。"林萌道。

沈冰点了点头,眼神变得疑惑起来。

"告诉童杰,这是山神的责罚,让他带着那些外人走吧。"老村长淡淡地插了句话,背着手头也不回地走了。

"山神?"

沈冰有些惊惶,道:"我们这里原先有个传说,要是谁做出了不肖的事情,山神就会惩罚他们。"

"传说杀人?"林萌托着下巴,喃喃道,"在这个传说中,山神的化身是熊吗？"

沈冰咬着嘴唇，脸色发白："童杰哥那里，不知道怎么样了。"

"陈修死了？"童杰有些惊讶。

"你们这个村子里有狗熊？"蔡奕抿了口茶，眼睛盯着童杰问道。身为带队的副总，领着公司的三名高管来考察项目，其中一个却死在了这里。回去之后，责任肯定是背定了，就看要如何向董事会解释，把责罚降到最低了。

"狗熊……虽然我离开村子很多年了，但也没听说过有狗熊。"童杰沉吟道。

陈晨靠在木椅上，懒懒道："不管是不是被狗熊拍死的，反正陈修已经死了，警察也来了。我们还是早点离开这个鬼地方吧。"

郑立没有表态，他知道蔡奕肯定要接话。传闻陈晨这个看起来很清纯的女人搭上了董事长，才跻身公司高管之列，本身无才无能更无德。这次一听说有度假村的项目，以为是来玩的，就硬挤掉了市场部经理跟了过来。结果到了村里，一看什么基础设施都没有，又埋怨条件差，闹着要回去。

蔡奕沉声道："就这么回去，是无法向董事会交代的。我们至少要把事情弄清楚，不能让老陈死得不明不白。"

陈晨白了蔡奕一眼，起身进了自己的房间，狠狠地摔上了门。

蔡奕不以为然，继续向童杰问道："你们的老村长说陈修的死是山神的责罚？"

童杰愣了一下，道："这个，其实我是基督徒，并不相信村子里的那些传说。不过据说……村子里山神的化身确实是头黑熊。"

蔡奕冷笑一声，向郑立问道："老郑，你怎么看。"

"我不信鬼神。"郑立平静道，"不管是谁杀了老陈，手法都很幼稚。模仿传说杀人，神神怪怪的，太无聊了。"

蔡奕摇头："不要管他幼稚不幼稚，我们要快点把凶手找出来，把他搞掉。"

郑立道："要不要让公司的那帮人来？说到杀人，他们才是专家。"

"不要让董事会觉得我们都是废物，就凭我们两个，也有一半的把握。"蔡奕摸出一包烟，散给郑立和童杰，"反正凶手肯定是村里反对开发的那几个人，我们一个个地筛过来，跑不了他的。"

由于村子离警局太远，警方索性在村委会里草草布置了个办公点。命案现场的照片和一些线索已经打印了出来，堆满了木桌。负责这起命案的警官姓乔，在跟上海警局核实过林萌的身份后，半推半就地让她加入了调查。林萌坐在旁边的木椅上，皱着眉头看着手上的照片。尸体是斜靠在桥头的，致命伤在后脑，形状跟熊掌比较吻合。而尸体周边的足迹也似乎是熊的脚印。

"看出来什么端倪了吗？"乔牧道。他是这起命案的带队警官，虽然上海警局对林萌大加赞赏，但他还是有些疑虑。毕竟，把破案的希望放在一个女大学生身上，不但不靠谱，而且也显得自己太无能了。

"从现场的痕迹看起来，好像是狗熊做的，而村子里又流传着山神的化身是黑熊这样的传说，大概不少人都有这种想法吧。不过呢，这件案子很明显是人为。"林萌道。

"警方办案,自然是要坚持无神论。但是所谓的结论,总要有证据支撑的,不妨说下你的推理?"

"你是在考我?"林萌嘴角浮起浅浅的微笑,"用金属铸成熊掌的模样,伤口自然会相似。而现场的足迹,则更好弄了,穿上底纹是熊掌的鞋子,就可以了。"

"你说的只是人如何模仿成熊作案,但还没有排除是熊作案的可能性。"

"足迹。成年黑熊一般是四肢着地行走的,前掌在十五至二十厘米左右,后掌在二十至三十厘米左右。也就是说,如果是黑熊伤人,那现场最起码要有两对大小不一的熊掌足迹。但现场却只有一对熊掌足迹,当然黑熊可以直立走上几步,但像现场那样直立行走一百多米,却是极其罕见的。而且现场的熊掌足迹只有十厘米宽,按正常情况推断,这头熊的身高只能在一百四十厘米左右,而陈修的身高却有将近一百八十厘米。如果真是黑熊,它就算伸长了前肢,也打不到陈修的后脑。"

乔牧点了点头,这小丫头片子不但眼光犀利,逻辑推理能力也很强。

"现场没有其他有价值的线索了,我们只好从凶手的心理角度来推理。"

"哦?说说看。"

"老村长说了,陈修的死是山神的责罚。这也是凶手为何要穿上熊掌鞋子,用熊掌模样的凶器杀死陈修的目的。他要让大家都产生这样一个印象,从而对山神产生敬畏。而在各种传说中,山神大多代表着秩序、传统。结合死者又是要开发这个山村的外人,那么凶手的做案动机,应该是对村子所要面临的改变不满,试图通过杀死想要改变村子的人,来警示大家。"

"所以,凶手的目标,会是开发公司的人?"乔牧道。

"还有跟开发公司走得近的人。"林萌道,"大叔,我觉得这案子应该完结了,凶手的警告目的已经达到,继续犯案的可能性比较小了。"

"那就糟了。"乔牧有些担忧,"这起命案留下的线索不多,查起来有些困难。"

林萌双手抓着一只野鸡腿,啃得油光满面。对面的陈然一小口一小口地咬着鸡爪,不时地瞪她一眼,暗示她要淑女一点。对于青梅竹马的多管闲事,林萌只是翻了翻白眼,然后又抓了一块蒸羊肉开始嚼。餐桌上的食物味道非常好,林萌虽然已经觉得有些撑,但还是没停下来的意思。

这木屋的主人是跟沈冰订有娃娃亲的童杰,他刚刚上完最后一道汤,微笑着看着狼吞虎咽的林萌。林萌眨眨眼,瞥了眼正在喝汤的沈冰,问道:"沈冰,你们什么时候结婚?"

沈冰"噗"的一声把嘴里的汤吐了出来,脸红道:"哪有,哪有……"

童杰笑着摸着沈冰的头,道:"那都是父母的意思,我和小冰差了七八岁,怎么可能。"

沈冰的脸更红了。

林萌嘻嘻笑道:"真正的爱情不是无视年龄、身份、贫富和性别的吗?你们要是不结婚,我怎么能理直气壮地找你蹭饭呢?说起来,沈冰为什么你做的菜这么好吃,有什么特别的调料吗?"

沈冰连忙摇头:"没有,只有最普通的调料。其实你觉得好吃,是因为食材。"

"食材?"

"嗯,没有农药,没有化肥,也没有什么激素。味道就比较好一点。"

陈然见识过"云上之歌"的美景之后,一直对主张开发村子的童杰有些腹诽。他觉得,为了所谓的金钱,而放弃自然,实在庸俗不堪。他用纸巾擦了擦嘴,插话道:"这里真像个世外桃源,要是一直这样保持下去,不开发就好了。"

林萌会意地眨了下眼,接过话头:"我听说,开发山村是杰哥你的意思吧?是你联系的开发公司吗?"

童杰道:"嗯……可以这么说。前几年,我从村子里出去后,一直在现在的公司工作。有次开会,公司有意向搞一个开发度假山庄的项目,我第一时间推荐了村子。"

陈然有些不满道:"为什么要开发呢?这样的美景美味,还是原生态最好吧。要是交给那些唯利是图的家伙们去开发,一定弄得不伦不类。而且到时候,游客一来,整天都闹哄哄的像个菜市场,环境肯定得被破坏……"

"你的意思是,要村民一直穷下去?"童杰摇了摇头,"村里没有一条公路,最近的小学都要走两三个钟头才能到。虽然通了电,但村子里总共才五户人家有电视。洗衣机、空调这些你们城里人眼中必备的电器,一户人家都没有,更别说电脑、网络这些东西了。你知道吗?村里好多孩子都十几岁了,连火车是什么样子都没见过。

小冰和我，都是少数走出了村子的人。我每到过年回村子，都觉得在这里，时间似乎停止了。村里的人根本不知道外面世界的变化，而是浑浑噩噩地日出而作，日落而息，重复着祖辈们的生活。难道他们没有权利感受世界的精彩，没有权利享受科技带来的便利吗？牺牲自己的人生，变成所谓的世外桃源标本，枯燥的生、枯燥的死，这对他们来说并不公平。"

"每一个人都有权利选择自己的生活方式。"林萌丢掉了手中的蒸羊肉，"不过，村里好像也有不少人反对开发吧？"

童杰点头："人对陌生的事物通常会有两种态度。一种是好奇，一种是鄙夷。虽然村里不少年轻人把我当成救世主，就算不要赔偿款也想开发，但也有不少人觉得我是破坏村子宁静的不肖子孙。老村长不止一次说过，他宁愿守着几亩薄田过一辈子，也不愿那些铜臭熏天的人来打搅村子的安宁。但是我觉得，他只是因为恐惧那些未知的事物，而害怕改变。"

"那后来呢？"林萌问道。

"我建议搞一个全体村民的票决。我觉得不能因为某些人的因循守旧，而让另外一些人放弃希望。"童杰脸上浮现出愉悦的神色，"结果很振奋人心，有将近四分之三的人赞成开发。"

"哦，那蛮不错的嘛。"林萌道。

童杰眼中的光芒却黯淡下去："谁知道当晚，就出现了泥石流，村里死了二十多个人。老村长他们借着这个机会，大肆宣扬是山神惩罚，导致好多人怕了，改变了态度。而开发公司也因为这件事，觉得村里地质情况不稳定，态度开始摇摆起来。无奈之下，我邀请了几个高管来村里进一步考察，想不到陈总却被杀了。"

"那你觉得,陈修的死,会不会是村里那些反对开发的人做的?"林萌用手架着下巴,一本正经地问。

童杰沉默了一会儿,道:"应该不会吧,村里人不至于为了反对开发而去杀人。"

"那除了村里的人,谁会借山神责罚这个噱头杀人呢?"林萌道,"要知道,恐惧的力量是很强大的,完全可以促使人干出一些超出自己底线的事情。或许在凶手心中,他并不是一个杀人犯,而是代表山神在执行天罚。"

童杰苦笑道:"这样的话……"

"警方已经在筛选村里的人,看谁的嫌疑最大了。"陈然忍不住嘟囔道,"其实要不是你弄开发什么的,也不会出这些乱子吧……"

沈冰急道:"不能那么说,童杰哥也是为了村子好,我也觉得村子一直这个样子是不行的……"

童杰的手机铃声打断了沈冰的话,是开发公司的人,要他去一趟商量些事情。童杰挂断了电话,冲众人无奈地笑了笑,出了房间。

门刚关上,沈冰就轻声道:"陈然,童杰哥这段时间压力很大,你就不要再指责他了。"

陈然有些不服气:"我觉得他做得有些过了,这么宁静的田园生活……"

"闭嘴。"林萌狠狠地凿了他一个爆栗,"谁对谁错,不是我们该关心的事情。我们要搞清楚的是,到底谁是凶手。"

"那不是人杀的,是山神的责罚。"老村长穿着一件洗得发白的夹克,眉眼端正,安安静静地坐在对面。

乔牧干咳了一声："老先生，这么说吧，陈修跟村里的哪些人有过冲突？或者有哪些村人对他看不顺眼？"

"在我们眼中，他只不过是个唯利是图的外乡人，很多人都看他不顺眼。"老村长道，"至于你话里的意思……明末时先祖为了避难逃到这里，耕读传世，已经几百年了。大伙谨遵祖训，民风一直很好，连偷盗都不曾发生过，更别说杀人了。"

"可是这个陈修，却要将这么古风的村子给开发了，会不会有人心生恨意，要杀了他？"林萌盯着老村长的眼睛，问道。

"真正的宁静，在人的心里，而不是环境。"老村长淡淡道，"就算村子变成了闹市，又如何？内心安宁的人依旧自在如意，欲望满怀的人依旧焦躁烦闷。"

"如果您真的像自己说得那般豁达，为何还反对开发？"林萌嘻嘻笑道。

乔牧暗笑一声，干脆由着林萌发问。他发现这个小姑娘的问题虽显得有些尖酸刻薄，但都恰到好处。尤其是这些话由一个小姑娘问出来，不至于显得太失礼。

"我们总要吃饭的。开发之后，耕田尽毁，都建成了中看不中用的人造景观。除了那些打算做生意赚大钱的人，村里还有不愿经商做买卖的人，到时候这些人要如何活下去？"老村长的语气仍然很平和，"想发财的可以发财，但不能断了不想发财的活路。"

"这么说的话，那反对开发的人，会不会因为害怕自己以后没田种，没饭吃了，动了杀心？"

"反对开发的村人，大多都是像我一样的老人。他们最重祖训，就算不满，有我约束着，总不至于出什么乱子。"

"你确定他们都不会杀人？你是不是对自己的约束力太过自信了呢？"林萌脸上仍然满是笑容。

老村长停了一会儿，道："小姑娘，我活了大半辈子了，人心是什么样的，我自然清楚。"

乔牧又干咳了一声："老先生，有些程序不得不走一下。陈修被杀的时候，你在哪里？"

"种田。"

"有证人吗？"

"没有。"

"这样啊……"

"别找凶手了，那是徒劳。"老村长闭上眼睛，"我说过了，是山神的责罚。"

不知何时，云雾又汇聚了起来。白色的湿气从窗缝、门缝中渗透过来，像是活物一般逐渐蚕食着室内的透明。看着对面那张饱经风霜却又波澜不惊的苍老面孔，林萌打了个大大的喷嚏，恍惚间觉得错过了什么。

怪物坐在一间黑暗的木屋里，长长地叹了口气。等下它就要去杀第二个人，虽然它并不想杀人，但是很多事总得有人去做。如果当初……它摇了摇头，没有如果，但凡发生了的事情，总会造成相应的结果。既然回不到从前，那能把握的只有现在。

时候到了，它笨拙地起身，向门口走去。

门却自己开了。

郑立出现在门口，看着它。

"我知道你在这里。"

怪物停了下来。

"陈修是你杀的?"

怪物选择了沉默。

"我跟你做笔交易如何?"郑立走进木屋,关上了门,"我知道你是谁,也知道你要干什么。我不会妨碍你,但你能不能顺便帮我杀一个人?"

怪物点了点头。

"杀了陈晨。"

怪物看着他,没有任何动作。

"如果你需要一个理由的话,告诉你也无妨。"郑立耸耸肩,"我讨厌陈晨。这种女人只不过凭借色相就坐上了高管的位子,听说她还一直要上面把我的位子给她。你也知道的,人太贪心了总归是不好的,尤其是胸大无脑的女人。"

怪物好像在犹豫。

郑立继续道:"蔡总,我知道公司是怎么看待这个项目的,也知道你同意带队来,是出于什么考虑。陈修跟你不是一派系的人,你们之间斗得很厉害,借这个机会杀掉他,把嫌疑转给那些反对开发的村民,这个法子确实不错。至于我嘛……虽然也不是你们那一派系的人,不值得相信。但是你只要帮我杀了陈晨,就相当于你握住了我的把柄,这个共同的秘密,我一定会帮你守住的。"

怪物终于点了点头。黑熊头很沉重,随着怪物的动作一晃一晃,似乎随时都会掉下来,显得有些滑稽。

郑立忍住笑,摸出包烟,抽出一根递给怪物:"蔡总,把头套脱了吧,来一根。我这烟虽然没你的好,但吸着也不错。"

怪物没有接香烟,而是往前走了一步,嘶哑着声音道:"我不抽烟。"

郑立的动作突然僵住,他疑惑地望着眼前的怪物。

怪物的声音在黑暗的木屋中再度响起:"凭什么,你觉得我会放过你?"

郑立大惊,香烟滑过手指,跌落在地上:"你不是蔡奕?"

泛着乌光的铁制熊掌高高举起,他下意识地后退了一步,紧接着,死亡携裹着沉闷的风声呼啸而至。

晚上八点四十分左右,有村民发现了尸体,立刻跑到村委会里报了警。在警方的要求下,老村长和开发公司的人一起来到了现场。尸体就躺在木屋门口,四周有村民竖起了白炽灯,照得附近一片亮白。

林萌赶到现场的时候,警方已经完成了现场的鉴证工作。郑立的死,在某种程度上来说与陈修很相似,同样的致命伤,同样的足迹,唯一不同的是这次的伤口在太阳穴。林萌往后退了几步,没入黑暗中,静静地看着被灯光照得面色惨白的人们。

郑立的尸体周围,被圈起了蓝白相间的警戒带。村民们和开发公司的人就站在警戒带的外面,神色各异。其中最显眼的要数童杰了,他脸色很郁闷,有些焦躁地左顾右盼,似乎想干点什么,却又不知道要干什么。开发公司的人又死了一个,开发度假山庄的项目肯定是没什么希望了。作为力邀公司高管来实地考察的童杰,在公司里还有立足之地吗?那个叫陈晨的高挑美女,做作地用一张手帕掩着口鼻，一副不耐烦的样子。蔡奕阴沉着脸，负手站在白炽灯下，若有所思地扫视着众人。老村长在一群老人的簇拥下，站在人群当中，神色依旧平淡得很。

乔牧正在和众人说着什么，大概是询问不在场证明吧。不过看起来情况并不怎么乐观。

"看样子，凶手的目标只是开发公司的人。"陈然不确定地道，"这样的话，老村长他们那群人的嫌疑更大了。"

"为了阻止开发杀人的话，你不觉得杀得太多了点吗？"林萌回应道。

"什么意思？"

"听童杰的意思，他们的公司不小。越是规模大的公司，对于项目的可行性论证应该越充分。'云上之歌'这个项目，既然有过泥石流，那在地质上就是个硬伤。接着又死了一个高管在这里，基本上算废了。如果是为了阻止开发杀人，郑立的死完全是多余的。"

陈然挠了挠头："说不定……说不定凶手是为了保险些。"

林萌道："保险？如果公司觉得死人对项目没什么影响，那死一个和死两个又有什么区别？"

"那你觉得是什么？"陈然问道。

"我还没有头绪。我觉得凶手的动机可能并不是阻止开发村子那么简单，或许在这起连环命案后面，另有隐情。"

林萌踮起脚尖，又仔细地环视了一下四周，发现少了一个认识的人。沈冰不在。

她摸出手机，拨通了沈冰的号码，通了，却没人接。她犹豫了一下，放弃了继续拨号的念头，而是径直向人群走去。

乔牧已经问完了话，正在示意围拢的人群散开。他看着走来的林萌，摇了摇头，表示没什么收获。而林萌却没有和他说话的意思，直接走向了童杰，问道："你知道沈冰在哪里吗？"

童杰愣了一下："大概还在我房间吧，我出来的时候，她睡着了。然后我就听到村子里的广播，说有人死了……"

"那你在这里看到她了吗？"

"没。"

"喔。这样啊。"林萌嘴角弯了起来，露出甜美的笑容。

"有事？"童杰觉得有些莫名其妙。

"没事，没事。"林萌摆了摆手，向乔牧走去。

"大部分人都没不在场证明。"乔牧冲她耸了耸肩，"还有，我们盯的那几个人，都不是凶手。"

"这个案子虽然没什么让人惊艳的诡计，但好像也没那么简单呐。"林萌安慰他。

"不过，我们却在死者衣服上发现了这个东西。"乔牧拿起一个透明的胶袋，里面是一些褐色的植物纤维。

"这是……"

"大麻。"

"郑立吸毒？"

"还不知道，不过总算是有些发现。"

林萌也耸了耸肩，没有说话。在一无所获的时候，找个借口安慰下自己，也没什么不可以。

蔡奕咬着雪茄，独自走在回去的路上。刚被警方简单地问过话，被要求不能离开这个村子，接下来估计还要做详细的笔录。一同来的人里，已经死了两个，自己很可能是下一个目标。但他并没有因此而慌乱。他所在的公司，规模很大，而且有些见不得人的事儿。蔡奕在公司里，干的就是这些见不得人的事儿。

夜色已经黑了，他摸了摸裤袋里的那把短小锋利的匕首，走得很轻松。对于这个案子，他已经有了点头绪。凶手的目的并不是像警方推断的要阻止项目开发，而他们这次应童杰的邀约，再次来到村里，也不是为了重新讨论这个项目的可行性。

这个项目从一开始，就是一个骗局，只不过是为了洗钱。公司以前也这么干过，大张旗鼓地搞一些新项目，做些前期投入大量资金的假账，然后又因为不可抗的因素中断开发。这样一个项目，至少可以洗白几千万的黑钱。

为了让这个项目结束得不那么突兀，他们在村子里干了一些事，造成了一些无法挽回的后果。凶手应该是察觉到了那件事，杀陈修、郑立，是为了向他们复仇。

本来回这个村子，就是要看看那件事有没有漏洞，既然被发现了，那就好好处理下。

蔡奕抬头，看了看黯淡的月色，冷冷地笑了笑。他蹲下身，系紧了鞋带，沿着上山的小路走去。这时候夜色不浓，露水也没有上来，村民们大多休息了，算是上山的最佳时机。至于体力方面，他更没有什么好担心的。退伍军人出身，平时一直还坚持锻炼，跟坐久了办公室的郑立、陈修可不同，他不是毫无还手之力的羔羊。

月光被头上逐渐浓密的树枝所阻挡，光亮越来越少，前方的路也似乎变得崎岖起来。蔡奕摸出一小只狼眼手电，脚步坚定地向前走去。其实在做那件事之前，村子里似乎就有些不对劲，但公司并没有彻底地对这个山村进行调查。毕竟在高层眼中，像这种只有几百人口的小山村，不值得耗费太多的精力。

结果陈修和郑立都死了。

就算自己是庞然大物，也不能忽视一只蚂蚁。很多事情都是因为一个细节开始崩坏的，蔡奕决定找到原因。刚才在郑立的死亡现场，他看到警方在郑立身上找到了一个透明的小塑胶袋。那是大麻，蔡奕一眼就认了出来。但据他所知，郑立并没有吸食大麻的习惯。那么，那袋大麻很有可能是凶手落在郑立身上的。

蔡奕知道，既然陈修和郑立的死，都算是村子的复仇，那么，公司做的那件事，很可能不会仅仅是误杀了几个村民那么简单。如果真是这样，村子就算在没有证据的情况下，也一定会报警要求彻查的吧。毕竟老村长他们是反对开发村子的，有了这样的借口，怎么会白白放弃呢？他们不敢报警，而是暗地里复仇，莫非是有什么东西不敢公之于众吗？

凶手是村子里的人，凶手有大麻，这两个看起来毫不起眼的推断，在蔡奕的脑子里飞快地运转起来，组成一个又一个的可能性。他剔除了那些可能性不高的推断，在剩下的几个答案中反复地推演，最终留下了一个。

现在，只剩下实地查验来证明了。

山路终于走到了尽头。蔡奕挣脱了枝条的牵绊，眼前豁然开朗。这是一片淡绿色的田地，迎着夜风摇曳的，全是大麻。他抬头看向荒地的上方，怪石嶙峋，几乎没有什么植被。那是泥石流过后的情景。这片田地是泥石流的必经之地，应该也会被泥浆和碎石覆盖的，怎么会看起来没受多大影响？蔡奕俯下身子，借着狼眼手电的光，认真地搜寻着地面。有，有尖锐的石头。是的，这块地极有可能是最近才平整的，若是泥石流没有经过这里，早先犁地的时候肯定会把这种尖锐石头丢掉的。

原来是公司制造的泥石流冲毁了大麻田，还杀死了二十多个村里人。村子在得知真相之后，想要报复，却以为公司知道了他们暗中种植大麻的事情，只好暗中进行灭口吧。蔡奕站起了身，走到麦地边缘，冷笑着俯视脚下的山村。

愚蠢，不自量力的反抗只会招来更为残酷的打击。

沈冰的状况并不怎么好，脸色苍白，还显得很疲惫。她斜躺在床上，一个哈欠接着一个哈欠。

"不是刚睡醒吗？怎么感觉你跟好久没睡一样。"林萌问道。

沈冰揉了揉脖子，苦笑道："不知道为什么，睡得好累。醒过来的时候，浑身没有一点力气，口还很渴。"

"奇怪，你睡得很沉，怎么会觉得很累呢？"

"睡得很沉？"

"是啊，郑立死的时候，村里大喇叭喊了好几次集合，都没把你吵醒。"陈然道。

沈冰不好意思地笑了笑："也不知道怎么回事，平时我睡觉不是这个样子的。"

林萌揉了揉鼻子，没有说话，而是打量着屋子里的布置。这是童杰的家，面积并不大。房间里布置得很简单，家具大多是木质的，有些看起来还挺新。童杰在公司上班之后，基本就没回来过。而沈冰在上海市内上学，平时住在市里的姑妈家，寒暑假才回到村子。前段时间那场泥石流毁了沈冰的家，也杀死了她的父母，让她成了无家可归的孤儿。于是，童杰就把自己房子的钥匙给了沈冰，让她有了一个栖身的地方。

青梅竹马嘛……村里人也不会说什么闲话的。

"童杰呢？怎么没看到他？"林萌问道。

"哦，他跟他们公司的人住一起。"沈冰下床，看了眼挂在墙上的钟，惊叫道，"都已经这么晚了？"

林萌歪着头问道："怎么，你以为是几点？"

"我还以为是刚晚上呢，想不到都快半夜了。"沈冰不好意思地揉了揉额头，"你们要吃点什么吗？我从中午睡到现在，感觉好饿。"

"要啊，"林萌笑嘻嘻地道，"昨天吃的猪排能做吗？真的很好吃。"

"嗯……"沈冰拉开冰箱，看到了猪肉，"能做啊。"

她拿出一些食材，从储物柜里又拿出了一桶用了一大半的农夫山泉。

"做饭用纯净水？不觉得有点奢侈吗？"陈然站起身，准备帮厨。

"童杰哥平时很少回来，自来水管好像生锈了，有很浓的铁锈味。"沈冰挽起了袖子，笑眯眯地道，"我要开始了，萌萌你不来帮忙吗？"

陈然撇了撇嘴："别喊她了，她对付食物，除了在吃上擅长，其他方面百无一用。"

林萌恼羞成怒地跳起来，赏了陈然一个很响的爆栗："要你管！"

第二天林萌醒来的时候，天已经大亮了。耀眼的阳光从木窗外照进房内，形成一道道微尘浮动的光柱，有一股浓浓的慵懒味道。林萌挠了挠后脑勺，那里有些隐隐发痛。她坐在床边发了好一段时间的呆，才逐渐恢复了思索的能力。昨晚吃过饭之后，就觉得说不出的困倦，本来想歪在床上歇一下，谁知道竟睡了过去。

她斜眼看了眼木桌，沈冰正趴在上面睡，而脚下就躺着陈然。门外传来咚咚作响的敲门声，而她却懒得动一下。头疼、嗓子发干、浑身无力，这种感觉和昨晚沈冰所说的感觉很相似。

果然有问题吗？林萌看了眼放在料理台上的那桶农夫山泉，有气无力地嘟囔了一声。

"林萌！陈然！沈冰！你们在吗？"是那个警官的声音，叫什么来着？乔……乔牧，对了。

她趔趔趄趄地下床，走到自来水管前，捧了把水洗脸。然后，她又坐到梳妆台边，对着那块小镜子简单地整理了一下。当一切就绪的时候，她听到乔牧他们在门外，商量着要不要撬门。

拉开门，林萌无视众人脸上的神色，指着料理台上的农夫山泉道："大叔，麻烦化验一下，里面应该有安眠药。"

乔牧愣了一下："安眠药？"随即他看到了房内的沈冰和陈然，似乎明白了什么。

"你这么急来找我，是案子有什么进展了吗？"林萌踩着陈然，又坐回到床上。

"你们从昨晚到现在，一直都在这栋房子里？"乔牧问道。

"怎么，又死人了？"林萌打了个哈欠。

乔牧脸上浮现出很奇妙的神色："是的，老村长死了，不过，案子,似乎……破了?"

"老村长死了?案子破了?"林萌犹如看白痴一样看着乔牧。

"今天凌晨,有村民发现了老村长的尸体。应该是从山崖上跳下来,摔死的。而且现场还发现了老村长的遗书,上面交待了他杀死陈修和郑立的过程。"乔牧道,"动机是反对公司开发村子。"

"你信吗?"

"不信。"乔牧道,"根据前期的调查,老村长无论从体力和身高上来说,都不像是凶手。而且那封遗书,虽然被露水打湿了,但跟老村长的字迹还是不怎么像。"

"那你觉得……"

"他应该是被凶手杀掉的,留下遗书,是为了把杀人的罪名推到他身上。不过这个嫁祸的手段显得有些幼稚,凶手是不是另有深意呢?"

"我们去现场看下。"林萌咬了下嘴唇,这个案子的进展似乎透露着一丝古怪。

所谓的山崖,其实并不高,只不过十几米的样子。不过这样的高度,足以让一个年逾古稀的老人粉身碎骨。尸体已经抬走了,石块上还有些褐色的斑块,那是鲜血干涸后的残留。褐色的斑块不少,应该是活着摔下来的,不然不会溅出这么大面积的血液。凶手应该是把老村长挟持到山崖上的吧,林萌下意识地抬头看了看上面。或者,是凶手约老村长在山崖上见面的吗?那凶手一定掌握了老村长的某项软肋吧。

还有,凶手杀老村长的目的是什么呢?如果是为了嫁祸,留下的疑点实在太多了，跟前两起命案中那种细致严谨的风格完全不一样。如果不是嫁祸，那凶手的前两个目标是开发公司的人，假扮山神杀人，不管目的是为了阻止村子被开发，还是对开发公司的人复仇，从某种角度上来说，凶手的立场应该跟老村长差不多才对。为什么要杀掉同一阵线的老村长？

而且，前两起命案，都是假扮山神杀人，为什么在杀老村长的时候，却换了不同的方式？莫非……林萌的眼睛眯了起来，她想到了另一种可能。

陈晨正在收拾东西，她觉得这次旅行真是糟透了。原先说好来度假，来了之后，却什么都没有，还接连死了陈修和郑立。对了，村子里的老村长好像自杀了，还留下了遗书，说陈修和郑立都是他杀死的。这样的话，案子不就算破了吗？但警方似乎对老村长的死有些怀疑，对不少人进行了调查盘问。让她不能理解的是，有个小警员对她的盘问非常仔细，有些问题翻来覆去地问了三四遍，弄得她十分火大。老娘也有嫌疑吗？老娘来到这个破村子，可真是倒了八辈子霉！

她把限量版的路易威登手包狠狠地摔在地上，怒气冲冲地在床头坐了下来。她来这里之前，并不知道公司在这个山村里做过什么。但是前天打电话问过公司的那个人后，让她觉得自己不能在这里待下去了。既然那场泥石流是公司弄出来的，那陈修和郑立的死，很显然是村子里的人对他们进行的报复。虽然自己跟那场泥石流没什么关系，但谁知道村里子的人会不会顺手把她也杀了？

她其实很想去告诉警方，还有那个一直到处乱转的小姑娘，这些所有的真相。但是她却没有那么做。她很清醒地意识到，自己之所以能在公司立足，无非是因为那个人的关系。如果告诉警方真相，无疑要说出是公司弄出的那场泥石流。那场泥石流，可是杀死了一二十个村民的，公司肯定会受到警方的彻查。为了自己的安全出卖公司？那个人的报复手段多么残酷，她可是早已耳闻目睹。只好守住这个秘密了，何况自己现在还没什么危险。

还有那个童杰，他好像一直到现在都不知道泥石流的事情，还傻乎乎地担心项目开发究竟还能不能继续。真是人蠢无药医啊。平时这个童杰就一副振奋向上的样子，整天谈着梦想未来之类的，这下可惨了。像这种闪闪发光、热血沸腾的家伙，死在村子里该多好。

她沉默了一会儿，站起身走到窗前，想看下外面。只有浓雾，外面全部都被携裹在浓重的白雾之中，像是可怕而又阴森的陌生世界。

云上之歌？陈晨笑了，低声骂了一句脏话。

跟赖泽锋通过电话不到一个小时，卫星照片就传到手机上了，下面还附了一份简单的分析报告。富二代的效率还是蛮快的嘛。林萌笑着点开了那份报告。报告是以多张卫星照片为基础进行分析的，相当专业。想不到现在科技发达到了这种地步，仅仅通过颜色、生长周期、外形就能确定植物是什么。林萌略过那些繁琐的论证推断步骤，直接翻到了最后。是大麻。村子里在种植大麻。

当警方在郑立尸体上发现大麻的时候，林萌就觉得有些奇怪。就算郑立吸毒，被杀之时大麻也不应该会散落在衣服上。相比之下，更像是有人放在他身上的。假定杀死郑立的凶手是村子里的人，那么在这么闭塞的村子里，是怎么搞到大麻的呢？

自己种的。林萌得出了这个脑洞大开的结论，然后给赖泽锋打了个电话求证。答案让她很满意。大胆假设，小心求证，在线索不多的时候，直觉也是一把很好的武器。

根据卫星照片，报告里确定了大麻田的位置，刚好在上次发生泥石流的地方。

"化验结果出来了吗？"林萌敲了敲桌子，向一旁的乔牧问道。

"我催催。"乔牧起身，走出去打电话了。

大麻田、泥石流、开发公司、死去的村民、凶手，林萌觉得，应该有一条线可以把这些串起来，至于那条线是什么，几乎已经呼之欲出了。但是她还是有些迷茫，有些细节还是想不清楚。

"出来了。发生泥石流的山崖上方，那些白色的斑点并不是钝物撞击的痕迹。"乔牧看着眼前的女大学生，声音里带着一点佩服，"如你所料，是三硝基甲苯，也就是我们常说的 TNT 炸药。"

林萌长长地吐了一口气，那条线终于出现了。

"还有呢？"

"经侦方面也调查过了，这家公司有多起新筹项目意外终止的前科，被怀疑洗黑钱。去年因此曾被告上法庭，但是由于检方证人意外死亡，只好当庭撤诉。"

"那整件事可以这样捋顺一下。公司想借上马新项目之机洗钱，童杰在不知情的状况下，提议公司开发村子。当时村子里对于开发产生了分歧，老村长是不同意开发的代表人物。争执之后，童杰举行了投票，结果赞成开发的一派取得了优势。当晚，公司制造了泥石流，借口地质条件不达标，进行撤资。但泥石流的规模却超出了公司的预计，冲毁了村子数十家屋子，还带走了一二十条人命。同时，村子里某些人隐秘种植的大麻田也被摧毁。再后来，童杰邀请公司几名高管再次进入村子，想要重新论证项目的可行性。就在此时，凶手了解到了泥石流的真相，准备对公司进行报复。或许是出于村子种植大麻的顾虑，凶手并没有报警，而是自己扮起了山神，举起了屠刀，杀死了陈修、郑立。"林萌一口气说完，舔了舔嘴唇。

"这样的话，凶手就是村子里的人……"乔牧犹豫道，"可老村长已经死了，剩下的几个反对开发的人都在我们的监控之下，没有作案时间。"

"村里人找不出什么头绪的话，不如从公司那边下手。"

"那我们马上提审蔡奕和陈晨，"乔牧起身，"先从那场泥石流查起。"

"不如直接提审童杰。"林萌道。

"童杰？你怀疑是童杰搞的泥石流？"乔牧眉头皱了起来，"不对啊，童杰不是力主开发村子的吗？他搞泥石流，不是会影响到项目评估吗？"

"我可没说怀疑他搞的泥石流，我是怀疑他是杀死陈修和郑立的凶手。"

"那也不对啊，你看，童杰邀请公司的高管来村子，不是为了进一步争取项目吗？怎么会杀死他们呢。"

"所以说，你得提审童杰，问问他。"

乔牧挥了挥手："等会儿，等会儿。这可不是儿戏，要是没有证据，就对他提审，很容易打草惊蛇的。你为什么会怀疑童杰？"

"对于社会派的推理作品而言，大家注重的通常只是人性，归到犯罪层面上来说，就是动机。"林萌促狭地眨了眨眼，"童杰主张开发村子，目的是为了给村子带来改变，让村民们生活过得更富裕一些。从另一个角度来讲，也是他走出村子后，实现自我价值的一个手段。如果被他知道这所谓的一切都是一场骗局，而且因为这场骗局死了十多个村民的话，他会是什么感想？"

乔牧愣了下："如果从这个角度来讲的话……"

"还有，根据现场留下的足迹还有死者的伤口来判断，凶手的身高应该在一米七三到一米八零之间，男性的可能性大些，有较好的体力。这些跟童杰的身体特征是相吻合的。"

乔牧犹豫道："童杰知道真相后，向公司复仇，杀了陈修和郑立。这是最合理的推理吗？"

"还有，房间里的纯净水，你们不是已经化验了吗？里面有安眠药，搞不好就是童杰放进去的。"林萌道，"当然，这只是我的推理，虽然有一些相应的疑点，目前还没有任何证据。所以说，我们得先提审他。我还很想知道，老村长的死到底是怎么回事。"

陈然上气不接下气地出现在了门口，道："沈冰……沈冰……"

林萌转过头，疑惑地问道："沈冰怎么了？不会被杀了吧。"

陈然气喘吁吁道："不是，是沈冰……叫我来报警，蔡奕……杀了童杰。"

"人的一切痛苦，本质上都来源于对自己无能的愤怒。"蔡奕坐在木屋的板凳上，双手沾满鲜血，淡然地抽着一支烟。

林萌白了他一眼，看向木屋中间。童杰的尸体斜靠在一张椅子边，嘴角挂着似有似无的嘲讽，胸前一片殷红。旁边丢着一把匕首，刀刃之上，是触目惊心的红。再往里，是缩在墙角瑟瑟发抖的沈冰。

她的脸色苍白，瞳孔放大，好像是受到了不小惊吓。

"人是你杀的?"乔牧的手摸向腰间的手枪，看着蔡奕问道。

蔡奕站起身，举起双手："不要紧张，我不会伤害任何人。"

"怎么回事?"林萌转身向陈然问道。

"我和沈冰从外面回来的时候，门是反锁着的，听见里面蔡奕和童杰在吵架。后来听到里面越吵声音越大，还打了起来。沈冰和我拼命地敲门，也没有开。再后来，蔡奕打开了门，里面就是这个样子了。然后，沈冰叫我去报警，她自己进屋看状况。"陈然语无伦次，还没恢复好情绪。

"为什么要杀童杰?"乔牧摸出了手铐把蔡奕铐了起来。身后几个警察围了上来，将闻讯赶来的村民堵在门外。

"如果我的判断没有错，他就是杀死陈修、郑立和老村长的凶手。"蔡奕用下巴点了下床底，"在那里，我发现了他装扮成山神的一套行头。"

"所以你就杀了他?"乔牧摇头，"这事儿你得先通知警方。"

"我没有想杀他，我只不过是怀疑他，到他的房间里来看一下，结果就发现了那套东西。然后准备离开的时候，恰好碰到了回来的童杰。我质问他为什么要杀人，他向我动手，搏斗中我夺过了匕首，失手刺死了他。"蔡奕顿了一下，"我这应该算正当防卫吧?"

"这得调查后才能定性。"乔牧招了招手，示意警察把他带走，"在这之前，你得做好配合。"

"那是当然。"蔡奕点头同意。

林萌看他们走出房间，迅速地关上了门，向陈然和沈冰道："我们要找一样东西。"

沈冰从迷茫中回过神，问道："找什么？去哪里找？"

"应该是在这个房间里。摄像头。"林萌开始翻箱倒柜。

"摄像头？什么意思？"陈然挠了挠头。

"我觉得，陈修和郑立是童杰杀的，但老村长却未必。"林萌道，"不过，既然装扮山神的那一套东西藏在床底，而沈冰又住在这个房间。童杰在杀人的时候，要如何才能逃过沈冰的视线，来取这些东西呢？"

"安眠药！"陈然恍然大悟。

"光有安眠药不行，童杰得知道药效什么时候发作，沈冰睡着了没有。"林萌道，"我觉得，他应该在房间里安装了摄像头，用来把握情况。"

"是……这个吗？"沈冰抽出墙柜上的一本书，"以前就觉得这本书的位置有些不对劲，但却没有想太多。"

林萌接过来，发现这本书只是个空壳，打开，里面黏了部小巧的针孔摄像机。她摸出手机，将数据线插好，按下了播放键。

真相，显现在眼前。

蔡奕正在收拾行李。不管怎么说，这个案子算是结束了。虽然前期被童杰摆了一道，但自己挽救得还算不错。公司里，对他的追责估计也不会太严重吧。

门突然响了，他回过头，看到林萌和乔牧还有一群人走进了房内。

林萌双手插在裤袋里，看着蔡奕冷冷地问道："老村长死的那晚，你在哪里？"

"当然在睡觉。"蔡奕直视着林萌道,"陈晨可以作证。"

"她的证言有多大的说服力呢?"林萌冷笑道,"你在小屋的时候,说你怀疑童杰,去他的房间里搜寻证据,找到了装扮黑熊的东西,然后跟童杰起了争执,才杀死了他,对吧?"

蔡奕点了点头。

"可是自从童杰带着你们回到村子以后,他一直跟你们住在别的地方。这里住的一直是沈冰,为什么童杰要将装扮黑熊的东西藏在这个房间呢?他不怕被沈冰撞到吗?"

"这个问题,你应该问童杰才对。"

"说的也是,可惜童杰已经死了,他回答不了任何问题了。不过,下面这个问题你应该可以回答,你说在床底发现了装扮黑熊的东西,但我们进来的时候,那些东西却还在床底。也就是说,童杰和你发生冲突的时候,那些东西并没有拿出来。我觉得有些奇怪,仅仅因为你告诉他床底有那些东西,他就要杀你灭口?他为什么不告诉你,他不在这个房间住,不知道那些东西是谁放在那里的?而且,你们吵架的时候,陈然和沈冰就在外面敲门,在明知道房间外有人的状况下,杀你灭口有什么意义呢?"

蔡奕沉默了一会儿,道:"你怀疑我?"

"公司为了洗钱,在村子里制造泥石流,结果毁了大麻田,还搭进去了十多条人命。"林萌在木凳上坐了下来,"你们跟着童杰回到村民,并不是想再度论证项目的可行性,而是为了看看村子有没有觉察。对不对?"

蔡奕道:"这只是你的猜测。"

"没错,都是我的猜测。只不过,这种猜测却是建立在细节之上的推理。"林萌道,"童杰到了村子之后,知道了泥石流的真相。他是在村子里长大的,自然对村子有着很深的感情。虽然他跟老村长有分歧,但对于破坏村子,杀死村子里的人,他是不能容忍的。但是,由于村子里种有大麻,如果报警,势必还会牵连一部分村民。所以,他选择了假扮山神,对你们进行报复,杀了陈修和郑立两人。但是,接下来的事,和你讲的却并不同。老村长并不是童杰杀的,而是你杀的。"

蔡奕很镇定地笑道:"哦?为什么你会这么想?"

林萌自顾自地说了下去:"从表面上看,老村长和童杰势不两立。童杰想要开发村子,必须要过了老村长这一关,他有很强烈的杀人动机。但是,既然童杰知道了公司开发村子只是个幌子,而且泥石流也是公司搞出来的,他还有杀死老村长的动机吗?按照犯罪心理的角度来分析,连环命案的凶犯一般都有一个行凶模式。童杰杀死陈修和郑立,都是模仿山神杀人,向外界传递了一种两人有罪而遭到神罚的信息。但老村长的死,却是伪装成了蹩脚的自杀,跟前两起命案完全不是一个模式。这不得不让人怀疑,杀死老村长的另有其人。"

蔡奕沉吟了一下:"也许有另一种可能,童杰杀死老村长,是为了让警方认为凶手就是老村长,但是……"

"但是什么?"林萌冷笑,"但是由于童杰的疏忽,没有伪造好遗书,让警方发现了破绽?"

"难道不可以这么认为?"

"从陈修和郑立的那两起命案可以推断出,凶手有很强的心理素质,处事冷静,心思缜密,所以现场才几乎没有留下什么线索。而老村长的那件案子,凶手却显得疏忽大意。如果不是凶手故意为之,很难想象一个高智商的凶手为什么会突然变蠢了。"林萌顿了一下,"那么,如果是凶手故意为之,就不可能是童杰了,他不会把嫁祸别人的案子做得这么粗心。换句话说,是真正的凶手要我们以为老村长是童杰杀的。"

"那我有杀老村长的动机吗?要向公司复仇的是童杰,而不是老村长。"蔡奕道。

"你杀老村长是为了杀童杰。"林萌道,"换一种方式杀死老村长,会给警方造成一种错觉,认为凶手的惯性行凶模式发生改变,从而设下陷阱,以正当防卫的借口杀死童杰。你的安排其实也算可以,如果没有一些细节上的问题,几乎可以蒙混过去。不过你若是仔细想一下,不觉得杀死童杰有些太过轻松了吗?"

蔡奕猛地抬头,看着林萌。

"你是怎么发现童杰是凶手的,我们并不清楚。但你肯定跟踪了童杰,看他出入过沈冰住的那栋房间,才想要进去找寻证据,并设下了正当防卫的圈套。但是童杰杀死了陈修和郑立之后,为何没对陈晨和你下手?就算是你杀死了老村长之后,他知道了有人想要嫁祸给他,却依然没有加快复仇的进度,你不觉得这有些不合理吗?"

蔡奕的眼睛眯了起来,似乎在思考什么问题。

"他是在等你杀他。他对你进行了反跟踪,引你去了木屋,在你发现了他装扮山神的东西后,进入木屋并故意死在了你手中。对于童杰来讲,他的复仇对象并不仅仅是你们这几个人,而是整个公司。他杀死陈修和郑立,并故意露出破绽给你,就是为了将你拖下水,以他的死为契机,督促警方对公司进行彻查。这样一来,他用自己的性命换来了公司的崩溃。警方经侦方面已经开始对公司进行调查了，相信不久以后，你们公司只要是不怎么干净的人，都会得到应有的惩罚。"

蔡奕停了好长时间，道："对于没有证据的猜测，我一般不做回应。"

"陈晨已经交代了。"乔牧道，"那姑娘出乎意料地好审，经侦处的伙计告诉她目前查案的进度，只问了她不到四个小时，她已经把知道的一切都交代清楚了。作为你们副总裁的情人，她所知道的内幕远远超出了我们的意料。"

蔡奕第一次显出焦躁的神色："女人嘛，在你们的威逼之下，什么都能编造出来。我再次重申一遍，如果没有确凿的证据，我现在就要离开村子。你们还有什么事，可以跟公司的律师谈。"

"你走不了。"陈然抱着笔记本电脑走了上来。

"不想知道是什么让陈晨觉得大势已去了吗？"林萌看了蔡奕一眼，对陈然道，"放视频。"

屏幕亮了起来，是童杰的那栋木屋。

只停顿了数秒，门开了，蔡奕走了进来。他四处打量了一下，锁上房门，开始小心地搜寻着什么。十几分钟之后，他在床底发现了装扮山神的行头。紧接着，钥匙转动门锁的声音响起，童杰推门而入。

"被你发现了？"童杰面无表情地看着蔡奕。

"你知道了多少？要做到什么地步？"蔡奕反问。

"你们不死，我对不起村子。"

蔡奕耸了耸肩："你觉得你能对付得了公司？"

"没有把握，不过总得试一下。"

门外响起了敲门声，是沈冰和陈然。

童杰转身，似乎是想要开门。

"不好意思，你只能到这里了。"蔡奕扑了上去，手中的寒光没入童杰颈间。

不可思议的是，画面上童杰的嘴角漾起了一丝笑意，随即迅速隐去。他转过身，看着蔡奕，慢慢地倒了下去。

蔡奕将匕首从童杰颈间抽出，搭在他的手中，将指纹印在匕首之上。然后又将匕首抽出，丢到一旁，换上一副稍有惊慌的表情，打开了门。

沈冰发出一声惊叫，扑到童杰身边，试探着他的脉搏。陈然张大了嘴，看了看蔡奕，又看了看沈冰，不知道如何是好。

"他要杀我，推搡中我误伤了他。"蔡奕做出痛苦的表情。

"去喊林萌和乔警官！"沈冰头也不回地喊道。

陈然急急忙忙地转身跑开。

视频到这里结束了。

蔡奕沉默不语。

"你所做的一切，都在童杰的设计之中。他故意引你到那栋木屋里杀了他，并录下了你行凶的铁证。你杀了他，想将事态控制在最小的范围之内，不至于影响公司。却没想到，自己所有的努力，都成了射向公司的子弹。"林萌道，"事已至此，你还有何话可说？"

"是我低估了你们，"蔡奕叹了口气，"千里之堤毁于蚁穴，还有什么好说的？"

风吹过树叶的声音,水流过青石的声音,混合着湿润的空气缓缓流动,让人有种心旷神怡的感觉。林萌靠在一棵大树下,看着远处跟着村民们采摘野蘑菇的陈然,摇了摇头。陈然刚来的时候,似乎对这种世外桃源的景色并不怎么待见,但只是在这里待了几天之后,他似乎喜欢上了这里。

沈冰就在她身边,两个人已经沉默了很久,似乎都不知道从何说起。又过了一会儿,沈冰打破了僵局:"以后你们有空的话,随时都可以来玩。"

"村子里的人欢迎吗?"林萌的眼睛看着远方。

"你帮村子报了仇,他们自然欢迎。"

林萌停了一下:"你们村子真的很穷,我问了一下,大概人均年收入才两千多块钱。"

"是啊……所以童杰哥才会想要让公司开发村子。"

"你的学费是怎么解决的?"

"嗯?"

"你父母收入也不多,一年只有五千多的样子,怎么可能负担得起你在上海的学费?"

"这个啊……"

"村子里的大麻田,你父母是不是也有种?"

沈冰转过头,静静地看着林萌。而林萌却依旧望着远方。

"对于泥石流你早就有所怀疑吧,所以才会邀请我来村里。"林萌道,"我们刚一到村子,童杰就开始杀人了。那么,你邀请我来村子调查泥石流,大概只是一个幌子,而你真实的目的,是为了要我参与调查童杰杀人的案子。"

沈冰抿紧了嘴唇，并没有接话。

"很明显，童杰是到了村子之后，才知道了泥石流的真相。是谁告诉他的？只能是他比较信任的人。而穿上山神行头杀人，是他的想法还是某人的想法，我并不清楚。不过有一点我已经问明白了，还记得在木屋里发现的那套山神行头吗？我原本一直以为是凶手做了类似的东西，却没想到那套东西村子里一直都有。"林萌看了沈冰一眼，"是你父亲的，他在唱社戏的时候才穿，村里很多人都知道。"

"不知道童杰哥是怎么弄到手的。"沈冰轻声道。

"童杰怎么弄到手的，你应该最清楚。还有木屋里的纯净水，警方根据我的提示，在里面查出了安眠药。我本以为是童杰为了让你睡着，他方便换上山神行头去杀郑立。但是现在想想，那样未免也太蠢了。他在那栋木屋里既然有监控，你什么时候在，什么时候不在，自然一看便知，他还需要安眠药这种东西吗？而且，把安眠药下在纯净水里的话，非常容易反复饮用，喝下去的人难免会对水质起疑。我和陈然去找你，你第一次出现了服用安眠药的症状。我注意到，那个时候那桶纯净水已经下去大半了。你难道一点都没察觉到水有问题吗？"

沈冰道："你还想到什么？"

"郑立尸体上的大麻，我总觉得怪怪的。郑立和童杰都不吸食大麻，那大麻有什么理由出现呢？好像是被人刻意放在郑立身上的。我觉得，那是给蔡奕的一个提示。蔡奕在公司的四个人当中，不论心理素质还是体能，都是最好的。按道理说，童杰应该先杀了他才对。但是他却把蔡奕放在了最后，是要给蔡奕时间弄清楚谁是凶手吧。在陈修死后，蔡奕已经有了一些猜测和推断，但他还有一些细节想不清楚。郑立尸体上出现的大麻，促使他查清了村子里种植大麻的事情，并且很可能在杀死老村长之前，进行了一些审问。"林萌道，"蔡奕自己以为知道了真相，于是就开始营造正当防卫杀死童杰的假象。他在木屋里杀死了童杰，恰巧你和陈然都成了间接的证人。我问过陈然，他说是你提议去木屋的。但是怎么可能有那么多的巧合？蔡奕去木屋，碰到了回去的童杰，童杰进了木屋不久，你们就到了门外。这里人为设计的痕迹太明显了。蔡奕真可怜，他以为自己设下的圈套很巧妙，却没料到他的一举一动都在童杰的预料之中，自己反而成了猎物。我的疑问是，这个圈套是童杰独自布置的吗？还是说有你的协助？还是说整个村子都参与了此事？"

沈冰微笑，并不答话，而是转身看着跑过来的陈然。陈然手里拎着一大兜蘑菇，兴高采烈地道："萌萌，沈冰！你看我采了好多鲜蘑菇，我们回木屋，炖蘑菇汤喝怎么样？"

沈冰接过袋子，挑挑拣拣地拾出了一小半蘑菇，丢到了一旁。迎着陈然疑惑的目光，她笑了笑："他们没告诉你吗？这些蘑菇有毒，不能吃。"

陈然搔了搔头："啊，真的吗？我就是跟在他们身后采，可没注意那么多。要是你不说，我还真不知道呢。"

林萌发出了个意义不明的音节，往前走了两步，看向幽深的山谷。雾又悄无声息地出现了，犹如活物一般扭曲着，汇聚着，逐渐模糊了眼前的一切。不知从哪里又传来了悲凉落寞的歌声，萦绕在每个人的心中。

林萌努力地想去辨认歌词，却一无所获。

不过她很清楚地知道这首歌的名字，云上之歌。

少女侦探事件簿 II

何慕 著

文汇出版社

少女侦探事件簿

- 1
- 24
- 51
- 95
- 122
- 154
- 190

目录　CONTENTS

一·····················此间的少年
二·····················幻之樱
三·····················谁杀死了知更鸟
四·····················我寄人间雪满头
五·····················非关正义
六·····················偶像
七·····················黯刃骑士团

一 此间的少年

"社团?"林萌歪着头,看着眼前的男生。

是大三的学长,高高帅帅的,看起来很像回事儿。他说:"林同学入校之后,帮着警方破了好几起案子,在学校的推理迷中很有人气,不少同学都是你的粉丝。所以,我们一致决定邀请你加入推理社团。"

"不去,没时间。"林萌大大咧咧地回应。

学长似乎早料到会被拒绝,毕竟这位少女侦探的傲娇性子也是全校出了名的。他从口袋里摸出一张广告单,摊在林萌面前,道:"林同学,这是社团的介绍,麻烦你先看下再做决定?"

"社团一共只有四个人?全部是男生?"林萌瞄了眼海报,"我说学长,你邀请我去,是不是动机不纯啊。"

学长干笑两声,坐在了她面前的凳子上:"不瞒你说,推理社团到我手里,人越来越少了。指导老师说过,到这学期人数不满十个的话,就要把社团解散了。"

"那加上我,也才五个人……哦,你是想把我当幌子,吸引宅男们加入?"

"怎么样,林同学?你加入社团之后,就是社团的女神,社团的男生就随便你指使。"学长双手握在一起,作祷告状,"拜托了!"

"不去!"

"林同学,你想象一下登高一呼应者云集的样子……"

"喊!谁稀罕。"林萌做了个鬼脸。

入校已经第二年了,林萌还是第一次听说有推理社团。虽然她是比较喜欢出风头,但更喜欢无拘无束的感觉。上课她都嫌烦,更别说被一群人围着搞什么社团活动了。上课铃响了起来,她冲学长摊了摊手,表示爱莫能助。学长叹了口气,只好快步走出了教室。

林萌歪着头,看着学长的背影,心头涌起一丝复杂的情绪。就是那种顶峰俯瞰,高手寂寞,喜悦和失落交织在一起的情绪。她的嘴角禁不住微微扬起,骄傲的目光撞上了刚刚进入教室的老师。老师看到她的表情,皱起眉头吼道:"林萌!你给我站到走廊上去!作业又没交,你打算就这样混到毕业吗!"

林萌吐了下舌头,站起身走到了走廊里。她靠着墙壁,从口袋里摸出手机,准备玩一把数独游戏。眼角的余光刚好扫到那个学长,正站在拐角处,从口袋里摸出了一根香烟,塞到嘴里。那个学长看到了林萌,有些歉意地笑笑,把香烟丢到了垃圾桶里。

然后,他转身向楼上走去,到了社团活动室。活动室的面积不算小,足足有五十多平方米,但以前社团热闹的时候,这房间连一半人都坐不下。只不过现在……他走到空置的旧沙发上,躺了下去。离放学还早,睡一会儿好了。反正按照他们的建议,邀请过林萌了,没有邀请到，那也没办法呢。什么光荣与梦想，都已经随着颜露的死，凋谢殆尽了……

尸体仰躺在地板上，血从脑后的伤口里流出来，汇成了一摊不规则的半圆。法医已经检验过尸体了，致命伤就是后脑的凹陷形钝伤。林萌皱着眉头，看着那张毫无生气的脸，心里觉得很不舒服。

张翔道："看到熟人的尸体，感觉如何？"

"我跟他……不算熟，昨天见过一次而已。"林萌往后退了一步，"他是我学长、推理社团团长，昨天找我想要我加入社团。"

"哦，你先看看再说。"张翔摸出一支烟，塞进嘴里。

林萌起身，散乱的目光越过地上的尸体，停在不远处的桌子上。桌角上有块不大的血迹，已经凝固，像极了褐色的污渍。桌面上的血迹很少，更多的血迹则是顺着桌角流下，在桌腿上形成了几道纤细的痕迹。她摇摇头，脸色变得有些凝重。桌面上堆满杂物，好像很长时间没有整理过了。看来，说是推理社团活动室，应该很久没搞过活动了。林萌揉了揉鼻子，走向正对着门口的山墙。最上方的墙角，是个小百叶窗。接着往下，双开的玻璃窗几乎占据了整个墙壁。教学楼里的房间都有一个特点，因为要保证采光，窗子一般都很大。窗台上落满了灰尘，一些形态各异的奖杯诉说着这个社团往日的荣耀。林萌注意到窗台上有个四方形的痕迹，那里似乎少了一个奖杯？

她揉揉鼻子转过身，问道："大叔，警方觉得是意外？"

张翔夹着烟，指着林萌道："臭丫头，别把警察都想得那么无能好不好？"

林萌眯起了眼睛。

张翔道:"如果死者后脑磕在了桌角,那桌面上的血迹应该是溅射的,但桌面上甚至周围都没有血液溅射的痕迹,应该是抹上去的。还有,你刚才看了窗台对吧,那上面那个方块的痕迹,是少了一个底座的四方形奖杯。我们已经问过推理社团的团员,他们说少的那个是推理小说大赛的一等奖奖杯,铜质的,很沉。我觉得那个搞不好就是凶器。"

林萌道:"好吧,既然你都察觉到这么多了,还喊我来干嘛?该不会怀疑我是凶手吧。"

"那倒不至于。"张翔叹了口气,"我们发现尸体的时候,门窗都是反锁着的,从理论上来讲,这间屋子是密室状态。"

"密室?"

"法医干活儿的时候,发现钥匙在尸体的裤袋里。"

林萌蹲了下来,发现尸体的左手插在裤袋里,她皱了皱眉头,将尸体的左手拽了出来。一枚黄铜色的钥匙顺势跌落在地板上,发出清脆的声音。

她尴尬地吐了下舌头,回头看向张翔。

张翔道:"不碍事儿,我们同事查验尸体的时候,跟你犯了同样的错误。是我把手和戒指复位的,怕影响了你的判断。"

林萌没有回答,尸体的左手引起了她的注意。中指的第二段指骨上有块环形的印记,比周围的皮肤颜色要浅一些,那是长期戴戒指的结果。而在中指上消失了的戒指,却出现在了小拇指上,显得很不协调。林萌轻轻触碰了一下,戒指有些松动,取下来应该不成问题。是换到小拇指上不久的缘故吗?

她拾起黄铜色的钥匙，在手里掂了下。钥匙的造型有些古怪，一间活动室而已，门锁还要搞得这么复杂吗？

"没有其他钥匙？"林萌问道。

"没有。指导老师说，活动室的钥匙一直是陈一凡拿着的。"张翔道，"据说这间活动室以前是学校的财务室，用的德国造的老式锁，钥匙很不好配。"

"所以，你们觉得是密室。"林萌眯起眼睛，"凶器如果是丢了的奖杯，那这就是一起冲动型犯罪。在场地、时间都受限制的前提下，凶手还弄出了个密室，应该对本格推理小说比较熟悉吧。"

张翔道："剩下三个团员的嫌疑比较大。我们已经提审了他们，但是得到的信息不多。听说他们团长力邀你加入社团……"

"好说。"林萌打断了他的话，目光有意无意地又落在了陈一凡的左手上。

林萌拿起了一沓资料。陈一凡原先是个不良少年，大一下学期认识了当时的推理社团团长颜露，改了性子。颜露人长得漂亮，很有才气，号召力很强，社团里的团员大多都是冲着她来的。被疑为凶器的推理小说大赛的一等奖奖杯，也是那时候由颜露获得的。陈一凡跟颜露走得很近，曾经一度有传闻说他们两个在谈恋爱。好景不长的是，去年下学期，颜露得了肝癌，死在了医院里。而推理社团也随着颜露的去世逐渐凋零，团员们陆陆续续地离开，到现在只剩下了四个人。哦，不对，昨天陈一凡死后，只剩下了三个人，付晋华、张建、赵晟。

陈一凡的死亡时间初步推断为昨晚六点左右，而这三个人恰巧都没有不在场证明。室内没有打斗迹象、门锁没有被破坏，熟人作案的可能性很大，凶手就在这三个人当中吗？

陈一凡的戒指原本戴在中指上，表示正在热恋。后来戴在小拇指上，表示决定单身。陈一凡是个大学生，大学生戴戒指的不多。从他中指上的痕迹来看，戒指已经戴了很长一段时间，应该有些含义。那他在被杀前，把戒指从中指换到了小拇指，是什么原因呢？失恋了？可推理社团剩下的三个人，都是男生啊。林萌嘴角浮起恶趣味的笑容，虽然有那方面的可能，但对大学生来讲，还是重口味了点。

活动室的门突然开了，一个身材瘦小的男生走了进来。他没料到林萌会在房内，吓了一跳，结结巴巴地说："我……我来拿个东西。"

林萌歪着头，看着他没有说话。

男生走到桌子边，拉开抽屉，拿出了一沓纸，有些紧张地看着林萌。

"你是要拿走这沓纸？警方已经把这案子定性为他杀了吧。换句话说这间屋子是案发现场，里面所有的东西都不能擅自拿走。你这么干，不怕警方怀疑你是杀了陈一凡的凶手吗？"林萌故意装得很严肃。

男生愣了一下，连连摆手："不是，不是，你误会了，这是我写的小说。"

"你……是团员？"林萌问。

"是，是，我叫赵晟。"他把手里的那沓纸塞到林萌手里，道，"你看。"

林萌接过赵晟手里的稿子，翻了几页，巧了，写的也是密室杀人。诡计是自己在"塞壬之歌"那个案子里发现的那种。文笔嘛……跟海岛上那群话剧团员排练的话剧一样烂。

赵晟搓着手，有些不安："我看门口没警察了，就想着把小说拿走，没料到你竟然在。"

"哦，站岗的警察大叔吃饭去了，我在这屋里瞅瞅。"林萌把小说稿子还给赵晟，眯起眼笑道，"学长，你小说写得不错啊。"

"你喜欢？"赵晟脸色发红，"你注意到了吗？我这篇小说其实写的就是你，是你当初在海岛别墅上的那个案子，我还专门看了《塞壬之歌》的剧本……"

"学长，为什么要拿走小说呢？不怕被当成作案后返回现场的凶手吗？"林萌打断他的话。

赵晟挠了挠头，在桌旁坐了下来："其实……我跟陈一凡前几天吵过架，听说这次的案子是密室，我的这篇小说又刚好写的就是密室，我怕……我怕警方怀疑是我杀了他。"

"吵架？因为什么？"

"社团的经费，他想拿来给颜露办个追忆会。"赵晟摊了摊手，"人都死了一年了，有什么意义？办完追忆会怎么办，社团直接散伙吗？我提议，邀请你加入社团，用一部分经费搞个欢迎仪式。"

"欢迎我？"林萌重复道，她隐约觉得哪里不对劲。

"嗯，虽然开始陈一凡反对，还跟我大吵了一架，但付晋华也支持我，他才不得不妥协了。"赵晟道，"后来……你没同意他的邀请，我还想着是不是他态度不够诚恳的缘故，想要再试一次。谁知道他就被杀了。"

林萌意识到了问题。她沉吟了一下，问道："学长，陈一凡在颜露死后，没有谈恋爱吗？"

"没啊，他整天嘴里都是颜露颜露的，怎么可能有女生受得了他？"

"那陈一凡戴戒指的事情，你知道吧？"

"知道，那枚戒指是颜露送给他的。颜露死后，他就一直戴在中指上，说什么永远爱她。"

"是这样吗？"林萌眼中的迷惑更浓了，"那他是什么时候把戒指从中指换到小拇指上的？"

"换到小拇指？"赵晟愣了，"那倒没注意。"

奇怪了，既然陈一凡心里一直有颜露，为什么把戒指换到了小拇指上呢？到底发生了什么事，让他改变了对颜露的态度？

"林……同学？"赵晟试探着问，"对于这次的密室，你有什么想法？"

"嗯……还没有，你呢？"林萌反问。

赵晟有些兴奋地走到门口："在门锁上动手脚就可以了。"

林萌靠了过去："说来听听。"

赵晟扭开门锁："你看，这种锁属于双舌锁。想要反锁房门，除了在门外用钥匙之外，在门内旋转旋钮也可以反锁。而这个案子之所以被警方判定为密室，是因为门窗反锁，而钥匙又在室内。凶手杀死陈一凡之后，如何反锁门窗后离开房间，是解决这个案子的关键。我想到一种办法，不用钥匙也可以反锁上门。

"按常理来说，凶手只有在室内，将门关上，将旋钮扭到水平的位置，才能反锁房门。但其实凶手先将旋钮稍稍地扭得倾斜一点，也可以关门出去。当然，这种状态下，房门还是虚掩的，一推就开。不过，只要做点手脚，就可以让旋钮自动扭到水平的位置。"

赵晟动手，将旋钮弄得倾斜一点，推上了门，然后从口袋里掏出一个细线，挽了圈套在旋钮的上方，扭头看着林萌："凶手只要在细线的另一头绑上冰块，然后将冰块黏在门上，让冰块和旋钮之间的细线保持较为松散的状态，然后走出房间关上门。一段时间过去后，冰块会开始融化，从门上脱落，拉动细线，带动旋钮，反锁上门。到最后，冰块会完全融化消失，形成完美的密室。"

林萌蹲下身子，摸了摸门，却摇了摇头。

"你觉得有漏洞？"赵晟有些紧张。

"胶水不溶于水。"

赵晟愣了一下，学着林萌的样子，摸了摸门，脸上露出尴尬的笑容。如果冰块是被黏在门上的，在冰块开始融化脱落后，门上应该有不少残存的胶水。

"嗯……或许冰块是直接冻在门上的。"赵晟有些犹豫。

"冬天的话，有可能。但现在是春天，要用很复杂的工具。"林萌道，"而且，旋钮和冰块之间的细线，警方也并未发现。"

"或许……是警方疏忽了。也或许是凶手用了不为人知的办法，从门外把细线弄走了。"

"有些牵强哦。"林萌眯起眼笑道。

赵晟有些不好意思，又挠了挠头。

"那，我们先不说密室的事情。除了跟你吵过架，陈一凡还跟谁有矛盾吗？"林萌问道。

"他以前整天惹是生非，但加入推理社团之后，收敛了很多。人虽然懒懒散散的，经常被老师骂，但好像也没什么仇人。"赵晟犹豫了一下，"其实，陈一凡说过，颜露生病住院的时候，一直在写一篇小说。那篇小说写得很好，本格推理的核心，社会推理的架子。要是拿去参加推理小说大赛，应该会获奖的。"

"哦？那为什么没参加？"

"陈一凡说，那篇小说好像影射了一些人，颜露觉得发表了不太妥当。"赵晟小心翼翼道，"陈一凡被杀，会不会是因为那篇小说？"

面前的中年男人西装革履，头发梳得一丝不苟，指甲剪得很短，指缝间还有些白色的粉末。他皱着眉头，看着林萌，似乎很不理解眼前的这个学生为什么会对凶杀案感兴趣。他冷哼了一声，端起茶杯喝了一口："谁允许你调查了？啊？"

"警方。"林萌脸色也很严肃。她太清楚这种大人了，总以为年龄就代表一切，而且只要手上有点权力，就一定要运用到极致。

中年男人有些不快："哼，现在的警察也真是乱来，怎么能让大学生去查案？出事了怎么办？回头我得跟他们领导谈谈。"

"老师，我这不算正式查案，就是帮警方搜集点资料。"林萌道，"作为推理社团的指导老师，你知道颜露写的那篇小说吗？"

"不过是小孩子闹着玩，我一再跟他们强调，社团活动不能影响学习。"老师瞄了眼墙上的时钟，"再过八分钟就要上课了。"

"那你知道那篇小说？"

"不知道。他们写的小说我都看过，能入眼的没几篇。都太阴暗、太变态。整天琢磨着杀人，不被发现，这还能得了？作为学生，正值青春年少，多写些积极向上的东西才对吧。"老师发自肺腑地叹了口气,"我跟他们说了好几次,可就是没人听。"

林萌有点想离开了,她觉得找这个指导老师,根本就是一个错误。

"哎,哎,哎,那个谁,你知道颜露死前写的那篇小说吗?"老师的目光越过林萌,看向后面。

林萌扭头,门口站着一个学长。他似乎有些不耐烦的样子,懒懒散散地走了过来。

"你们聊吧,我先去班里看下。"老师夹起课本走了出去。

"你好,我是林萌。"林萌向学长伸出了手。

学长的双手却插在口袋里,连掏出来的意思都没有:"哦,闻名不如见面,不过是个小丫头片子。"

林萌脸上仍堆着笑容:"听老师刚才的语气,学长也应该是推理社团的人吧,让我猜猜,是张建对吧?"

张建皱了下眉头:"你认识我?"

"学长你知道颜露的那篇小说吗?"林萌没有回答,而是问他道。社团还剩三个人,见过了赵晟,听说付晋华跟他一起建议陈一凡找自己加入社团,那对自己态度不友好的不是张建是谁呢?

"都是陈一凡在说,谁知道颜露到底写了没有。"张建哼了一声,"我听说警方一直在纠结密室的事儿,对吧?"

林萌歪着头道:"对啊,怎么学长有想法了?"

"何止是想法。我已经破解密室了!"他挥了下手,"其实非常简单!凶手根本不必进房间杀掉陈一凡,在门外就可以!"

林萌微微笑着,没有说话。

"陈一凡胆子并不大,那天估计是凶手穿上女装,戴上假发,搞得很像颜露，隔着窗户再用灯光什么的吓吓他，他往后退，不小心脑袋磕到桌角上，死了！"张建很骄傲地道。

林萌嘻嘻笑道："学长，你是脑残吗？"

"什么？你竟敢怀疑我的推理！"张建愤怒道。

"陈一凡的死亡时间被法医核定为十八点左右，那时候天色还比较亮。大白天化装成一个死者很熟悉的人并且能吓到死者，凶手会传说中的易容术吗？"林萌一口气说完，看着张建。

"凡事皆有可能！陈一凡可能慌张中看错了！我一直觉得颜露的死跟他有些关系，他肯定是做贼心虚，被吓到了！"张建把头扭到一边，不看林萌。

"凶器初步推断为一座丢失的奖杯，而不是桌角。请问推理社团员，陈一凡就算被凶手吓到了，为什么会跑到窗台边，拿起奖杯砸伤自己的后脑，然后再运用乾坤大挪移把奖杯运送出屋子？"

"这……可能是他有什么我们所不了解的苦衷吧！"张建瞪着林萌。

林萌叹了口气，问道："学长，你刚才说颜露的死跟陈一凡有关是什么意思？"

"你注意到了吗？他们两个在恋爱啊，因爱成恨杀掉恋人不是很正常的事情吗？"

林萌又叹了口气，道："同学，你刚才说的这些不是在开玩笑吗？"

张建作四十五度仰视状，没有回答。

林萌站在房间中央，双手插进裤袋，歪头看着地板上的白色现场痕迹固定线。从现场的痕迹来推断，凶手并不是那种故意布置密室来挑战警方的脑残。凶手的目的，应该是为了强调陈一凡死于意外。布置密室，需要一定的推理技巧，而且死者又是推理社团的团长，相对来说团员的嫌疑要大些。

只是，陈一凡为何在死前对颜露的态度大变呢？又或者，戒指从中指换到小拇指，是为了拒绝某人的追求吗？林萌摇了摇头，站在这里瞎想没什么用处，还是得找相关人士问一下比较好。

她冲门口值班的警察点了点头，走出了房间。天色已经稍稍暗了下来，学校里人已经不多了。她穿过空旷的操场，看到陈然在学校门口等她。

"你要我调查的事情，我问了个大概。"陈然道，"在颜露生病的那段时间，陈一凡天天都去照顾她。颜露的家人似乎对陈一凡也有些好感，并不干涉两人的交往。但是关于颜露的小说，却没什么确切的消息。好多以前的团员都说知道颜露生病期间在写小说，但没有人读过。而且整理遗物的时候，她的家人也没有发现小说。"

林萌道："也就是说，只有陈一凡才知道那篇小说的下落？"

"可他已经死了。"陈然道，"怎么样，密室破解了吗？"

"没。"林萌有些意外，"咦？你怎么关心起密室的问题了？"

"我才不关心呢。"陈然舔了下发干的嘴唇，"就是他们都在谣传，说这案子的密室诡计是颜露那篇消失的小说里的，还说这是你跟颜露的对决，我才随口问了下。"

"颜露小说里的？不是说大家都没看过那篇小说吗？这谣言是从哪里流传出来的？"林萌不解地问道。

"谁知道呢？应该是那些无聊的同学想出来的吧。"陈然道，"接下来呢，要我去查什么？"

林萌歪过头，看着他笑道："干劲儿挺大啊，不像你哦。"

陈然还没回话，前面转弯处急匆匆地走过来一个人，跟他撞了个满怀。那人连声说了几句对不起之后，突然对林萌道："啊，好巧，是林同学吗？"

林萌揉了揉鼻子。

那人笑道："我是付晋华，赵晟说他跟你提起过我，怎么样，密室的案子有什么进展？"

"我们已经快破解密室了！"陈然在一旁应声道。

林萌歪着头，看了付晋华一会儿，笑道："陈然骗你呢，还没什么进展。怎么，你守在这里等半天，就是为了告诉我你的推理吗？"

付晋华愣住了，道："没有啊……我是恰巧遇到你的。"

"拐角的地方光线还好，你撞上陈然的时候速度也并不快。最关键的是，你在撞上陈然之前，就双手抱怀护着自己，这若不是你走路的特殊风格，那就是你预料到会撞到他。"林萌嘻嘻笑道。

付晋华有些尴尬："好吧……其实是我想到了怎么样来解决密室，但是又不知道自己的想法对不对。如果郑重其事地找你去说，万一不是那个样子，未免显得有些自以为是。所以想到用偶遇这个法子。"

陈然哼了一声，他对刻意接近林萌的男生都有些敌意。

"我听说，陈一凡是死在屋子中间的，致命伤是脑后的钝伤。社团的活动室我比较熟悉，想到了一种方法，不用进入房间，就能杀死陈一凡。"付晋华道，从口袋里拿出一张白纸，摊在地上。

白纸上画着活动室的平面图，笔法虽然有些拙劣，好在细节面面俱到。中间横躺的小人儿代表陈一凡的尸体，而染有血迹的桌子和另一侧窗台上的奖杯，都标注得很清楚。付晋华指着房间靠近走廊的一角道："不知道你注意了没有，这个地方有个通气的百叶窗。"

"注意到了，不过百叶窗很小，人是不可能通过的。"林萌看着平面图，心里涌起了一股异样的感觉。

"不，人不用从这里通过，凶器可以从这里通过就行。"付晋华道，"案发时间在十八点左右，凶手事先可以把百叶窗的螺丝拧松，搬上一把凳子，站在百叶窗那里。等到陈一凡背对自己的时候，凶手将百叶窗取下，用一根足够长的铁棒，从百叶窗的洞口伸进去，猛戳陈一凡的后脑，将他杀死。然后凶手再伸进一根铁棒，用两根铁棒夹起获奖奖杯，带出窗外，营造出凶器是奖杯的假象。这里面有一个关键的验证环节，就是百叶窗有没有拆卸过的痕迹。但那间屋子是命案现场，我去跟警方说的话……"

"你是说害怕警察不会因为一个普通大学生的话而去调查吧。"林萌眨了眨眼，"学长，我觉得你是害怕自己这个诡计一旦被证明是错，会影响自己的名声吧。"

付晋华有些窘迫，道："也不是这样，就是对自己没把握，不想兴师动众罢了。"

林萌干脆道："没问题，明天我请警方去验证，如果百叶窗被拆卸过，就说是你的想法，如果没被拆卸过，就不提你的事儿，好吧？"

付晋华松了口气，林萌却继续道："不过学长，作为答谢，你得老老实实回答我几个问题。第一个，为什么你们社团团长死了，作为团员却不怎么悲伤？"

付晋华面有难色，道："这个……陈一凡跟我们关系并不是很好。他跟原来的团长颜露走得很近，两个人的关系……在外人看来完全是男女朋友。其实团员们对这点也颇有微词，但指导老师不管，社团经费又是颜露小说的稿费，才没有人提到桌面上。颜露生病那段时间，社团的事儿陈一凡完全不管不问，一直陪着颜露。社团的事儿都是张建在处理，但到了最后，颜露反而指定陈一凡当了团长，好多人都不服气，一个个退出了社团……"

"等等，你是说张建处理社团事务？"林萌想到了他那副脑残嘴脸，笑道，"一个自以为是、狗屁不通的家伙，能处理得好吗？"

"你是说张建？自以为是？狗屁不通？"付晋华的眼神疑惑起来，"不会吧，他能力很强的啊。而且他对社团的事情很热心的，整天说些梦想啊什么的来鼓励我们。"

林萌犹豫了一下，摆手道："没事儿。第二个问题，我看你们的指导老师并不怎么热心社团的事儿。"

"他也没办法的。学校好多老师对推理社团都不怎么待见，他们觉得大学生沉迷于钻研杀人方法，不是个好现象。据说还有家长专门找院长，要学校解散社团。指导老师本来就是颜露找来的，挂个名儿，后来随着颜露的那篇小说得奖，社团的影响变大，他受到的压力也不小。颜露死后，推理社团的光芒不再，他一度考虑过解散社团的。"

"每个人都有自己的苦衷啊。"陈然忍不住插话。

"好，第三个问题。用作社团经费的颜露获奖的那篇小说奖金，数额是多少？"

"五万。"

"这么多？那账目是谁在打理？"

"陈一凡啊。他跟颜露的关系在那里放着，不可能让别人插手的。"

"账目清楚吗？"

"虽说名义上是社团经费，但那到底是颜露的钱，没人好意思去关心账目的。"付晋华忍不住道，"你怀疑有人贪图社团经费而杀了陈一凡吗？五万块钱虽然不少，但对大学生来说，杀人的代价也太大了吧。"

"说的是呢。"林萌淡淡道，眼睛却看着一盏盏亮起的路灯。

再次来到活动室，林萌靠在走廊的围栏上，凝视着百叶窗。鉴证科的大叔已经来过现场，百叶窗并没有被拆卸过，付晋华的推理不成立。不过警方却在百叶窗上发现了另外的痕迹，紧接着，应林萌的要求，在对面的空调排气管上，发现了相似的痕迹。

密室已破。

其实这个密室的诡计并不复杂，如果不是当初自己被陈一凡的戒指吸引了注意力，应该早就破解了。这是起冲动型犯罪，凶器在活动室内，布置密室的东西应该比较常见，很可能当时就在房间内。林萌发动警察大叔们把活动室翻了一遍，找到了那样东西。

凶手是谁，也大致猜得七七八八了，他故意掩饰自己，反而欲盖弥彰。就等陈然去编辑部核实结果了，或许这件简单的密室案子背后，有着一个不怎么简单的故事。

指导老师习惯性地拍了拍手，漾起一阵白色的粉尘。屋内的光线很暗，勉强看得清人。今晚被警察喊来，说是要在案发现场破解密室。虽然对这种故弄玄虚的作秀有些不以为然，但他还是来了。他知道，这件案子结束后，社团就会名正言顺地解散了。就算有过荣获全国推理小说大奖的光荣历史，恐怕两三年之后，也没人记得这个社团了。他叹了口气，看着站在中间的那个少女，恍惚中跟颜露重叠在了一起，一丝异样的伤感浮上了心头。

"在解开密室之前，我先说些不相关的事情。"林萌低着头，"推理社团最大的光荣，就是颜露那篇获奖的小说。不但为社团赢得了五万元的稿酬作为经费，更是带来了不少的人气。学校也是因为这方面的原因，才没有正式表态取缔社团的，对吧，老师？"

指导老师看到所有人的目光都望向自己，不由地点了点头。

陈然干咳了一声："我去举办推理小说大奖赛的杂志社问过，当时的责编很肯定地告诉我，与他通过话的作者是个男的。在推理社团声称颜露是那篇小说作者的时候，他本来打算披露这件事，但小说的作者却又打来电话，要求他保密。"

众人的表情都很惊讶，赵晟道："怎么可能！那篇小说的作者如果不是颜露，会是谁？"

林萌道："不知道。我们查了领取奖金的票据，当时用的是颜露的身份证。也就是说，颜露冒名顶替这件事，得到了小说原作者的允许。而颜露在拿到稿酬以后，对外宣布将全部稿酬都当作了社团经费的这一举动，让我怀疑，小说的原作者可能就是推理团团员。"

"难道小说的原作者是陈一凡？"赵晟道。

林萌摇头："从心理学上来讲，陈一凡的可能性不大。在陈一凡的心中，颜露是第一位，推理社团是第二位。如果他是小说原作者，或许出于爱慕会将荣誉让给颜露，但至于稿费如何处理，他会更倾向于把钱花在颜露身上，而不是捐给社团当作经费。而后来颜露生病期间，他确实也这么做了。我请张翔大叔查阅了医院的缴费单，并且询问了颜露的父母，大量证据表明，颜露的医药费中，有四万多是陈一凡支付的。他一个大学生，哪里来的这么大一笔钱？只可能是那笔稿酬。

"其实案发现场里有个细节让我产生过疑问。凶手将房间布置成密室，是为了伪造陈一凡的死是意外的假象。但是他将血迹抹在了桌角上，却将凶器奖杯带了出去。一个有能力布置密室的凶手，为何不把奖杯留下，造成陈一凡失足跌倒，后脑撞到奖杯底座而死的假象？虽然这样布置有些巧合，但总比冒着风险被鉴证科识破强得多吧。那凶手犯下这个错误，是不是因为奖杯对他来说，有着另外的意义呢？我怀疑小说的原作者和凶手是同一个人。

"根据稿费的用途，我们可以得知，在小说的原作者心中，推理社团比颜露重要。他应该觉得，如何挽救即将被解散的推理社团，要比办什么颜露的追忆会重要得多，况且颜露还是依靠他的小说才成为明星的。陈一凡邀请过我参加推理社团，但是我拒绝了。之后陈一凡就回到了这间活动室，凶手来找他，可能因对社团未来的担忧或者其他原因产生了争执，一怒之下用载满了社团荣誉的奖杯砸向了陈一凡，杀死了他。"

林萌转向赵晟，道："觉不觉得我像是在说你？"

赵晟苦笑："林……同学，不要开玩笑，我不是凶手。"

林萌继续道："根据犯罪心理画像，凶手拥有娴熟的本格推理技巧，并且对社团的事务很上心，跟你很像啊。"

赵晟连连摆手："不是，不是，我真的不是凶手。"

林萌道："对，你如果是凶手，就不会跟我分享如何破解密室的猜想了。凶手会下意识地隐藏自己的实力，让人觉得他没有能力布置密室。所以，张建，你才是凶手。"

众人一起望向张建，他却静静地待在阴影中。隔了好一会儿，平淡的声音才在阴影中响起："密室，你破解开了？"

林萌拍了拍手，房间内亮了。众人这才看清，一条细细的钓鱼线悬在房内。钓鱼线的一端穿过了百叶窗，另一端穿过空调的出风口，顺着出水管伸出墙外，消失在视线之中。而中段的钓鱼线，却奇妙地穿过了林萌的指缝，形成了两边大中间低的"V"形。

一声清脆的响声过后，一枚黄铜色的钥匙顺着钓鱼线稳稳地滑向林萌，林萌松开手，任钥匙滑到指缝停下。她张开手掌，众人清楚地看到钥匙停在小拇指的戒指旁。紧接着，百叶窗那端的钓鱼线突然一沉，像是被人从外面剪断了。然后，近似透明的钓鱼线开始迅速地抽动，穿在钓鱼线上的钥匙被戒指所阻挡，始终无法越过小拇指。眨眼间，钓鱼线的一端从戒指与小拇指的细缝间穿过，钥匙滑落下来，掉到了林萌的手掌内。

房间内响起孤零零的掌声，张建走出阴影，道："不愧是林萌，如何想到这个诡计的？"

"陈一凡的戒指原本戴在中指上的，后来换到了小拇指上。我一直以为是因为他对颜露的态度有所改变，才换了戒指的位置。但白天警方调查百叶窗的时候，发现了上面的划痕。而对面空调的出风口和排水管，出现了同样的划痕。我突然想到，或许戒指不是陈一凡换的，而是凶手换的。为的是在戒指和手指间留出空隙，让鱼线穿过。凶手杀死陈一凡后，将陈一凡的手插进裤袋，用一根钓鱼线穿过戒指、牛仔裤、百叶窗和空调出水管，并经过楼上的房间，形成了一个密闭的圆。然后，凶手用钥匙反锁好门，套在细线上滑进房间，等钥匙滑到小拇指的戒指上卡住后，剪断细线并抽了出来。牛仔裤的针脚比较大，钓鱼线穿过后的痕迹并不明显，而百叶窗和空调出水管并不起眼，很容易被忽视。如果查案的警方稍有疏忽，就会当成意外来处理了。

"我怀疑到你，是付晋华提醒了我。颜露生病期间，陈一凡在照顾她，社团是你在打理。当时我觉得挺搞笑，毕竟你给我的印象愚不可及，怎么能打理好推理社团？但后来通过侧面了解，那些老团员们虽然对你的评价褒贬不一，但都是集中在你的性格方面，对于你的能力，却没人质疑。那么，一个有能力的人，为什么要说出那么可笑的密室破解方法？难道不是在隐藏你的实力？"

"就凭这一点？未免太草率了吧。"张建冷声道。

"那是自然。小说获奖的时候，你们所有团员都对颜露说了一句祝福的话，碰巧付晋华的手机里还保存着。我们把这段音频给当初的责编听了，他很肯定你的声音跟小说的原作者最像。"张翔道。

"这只能说明我是小说作者，并不能证明我是凶手。警察办案，是要讲究证据的吧。"张建讥讽道。

"好说，我们根据林萌的建议，对你教室里的座位、寝室里的储物柜这些地方进行了搜查，最后在你的鞋柜里发现了凶器奖杯，经过化验，上面有陈一凡的血迹残留和你的指纹。"张翔道，"还有什么要说的？"

张建沉默了一会儿，道："或许从我决定要把荣誉让给颜露的那一刻起，就不该在意那座奖杯了。其实你说错了，林萌。那篇获奖的小说，我并不是唯一的作者。那里面的诡计和故事大纲，是颜露、陈一凡我们三个讨论出来的，当然小说是由我执笔完成的。能获奖，我们都很开心，当时的推理社团团员很少，陈一凡提议不如我们将颜露捧成明星，来聚拢一下人气。女生嘛，人漂亮，又活泼，再加上一个全国性的荣誉，很容易会成为话题。五万元稿酬，我们经过讨论，决定当作推理社团的经费，来给更多爱好推理的同学搭建平台。有了名气和金钱，社团发展得很快，半年时间就有了六十多名团员。但不久以后，颜露就生病了。陈一凡撂下社团的事不管，跑去照顾颜露，只有我在勉强维持。然后，颜露死了，陈一凡当了团长。本来我以为他会努力去实现颜露的梦想，继续发展推理社团，但他却像丢了魂一样，根本没心思做任何事。翘课、喝酒、打架……他又变成了原先的不良少年。我们争执了好几次，他也没什么改变。后来团员纷纷离开，只剩下了四个人。我听说赵晟和付晋华提议邀请林萌加入社团，而他却草草应付了事。那一刻我就明白了，他把社团当成了回忆颜露的道具，根本不在乎社团的未来。对他来说，社团的人都走完了才好，留得他抱着那座奖杯，整天矫情地怀念和颜露的过去。于是，我找到了他，威胁他如果不能邀请你加入社团，就曝光小说的事和他挪用社团经费支付颜露医药费的事，扒下颜露身上所有的光环。他听了之后，非常愤怒，抓起了那座奖杯想砸我，推搡之间，我抢过奖杯，失手砸死了他。"

"为什么必须邀请林萌加入社团？"陈然不满地问道。他觉得这个样子，好像一切都是林萌的错。

"他们是想把我当成第二个颜露，包装成明星，让社团再度热闹起来。"林萌道,一点愧疚的意思也没有,"我就是我,我不会为了谁的梦想而去做自己不喜欢的事情。"

张建叹了口气:"说的也是,把自己的梦想寄托在别人身上,无疑是很愚蠢的做法。"

众人的背影消失在楼梯的转角,林萌转身,看着隐藏在黑暗中的身影,淡淡地道:"出来吧,富二代。"

赖泽锋微笑着踱步而出,站在昏黄的灯光下:"又破了一件案子,感觉如何?"

林萌歪着头,看着他道:"富二代,你说梦想与爱情,究竟哪一个重要?"

赖泽锋笑笑,淡淡地道:"你听过这句话没有。这世界上最大的骗子就是梦想,而与他一起狼狈为奸的,就是我们一再提起的爱情。"

"你今晚怎么怪怪的?"

"没有,只是想起了一件旧事,还记得我们刚认识时的那个案子吗?"

"你是说逆刃刀那个案子?你当时说有一件困扰了你很多年的案子。"

"是的。"赖泽锋有些惆怅,"怎么,现在还是没兴趣?"

林萌沉默了好久,抬起头勉强笑道:"我要再考虑考虑。"

二 幻之樱

凌晨三点半,照例又巡视到了这里。

李强打了个哈欠,推了推面前的自动门。好吧,又推不动了。已经出现过好几次这样的状况了,工程部的人是干什么吃的?他摇了摇头,举起手电,透过自动门上的钢化玻璃窗向里面照去。一切如常,除了光线有些暗。

展馆的空间很宽阔,但从玻璃窗看进去,视线所及却很有限。十几步外的墙上,那幅《幻之樱》在昏暗的手电筒光线下,斑斓的色彩愈加隐晦不清。李强摇了摇头,都说这幅画是佳作,但他却看不出什么名堂。不过换句话说,身为展馆保安,里面的绝大多数油画他都看不出什么名堂。艺术这玩意儿,大概就是那些有钱人用来显示自己格调的东西吧。他摇着头,打着哈欠离开了。

林萌歪着头,看着墙上的《幻之樱》。不知道为什么,她总觉得这幅画有种说不出来的感觉。那些热情绚丽的色彩下面,似乎流淌着某种阴冷刻骨的气息。她蹲下身，仔细观察着油画下方的尸体。

是个年轻女人，穿着裁剪得当的牙白色休闲西装，纤细的脚上只剩下一只高跟鞋。腹部渗出来的血液，在周围的地板上凝成了一朵绽放的鲜花。一道断断续续的血痕从身下蜿蜒而出，消失在远处拐角。

"黄樱，"张翔点了一根烟，"据说她很有天赋。这次画展，她的《幻之樱》算是主打作品。可惜啊，她本人却在画展的第一天，死在了自己的作品下面。"

人生总是充满了各种突然，林萌没由来地想起了这样一句话。她顺着血迹向前走去，在拐角处发现了另一只高跟鞋，黄樱应该是在这里被刺中的。

张翔接着道："死者全身只有腹部一处锐器伤，死因是大量出血。由于案发地点是公共场合，人流量较大，脚印和指纹没有什么参考价值，我们是从死者的人际关系网开始调查的……"

"大叔，"林萌眨了眨眼，"这么正式的案情报告还是留给你领导听吧，你就说说这案子有什么奇怪的地方，要是一般的命案，我可是一点兴趣都没有。"

张翔有些愠怒："臭丫头，嘚瑟什么啊。这案子本来不想找你的。可是在做问询的时候，发现了个莫名其妙的地方。鉴证科的伙计们已经确定了，黄樱的死亡时间在凌晨三点左右，死亡地点就是《幻之樱》的下面。但是在凌晨三点半的时候，展馆的保安李强巡夜，在门口用手电向展馆内照射，却并未发现尸体。"

"什么意思？保安巡夜，为什么不进展馆？"

"这次画展一共有三个展馆，《幻之樱》在二号展馆。保安巡夜到这里时，发现自动门发生了故障。不过虽然门开不了，但这幅《幻之樱》悬挂的位置刚好对着门口，保安从自动门上的钢化玻璃窗往里看了，《幻之樱》附近的地面并无异常，别说尸体，连血迹都没有。"

"……这可有点惊悚的意思了，"林萌舔着嘴唇道，"会不会是凶手在别处杀死黄樱，等保安巡夜过后，把尸体挪到了《幻之樱》下面？"

"不可能。鉴证科的伙计们说现场没有人为破坏的迹象，而且根据血液干涸的形状、尸体的状态，黄樱就是死在《幻之樱》下面的。"

"那后来尸体是谁发现的？"

"报道画展的记者，他们提前入场，要拍一些展馆的空镜头，结果一进来就发现了尸体，现在已经有好几家报社和电视台报道了。"

"也就是说，凌晨三点左右，凶手在《幻之樱》下杀死了黄樱。然后三点半保安巡夜的时候，尸体却消失了。直到今天早上开馆，尸体又突然出现了？"

"是啊。"张翔有些烦躁，"这个超越常理的事情，根本来不及保密就给媒体知道了。现在外面都很关注这案子，什么灵异事件、诅咒画作在网上炒得乱七八糟。上头给我打了招呼，要我尽快破案，要不然就不会找你这个小丫头了。"

"这样啊……"林萌沉吟起来。

"丫头，我还得去问几个人，这些东西你慢慢看。"张翔把一沓资料塞给林萌，"有线索马上告诉我，明白吗？"

林萌耸了耸肩，沿着地上的血迹走到孤零零的高跟鞋那儿。如果说黄樱是在这里被刺中的，那当时她为什么不与凶手搏斗或者呼喊求救，而是挣扎着爬向自己的画作呢？而凶手又为什么任由黄樱爬行了十多米，而不再补上一刀呢？

这不合常理啊……

张翔留下的资料，只不过是些基本背景。黄樱出生在广西的一个贫瘠小镇，以优异的成绩考入了中央美院，并显露出了油画方面的天赋。毕业之后，她的画作得到了圈内大师的肯定，假以时日，或许就是画坛上一颗璀璨的新星。可惜的是，这颗新星尚未升起，就已经坠落。

警方梳理出来的嫌疑人，只有三四个。但无论怀疑谁，尸体是如何消失的，都是个绕不过去的谜题。保安给假口供的可能性不大，任何智商健全的人，撒谎的时候都不会让事情听起来匪夷所思。鉴证科弄错的可能性更小，毕竟是专业人士，在这么简单的问题上犯错根本无法原谅。

那么，凶手是用了什么诡计，使尸体消失了一个多小时呢？他这么做，又是出于什么目的呢？

"怎么，想到了什么？"赖泽锋的声音在身后响起。

"你来干吗？"林萌转身，好奇地看着他。

"这次画展，我父亲是赞助商之一。"赖泽锋道。

"嘀，富二代，你爹兴趣倒是广泛啊。"林萌挖苦道，"那……死去的黄樱你认识？"

"不认识，不过我倒是看过那幅《幻之樱》。"赖泽锋道，"我问了张翔，知道你在这里，就赶了过来。"

"你赶过来有什么用？以你的智商能帮上什么忙？"林萌继续损他。

赖泽锋摸出手机，道："我把保安李强叫来。"

林萌耸了耸肩，走到了自动门前。她注意到，外面天色已经暗了，展馆里的灯光却还是很黯淡，一副半死不活的模样。

"这展馆这么抠门儿？亮点的灯都不舍得装？"林萌笑道。

赖泽锋淡淡道："油画这种东西，不能长期暴露在强光下。强光中的紫外线、红外线还有热辐射都会对油画的颜料产生不同程度的影响，所以在举办画展的这些地方，照明灯一般不会很亮。"

"喊，就你懂得多。"林萌哼了一声。

说话间，李强气喘吁吁地跑了过来。

赖泽锋问道："案发那晚，你确定没有看到尸体？"

李强赔着笑道："赖公子，不会错的。那晚我巡夜到这里，自动门又坏了，没有进去。但是我用手电往里照了。没有血，也没有尸体。"

"我看问询笔录上，你说自动门最近坏了好几次？"林萌问道。

"是啊，都是晚上的时候坏，真是邪门儿。"李强道。

"所以，你那晚发现门有问题后，也没有叫人来修，只是拿手电从玻璃框照进去，看了下？这样做符合你们的规定吗？"

"不是，工程部的人六点就下班了，我巡夜的时候都很晚了。最早自动门坏的两次，我打了电话，工程部的人也来过，但是没发现什么问题。后来再坏，我再打电话，工程部的人就懒得跑了。反正第二天一早又莫名其妙好了，半夜修门显得太傻了。"

"那会不会存在这样一种可能，展厅里的光线不好，你的手电亮度也不强，恍惚中看走了眼？"

"不可能。"李强斩钉截铁地说，"虽然光线不是很好，但有没有尸体和血，一眼就能看出来。"

他站在自动门前，将手电放在玻璃框上，往里面照了进去。在稀薄的光线下，能模糊地看到挂在墙上的《幻之樱》，还有下面用白色现场痕迹固定线勾勒出来的人形。是的，如果有大摊的鲜血和尸体，不可能看不到。

林萌托着下巴，沉默了一会儿，又点了点头。赖泽锋打发李强回去，笑道："怎么，这么快就想到了什么？"

"尸体消失这种超自然现象，肯定不可能。既然黄樱是三点左右死的，那么三点半的时候，尸体必然躺在这里。"林萌道，"自动门故障，这是个很蹊跷的事情。电子保全产品，哪有晚上坏掉，早上自己好了的道理？这里面肯定有人做了手脚。而在案发前，反复让自动门坏了几次，无非是给人造成一种心理定势，让人觉得没什么大问题，第二天就会好，没必要当晚喊人来修。那么，对门做手脚的人，目的只有一个，不让巡夜的保安进到展厅里面。而这个对门搞鬼的人，很可能就是凶手。现在我们的难题是，凶手是如何让保安在门外，却看不到躺在眼前的黄樱尸体的呢？富二代，你有什么想法？"

赖泽锋微笑道："或许可以用滑轮和木架做一个东西，实现尸体消失的诡计。警方说黄樱是三点钟死的，保安说三点半未发现尸体。他们说的都对，三点半的时候，黄樱确实死了，但尸体并不在《幻之樱》下的地板上。"

"可警方说尸体并未被移动，你那个滑轮和木架是什么鬼东西？

能起到保安看不到尸体，而且不留下尸体移动痕迹的效果？"

"可以。凌晨三点，凶手在第一只高跟鞋掉落的地方，就杀死了黄樱。然后凶手将她拖到《幻之樱》下，造成是黄樱是活着爬过去的假象。然后，凶手用滑轮和木架将黄樱吊了起来。从自动门上的玻璃窗向展馆看，视野有限。只要让滑轮、木架以及尸体不出现在视线里，保安就会产生没有尸体的错觉。"

"听起来不错。可是黄樱被吊起来的时候，伤口肯定还在流血。血液从高处滴落，会留下溅射的痕迹……"

"这个没问题。凶手将黄樱从滑轮上放下来后，尸体自然会压在血液溅射的痕迹上。"

林萌思索了一会儿，摇头道："还是不对。黄樱尸体我看过了，身上没有勒痕，她没有被吊起来过。而且就算是保安的视野内看不到尸体和木架，但血液滴落的时候呢？他很有可能会看到，这个办法风险太大。"

赖泽锋耸了耸肩，没有说话。

林萌从《幻之樱》开始，沿着展览路线慢慢地转了起来。展馆的天花板很高，空间很大，除了几个高处的通风百叶窗外，并没有大一点的窗户。在展馆的一角，林萌发现了个杂物间，她满怀期待地推开门，却发现里面只有一些画框和金属架。毫无收获，当她再度返回《幻之樱》的时候，看着十几步外的自动门，皱起了眉头。

滑轮木架这种诡计行不通，展馆内没有发现这些东西，而通过仅有的几个通风百叶窗，也不可能把那些东西给弄出去。

"不行的话，我们换个角度。"赖泽锋道，"先从几个嫌疑人开始吧。"

林萌扬了扬手里的资料:"警方一共给了三个嫌疑人,男友叶镇,油画大师蔡云翔,呃……"

"还有画展赞助商赖家敬。"赖泽锋笑道,"我父亲,就从他开始好了,最近黄樱跟他走得很近。"

林萌还是第一次见赖泽锋的父亲。赖家敬身为富豪,身上竟然没有一件名牌。而面对张翔的问话,他的应对也很得体,整个人一身儒商的气质。

林萌干咳一声,道:"赖叔叔,作为这次画展的赞助商,为什么对名气不大的黄樱这么重视呢?就没有考虑过市场风险吗?"

赖家敬淡淡道:"其实商人不见得做每件事都要赚钱的。有时候,出于兴趣,做一些赔钱的买卖也无妨。"

"您的意思是,您很欣赏黄樱?"

"她的作品,无论在构图上,还是色彩运用上都算得上佳作。虽然画风上还有些稚嫩,但二十多岁能做到这一步,已经相当不容易了。"

林萌眯起眼睛,"对了,赖叔叔,我听到一些流言。您是对黄樱的画有兴趣,还是对黄樱本人有兴趣?"

"有什么区别吗?"赖家敬微微笑了。

"呃……"林萌一时间不知道怎么回答才好。

"这样说吧,我对她的画和人都很感兴趣。只不过,她的画虽然不错,但还不值得我浪费时间和精力去做赔钱的买卖。而她的人,倒是有这个价值。"

林萌有些惊讶于赖家敬的坦白,又干咳了一声:"赖叔叔,你对黄樱感兴趣到了什么地步？"

"成年人的世界，不像你们小孩子这么单纯，只拉手拥抱对我是没有什么吸引力的。"赖家敬转向张翔，"看样子，警方是把我当成了嫌疑人？"

张翔不冷不热地道："赖先生，在没找出真相之前，警方会设想各种可能。"

"我杀了黄樱又有什么好处呢？依现在的情形来看，我需要她的人，她需要我的钱，我想不出来为什么要杀掉她。"

林萌插话道："据我所知，黄樱好像有男朋友吧，她男朋友知道您跟黄樱的关系吗？"

赖家敬道："我不怎么关心这些。"

张翔道："会不会是她男朋友发现了你们两个的事情，借此要挟你，你就杀了黄樱灭口？"

赖家敬高声笑了起来："张警官，按照你这个逻辑，我似乎要杀掉她男朋友才对。但是，我年龄不小了，实在是没那么勇敢。况且，我不过是个商人而已，这类的丑闻对我并没有什么威胁。"

林萌嘻嘻笑道："我有些好奇，您平时应该很忙吧，跟黄樱这种名气不大的油画家，是怎么认识的呢？"

"一位朋友推荐的，对她的评价很高。正因为如此，我才对她有了兴趣。"

"朋友？"

"油画大师蔡云翔，听说过吗？"

在赖家敬那里，并没什么收获。不过对于赖家敬的说法，林萌并不怎么认同。故意杀人无非分为两种，一种是冲动杀人，一种是预谋杀人。对于冲动杀人来说，凶手根本无暇去思考犯罪成本。因此，赖家敬并非没有嫌疑。而现在要问询的国画大师蔡云翔，也不能掉以轻心。搞艺术的多半有些神经质，谁知道那张云淡风轻的脸下面，是不是隐藏着一个暴躁刻薄的灵魂？

蔡云翔正在沏茶，动作一板一眼，很是讲究。林萌等得有些无聊，抬头看向墙上挂着的书法。

"妇……女……之宝？"她歪着头道。

赖泽锋将一杯刚泡好的红茶递到她手里，小声道："是宾至如归。"

"就你懂得多。"林萌白了他一眼，脸上有些发烫。

对面须发皆白的老者叹了口气："现在的年轻人，懂国粹的可是越来越少了。"

赖泽锋笑了笑："蔡老，您对黄樱似乎很赞赏。据说这次我父亲能为黄樱开办个人画展，也是您大力推荐的结果。"

"那姑娘是个好苗子。"蔡云翔抿了一口红茶。

"听说在画展前，您跟她发生过争吵？"林萌也抿了一口，发现并不如可乐好喝。

"不过是作品上的一些探讨。"蔡云翔并不想谈下去。

"你觉得黄樱可惜吗？"

"算不上多可惜。"蔡云翔道，"其实在我们圈子里，比她更有才华，却寂寂无闻的人还有很多。油画在中国并不算什么大众艺术，懂得欣赏的人很少，就算是圈里的人，也有不少是看热闹的。"

"可是，黄樱被杀了，天才陨落……"

"她若不是被杀，也不会引起这么大的轰动。"蔡云翔叹了口气，"《幻之樱》原本估价不过五万，才经过两天的媒体炒作，现在已经有人出到六十万求购了。"

"五万？六十万？"林萌吃了一惊，"一张画儿，能卖这么贵？"

"我听父亲说了。"赖泽锋笑道，"油画天才死在自己的代表作下，尸体还曾经消失了一段时间，这个确实很容易抓住大众的眼球。"

"这时代，投机钻营、哗众取宠的人往往会飞黄腾达，真正静下心来打磨作品的人却一世清贫。"

林萌眨了眨眼睛："您似乎对套关系之类的行为比较反感，但不正是您把黄樱推荐给赖家敬的吗？"

蔡云翔道："对，是我推荐的，你这小姑娘……话里有话。"

林萌嘻嘻笑道："您是不是知道黄樱和赖家敬的关系？"

蔡云翔点头："知道。"

"所以，您不齿他们所为？觉得黄樱让你看起来像是一个皮条客？然后亲手杀了这个画界耻辱？"

蔡云翔看着林萌，沉默了一会儿，道："你错了。"

"哪里错了？"林萌依旧嬉皮笑脸的样子，她在试图激怒蔡云翔。很多时候，人在愤怒情绪的驱使下，往往会不计后果地说出一些对自己不利的话。

赖泽锋抱着肩膀，静静地等着。

"我今年已经快七十了。"蔡云翔叹了口气，"五十知天命，六十耳顺，七十从心所欲，不逾矩。这些年里，这样的人和事我已经看得够多了。我只是一个画画的，我没有办法去改变世界。"

"达者兼济天下，穷者独善其身。"赖泽锋接过话。

蔡云翔点了点头："把黄樱推荐给赖家敬，仅仅是因为我觉得她是个好苗子。我见过的被埋没的人太多了，有些人明明很有才华，但却潦倒一生，死后甚至连画作都没留下一幅。我只选材、推荐，至于以后她变成什么样，我不敢去想太多。其实，我觉得宝玉就算是被俗人把玩玷污也比永远深埋地下要好。"

林萌欲言又止，她看到了蔡云翔眼中深深的疲惫和无奈，那是一个老人对世俗的妥协。

从蔡云翔家里出来，林萌觉得很郁闷。这个案子只剩下了一个嫌疑人，但凶手的作案手法还是一点头绪都没有。凶手既然在凌晨三点的《幻之樱》下杀死了黄樱，为何又要绞尽脑汁地让尸体消失？凶手这么做的目的是什么？

赖泽锋沉吟了一下，道："其实，还有一个诡计让尸体消失。"

"说来听听？"

"如果凶手不使用滑轮木架的话，可以在凌晨三点前，在二号展馆的别处杀了黄樱。这样三点的时候，黄樱已经死亡，与鉴证科的推断相符。然后在凌晨三点半之后，再将尸体移动到《幻之樱》下面，所以保安才在凌晨三点半没有看到尸体。"

林萌笑道："富二代，你怎么这么蠢。张翔大叔不是说了吗，尸体没有移动过的……"她猛然想到了什么，眉头皱了起来。

赖泽锋接着道："警方的结论是，黄樱先是被刺中倒地，掉了一只高跟鞋，在地上留下了一道血痕，然后在《幻之樱》下因大量失血而死亡。换句话说，警方是通过现场血迹推断出了尸体没有移动过的结论。但如果……"

"但如果黄樱在高跟鞋的地方，就已经是一具尸体的话……"林萌喃喃道，"凌晨三点前，凶手可能用窒息之类的不流血方式杀死了黄樱。然后，等凌晨三点半保安巡视过后，凶手将黄樱的尸体带到离《幻之樱》十几米的地方，将一只高跟鞋脱下丢在地上，然后用匕首刺进黄樱腹部。人死亡一至三小时之后，血液才会由于停止循环的缘故在重力作用下沉积到表层皮肤，凝固形成尸斑。三点到三点半这么短的时间，黄樱尸体内的血液肯定还没有凝固。匕首刺进腹部，血液就流了出来，在高跟鞋附近形成血渍。然后凶手拖着黄樱的尸体，拖到了《幻之樱》下，让血液继续流淌，伪造了黄樱死在《幻之樱》下的假象。"

"不错，这样就能很合理地解释尸体消失之谜。"赖泽锋道。

林萌稍稍松了口气，虽然凶手为什么要这么大费周章还不清楚，但至少……手机响了起来，她摸出来看了一会儿，长长地叹了口气。

那是张翔大叔发来的尸检报告。除腹部伤口外尸体表面无伤痕，无中毒和窒息致死的迹象。直接死因是失血过多造成的心脑细胞受损及全身各脏器功能衰竭。

换句话说，刚才的诡计并不成立。

而且，尸检报告里还提到，黄樱的眼部似乎有些问题，需要进一步检查才能定论。

冲警戒线旁的警员点点头，林萌又走进了二号展馆。两天来的调查问询，并没有找到什么有价值的线索。而尸体消失之谜，更是一点头绪都没有。她坐在《幻之樱》的下面，盯着白色的现场痕迹固定线发呆。

尸体,究竟是如何消失的?

赖泽锋在身后淡淡道:"其实,昨天蔡老说他虽然推荐了黄樱,但对于展馆将《幻之樱》作为主要展品,并不怎么认同。"

"哦?为什么?《幻之樱》不是黄樱的代表作品吗?"

"他说《幻之樱》里暗含的欲望太浓烈,少了她早期作品里的那种纯净。"

"欲望啊……"

林萌起身,走到《幻之樱》的下面。盯着油画看了几分钟,不行,还是看不懂。就在她要转身的时候,余光却瞥到了画框下方。那里的画框有些歪,看起来像是硬物撞击的痕迹。她将手指搭在画框上,痕迹摸起来还很粗糙,看起来是刚碰撞过不久。奇怪了,作为画展的主要展品之一,怎么会存在这么明显的瑕疵?

林萌小跑到了杂物间。拉开门,那些大小不一的画框和铁架子还杂乱地堆着。杂物间里明明有画框,为什么不换上?是尺寸问题吗?

"富二代,画框这种东西,有什么严格的标准吗?"

"喔,标准是有,但说不上严格。只是对木料的选用和平整度有一些常识性的规定。"

"没有所谓的好画必须配好画框的规定吗?"

"没有。买椟还珠的蠢事,干的人并不多。"

那为什么不换呢?明明有画框的嘛……林萌注意到里面有个很大的画框,足足有一米多高,两米多宽。

"这也太夸张了吧。"

"大幅油画虽然不多见，但也是有的。"

林萌突然感觉到哪里不太协调，她往前走了两步，正要细细查看，身后响起了一个声音。

"警察说……你们找我？"是个二十多岁的年轻人，有些无精打采的样子。

"你是……黄樱的男友叶镇？"林萌回头看着他。

"是，请问有什么事情？"

"节哀顺变。"林萌道，"女朋友死了，你一定很伤心。但是基于警方的要求，我还是不得不问你几个问题。"

"你是……"叶镇狐疑地看着她。

"她是警方的特别顾问，"赖泽锋微笑，"对了，你就是叶镇？我记得你也有两幅画参加这次画展吧。"

"是的，赖公子。"

"你和黄樱是什么时候认识的？"林萌开始提问了。

"大一啊，刚考上中央美院……"

"什么时候成为男女朋友的？"

"大一下学期。"

"一直到现在都是？中间没有闹过分手什么的？"

"没有，我们志趣相投，说是恋人，其实……"

"请问，你觉得黄樱最近的画作比起以前来说，有什么变化？"林萌的语速很快。

叶镇犹豫了一下，显然是没料到林萌会提这种问题："这个……我也说不好。不过前后比较的话，我还是更喜欢她以前的作品。"

"为什么？"

"只是个人感觉。"

"国画大师蔡云翔，知道吧？"

"知道，最近两年他一直在指导黄樱。"

"你怎么看他？"

"应该算是黄樱生命中的贵人吧。如果不是他发现了黄樱，我们都还在给地摊杂志画插图，说不定画着画着就改行了。我和黄樱那么多同班同学，坚持走专业道路的，现在就剩我们两个……"他苦笑了一下，"应该说是只剩我自己一个了。"

林萌没有给他留抒发情绪的时间："但是你不是说，你更喜欢黄樱以前的作品？你有没有觉得，虽然蔡云翔发掘了黄樱，却也改变了黄樱？"

"你想说什么？"

"蔡云翔把黄樱介绍给了富商赖家敬，赖家敬资助了这次画展。你觉得他们之间的关系仅仅是投资人这么简单吗？"

赖泽锋往后靠了靠，抱起双肩，看着叶镇脸上的变化。

刚才林萌这一连串问题又快又急，给叶镇的思考时间很短，他知道这样的诱导式发问，很容易勾出应答者的真实情绪。而快节奏的一问一答，也容易给应答者造成心理定势，在回答关键性问题的时候往往不会考虑太多。

果然，叶镇只稍稍停顿了一下："我不觉得有什么复杂的。"

"有传闻说黄樱和赖家敬是情人关系，你信吗？"

"不信。"

"可是赖家敬已经亲口承认了。"

叶镇下垂的双手猛地握紧："那个混蛋……"

"不要急着生气,据说他并没有怎么逼迫黄樱,两个人算情投意合。"

叶镇冷笑一声,不再答话。

"原来你早就知道了。"林萌的语气放缓,"觉得愤怒吗?"

"我不知道他们的事。"叶镇抬起头,冷冷道,"下次再想从我这里问出什么,除非是警方的正式传讯。"

"你怎么看?"叶镇离开后,林萌向赖泽锋问道。

"昔日的女友为了物质生活背叛了梦想与爱情,足以让某些艺术人士动了杀念。而且无论身高体重,他均有能力杀死黄樱。哦,叶镇还参与了展馆的布置工作。"

"也就是说,自动门那事儿,他也可以做手脚?"

"对,我问过工程部的人,自动门的感应器可以由控制台设为锁定状态。这没什么难度,只需要几个指令就可以,而叶镇正好有出入控制台的权限。"

三个嫌疑人里,叶镇无疑最符合凶手画像。但是逻辑推理并不能作为破案证据,没有解决尸体消失的诡计,更不可能让叶镇束手就擒。到底要怎么办才好?是跟张翔大叔说出自己的推理,把案子丢给他吗?毕竟警方的调查力量比自己有太多优势了。可是这样子,却算砸了自己名侦探的招牌,肯定会被人嘲笑的。那自己继续查?但是接着要怎么查?从哪里查?那个尸体消失的诡计根本无解啊,而且除了尸体消失的诡计,还有一些细节根本不合情理……

"饿死了!先吃饭去,吃饭去。"林萌揉乱了头发,跳起来,"富二代,这次请我去哪里吃饭?"

"你喊陈然那个呆头鹅不喊?"

"不喊！叫他来跟我查案都不肯，竟然说快考试了要温书。鬼才叫他嘞！"

赖泽锋笑了："如果不喊他，我带你去我家。别误会，我父亲新聘请了个川菜名厨，有道拿手好菜，灯影牛肉……"

一股悸动从心底传来，林萌似乎想到了什么。她霍然转过身，透过自动门上的玻璃框向里面看去。细节从四面八方涌来，在脑中逐渐拼凑出了一副完整的画面。灯影……尸体……消失……她飞快地跑进展馆深处，拉开了杂物间的门，原本那种不协调的感觉又出现了。她脸色凝重地走到那一大堆铁架子和画框前，俯下身认真地看着。

只过了一会儿，她转过了身。

赖泽锋站在杂物间的门口，夕阳洒在他身上，有一种不真实的感觉。

"解决了？"他问。

"解决了。"林萌轻声回答。她走出杂物间，缓缓地走过狭长的展馆走廊。抬头，正见那幅璀璨绽放的《幻之樱》。她默默地在前面站了一会儿，动手拆开了画框的封条。原本被封条遮挡的画布上，写着小小的"H.Y."。

"那是黄樱的署名。"赖泽锋道。

林萌又沉默了一会儿，将封条合上。她往后退了两步，束手静静地看着《幻之樱》。

不知为何，她没有看到浓烈的欲望，眼中所见，只不过一片凄凉。

夜色已经深了,林萌翻动着手机上传来的第二次尸检报告,是的,所有的疑问都已经解开了。只是这次的案子并不简单,所谓的真相到底是什么,她不知道。人世之中,原来并非黑白就可分明。而芸芸众生的情感,又岂能用爱恨情仇这四个字来简单囊括?

外面传来轻微的响动,林萌知道,凶手来了。

她将手机放进口袋,站了起来。杂物间的门开了,黑影缓步走了进来。看到林萌,他并没有惊慌,而是静静地笑了。杂物间里骤然亮了起来,门外脚步声纷至沓来,是张翔大叔和埋伏在展馆的警察。

"在这里等我,看来你已经明白尸体消失的诡计了。"黑影笑道。

"是的。我让赖泽锋放出风声,说画展取消,明早所有的画作要拆卸装箱封存,就连杂物间里的画框和铁架子也要带走。这些画框和架子一经搬动,你的诡计很容易被发现。"

"就算是这样,你就笃定我会来?"

"我并没有十成的把握,但我很想赌一下。"

"赌?为什么要赌?如果我不来,你难道不会把画框和架子送给警方,通过提取指纹之类的方式进行破案?"

"我会。但那样的话,我将永远不知道你的动机。"

黑影沉默了一会儿,道:"动机是什么无所谓,不如说说你是怎么识破尸体消失的诡计的?"

林萌点了点头,走出杂物间。张翔指挥着几个人将画框和铁架子都搬了出来,拉到《幻之樱》的前面。

"根据警方鉴证科的报告,黄樱死亡时间是凌晨三点左右,死亡地点是《幻之樱》下面,死亡原因是锐器伤造成的大量失血。保安李强是凌晨三点半巡视到二号展馆的,那时候自动门出现故障,无法进入展馆。通过玻璃框,李强看到《幻之樱》前并无血迹和尸体。这个尸体消失之谜,是本案中最令人匪夷所思的地方。也正是由于出现了这个谜团,再加上画坛新星被杀死在个人画展之前这一悲情噱头,让这个案子受到了媒体的热切关注,也让黄樱的知名度猛增。仅仅几天的时间,黄樱已经占据了百度搜索指数的第四名,而她这次画展的代表作《幻之樱》,更是被人从五万元炒作到了一百四十万元。恐怕案子破了之后,价钱还会再度攀升。"

黑影低声道:"你跑题了,小姑娘。我想听的是诡计。"

"诡计其实很简单。"林萌道,"让尸体消失,有很多种方法。赖泽锋起先想到了两个诡计,但后来又都被我一一推翻。我注意到,你的尸体消失诡计,必须要跟另一种情况配合,那就是自动门打不开。这个诡计,重点是让人在不进入展馆的状态下看不到尸体,而不是挪动尸体。换句话说,虽然李强看不到尸体和血迹,但其实尸体和血迹就在那里。"

"这怎么可能?除非那保安是个瞎子。"张翔嘟囔了一声。林萌已经破解了诡计,却不告诉他,非要他来这么一次现场重演,真是浪费警力。

"大叔,很多时候你所看到的,并不见得是真实的。"林萌冲赖泽锋使了个眼色。

赖泽锋拍了拍手,招呼警察们把几个铁架子摆好,一起将最大的画框放了上去。

张翔摇头:"就算你放上去最大的画框也不行啊。李强说了,他看到了《幻之樱》,还看到了墙壁、天花板、地板。可不是单单一个画框就能蒙混过去的。"

赖泽锋没有说话，而是按照地板上和铁架上早已画好的痕迹，不断地调整画框。过了几分钟后，他拍去手上的灰尘，微笑着退到了一旁。

"大叔，你看现在画框是不是挡在了自动门和《幻之樱》中间？从自动门上的玻璃框往里看，是不是只能看到这个大画框？"林萌道。

张翔点了点头。

"你退到门外，先闭起眼睛。"

张翔嘴里嘟囔着，不情愿地走了出去，站在自动门外，闭上了眼。

仅仅过了一会儿，他听到林萌的声音，睁开了眼。

《幻之樱》就在眼前，墙壁、天花板、地板一切都在，而林萌他们却不见了。他揉了下眼，确定自己没有看错。

"搞什么鬼？"他惊呼一声，闯了进来。

镜子？

原来那幅一米高、两米宽的画框中间，竟然是面光滑的大镜子？

张翔张大了嘴，深吸了口气，往后退几步，又从自动门的玻璃框上看去。视线之内，是挂在墙上的《幻之樱》和整洁的地面。

"当晚李强巡视到这里，看到的就是镜子里的镜像。展馆内的光线比较弱，视线并不十分清晰。他的手电光透过自动门上的玻璃，照射到镜子上虽然形成了反光，但他很自然地把反光当成了自动门玻璃上的，而不是镜子上的。他并不清楚，他看到的图像，并不是正对着自动门的,而是镜子折射的右边墙上的。是的,凶手把《幻之樱》挂到了右墙,利用镜子的折射,让李强产生了错觉。我表哥说过,这在心理学上称之为模式识别,即人们遇到不完整的图形,在感知它们时,往往会把缺失的部分补上,把这个图形看成一个完整的图形。

"虽然在李强眼中的,只不过是镜子中的一小块儿,但由于他受到自动门上玻璃框尺寸的限制,看不到铁架和镜子,从而产生了自己看到的就是自动门正对着的墙壁的错觉。而正对着自动门的墙上,那幅《幻之樱》已经被凶手挪走挂在右墙上了,只有被镜子挡住的黄樱的尸体孤零零地躺在下面。

"所谓的尸体消失之谜,不过如此。叶镇,我说得对吗?"

"对,就是这样。"叶镇的声音很从容,"你是怎么发现的?"

"杂物间里画框和铁架在里面堆了好久,但上面几乎没有灰尘。你用到了大幅画框,大幅画框自然会干净些,你应该是怕有人发现这个矛盾点,就把所有的画框和铁架都擦拭了一遍。但你没有注意到,这些东西太干净了,反而跟脏兮兮的房间格格不入。还有,《幻之樱》的画框下角,被撞歪了,却没有更换画框。为什么不更换画框?最可能的原因是时间太紧迫了。但是画展的前一天,明明有充裕的时间来布置,怎么还会时间紧迫?于是,我产生了一个想法,《幻之樱》在黄樱被杀的当晚,被摔到地上过!是你把《幻之樱》换到右墙悬挂的时候,发生的意外吧?

"还有,你可能在画展之前,就在大画框上做了手脚,将画板拆下换成镜子,并蒙上了画布。在自动门外反复实验后,确定好铁架和画框的摆放位置,做上标记。然后利用身份的便利,在自动门上动了手脚,让保安站在门外,看到了《幻之樱》还挂在墙上的镜像。就是这样,你完美地呈现了尸体消失的诡计。

"叶镇,我现在只剩下一个问题,真相究竟是什么?"

叶镇的脸色有些阴沉:"好笑,你刚才不是已经说出来了?"

"你知道,我问的并不是尸体怎么消失的,而是整件案子的真相。"

"白天的时候,你说过了。黄樱傍上了赖家敬,举办了个人画展,眼看就要成为炙手可热的人物。而我,现在却还是个不入流的画手,只有靠女朋友关照才能在角落里展出一两幅画。如果说杀人动机的话……"叶镇顿了一下,"应该是男人脆弱的虚荣心和对背叛的愤怒吧。"

"真的是这样?"

"还能是怎么样呢?"叶镇讥诮道,"小丫头,你是不是小说看多了,脑袋里意淫出了什么狗血的剧情?"

林萌没有说话,而是看向赖泽锋。赖泽锋从口袋里掏出一瓶矿泉水,漫不经心地向《幻之樱》泼去。叶镇大惊,怒吼一声挣脱警察,扑向了《幻之樱》。他眼中满是痛苦,举起双手,用衣袖小心地吸拭上面的水迹。然而很快他停了下来,转头看着林萌。

"不错,这幅不是真迹,只是临摹作品。"林萌道,"奇怪了,你为什么对《幻之樱》这么紧张?它不是黄樱的作品吗?你不是出于愤怒才杀死黄樱的吗?看到它被毁,你不是该高兴吗?"

叶镇停了一会儿,低声道:"我恨的是黄樱,不是《幻之樱》。"

林萌还想要说话,赖泽锋拦住了她:"叶镇,你跟警方走吧。"

林萌急道:"为什么让他走?真相……"

"有时候,有些东西远比真相更重要。"

叶镇沉默了一会儿,向赖泽锋远远地鞠了一躬,快步向展馆外走去。张翔看了看叶镇又看了看林萌,一脸迷惑地跟了上去。

等众人的身影消失在门口,林萌气急败坏地道:"富二代!你搞什么!叶镇杀黄樱的动机根本就不是妒忌和愤怒!这里面……"

"我知道,"赖泽锋轻轻笑道,"当你让我准备矿泉水泼《幻之樱》的时候,我已经明白了。"

"你明白个毛线!"

"虽然尸体消失的诡计是叶镇来操作的,但这个诡计却不见得是他想出来的,甚至黄樱都可能不是他杀的。"赖泽锋踱步到赝品前,"警方的尸检报告我看了,黄樱患有视网膜色素病变,视力已经在减退了,大概三年后就会完全失明。一个最多只有三年职业生涯的画家,为什么还要抛弃男友,出卖自己?她在这三年中,走得不会太远。而三年后,她绝对要放下画笔。那么,这样做的意义何在?

"还有,黄樱在现场被刺中后,还有时间和体力爬到《幻之樱》下。那她为什么不呼救?为什么要躺在《幻之樱》下静静等死?如果叶镇是出于恨的动机杀了黄樱,那他为什么选在展馆里动手?为什么还要搞出尸体消失这种完全没必要的诡计?他应该在僻静处杀了黄樱更为妥当。"

林萌哼了一声:"你能想到这些最好,为什么还要让他走?"

"我想,叶镇杀黄樱,动机恐怕没那么简单。或者说,所谓的天才画家命陨画展前夕,尸体离奇消失之谜,这些都是黄樱和叶镇一起布下的局。为的就是《幻之樱》这幅画。"赖泽锋走到那堆旧画框边,从中取出一个画筒,旋开圆盖,将真正的《幻之樱》拿了出来。

"恐怕蔡老看走了眼。这幅画绚丽的色彩下面，并不是强烈的欲望，而是深深的悲哀和倔强。一个有天赋的年轻女画家，在事业刚刚起步的时候，路就到了尽头。不管她愤怒也好，不甘也好，命运还是将她一步步地拽向深渊。艺术情结强烈的人，总有很强的创作欲望，留下一幅传世佳作更是多少艺术家的梦想。但黄樱恐怕是没有什么机会了，三年之内，一个小画家根本无法赢得太多的关注。所谓的金子总会发光，只不过是自我安慰罢了。上千年来，莫奈、委拉斯凯兹这样的画坛大师太多了，但像梵高这种死后才被认可的，又有几个？

"于是，黄樱产生了一个想法。《幻之樱》这幅作品，无疑是她最满意的作品。而随着视力的恶化，她在余生再也创作不出这样水准的作品了。如果三年后，她注定会失去自己的灵魂，行尸走肉般地活着，为何不留下一幅传世绝唱，在生命最辉煌的时刻凋谢呢？她想到了开办画展，于是搭上了我父亲。但只开办画展并不行，一个没有什么名气的画家，就算作品不错，还是不可能引起广泛的关注和讨论。她需要一个爆点，把所有人的注意力都吸引过来。只要在媒体上形成了热度话题，自然会引起画坛的注意。天才画家命陨画展前夕，会让人心生惋惜；尸体离奇消失之谜，会让人觉得诡异。这两点结合在一起，就是黄樱所期待的爆点。而她也确实如愿以偿，这几天媒体的关注、估价的飙升，都符合她的期望。而《幻之樱》所承载的悲情色彩，就算那些刻薄的评论家也不得不三思。按照现在舆论的形势，《幻之樱》很可能会被捧为神作，绝唱于人间！"

林萌瞪着赖泽锋，道："既然这些你都想明白了，为什么刚才不让我说下去？你要知道，叶镇有可能根本没有杀黄樱。黄樱有可能是刺自己一刀后,爬到《幻之樱》下死去的。叶镇很可能只是收起了那见鬼的铁架和镜子而已!他很可能是无辜的!"

赖泽锋摇了摇头,轻声道:"你还是没有明白。就算是我放出风,说明天要取消画展,收拾画框,叶镇会担心诡计败露,但他要是出于自保,最安全的举动是逃走,而不是回来。他今晚回来,是抱着必死的决心的。他不会因为你的追问,就将真相告诉你。既然这个局是黄樱和叶镇以生命为代价营造的,我们何不成人之美?难道仅仅为了显露自己智商的优越,让黄樱的死亡和叶镇的牺牲变得毫无价值?毕竟,他们没有伤害任何人。"

展馆内静悄悄的,只有风吹过百叶窗的声音,单调枯燥地拂过心头。隔了好久之后,林萌叹了口气:"好吧,真的不懂这些人是怎么想的。为了出名,值得吗?"

"你不懂,他们不是为了出名,而是艺术家的执念。"

林萌道:"算了,我还是不了解他们的心态。不过,你为什么觉得叶镇是抱着必死的决心的?仅仅因为他回到现场?说不定是因为他一根筋而已。"

"你注意到了《幻之樱》的画框吧,那个地方,也有可能不是在换画的时候碰歪的,而是为了遮住署名。"

"署名?为什么要遮住署名?'H.Y.'不是黄樱的署名吗?"

"我看了黄樱的早期作品,发现她的署名是'H.'。"

林萌思索道:"'H.'……'H.Y.'……'H.Y.'的意思很可能是黄樱叶镇?《幻之樱》难道是他们两个共同创作的作品?"

"这个恐怕只有叶镇才知道了。"赖泽锋走出展馆,东方的天空已经有些发白了,"我记得在蔡老家里,你曾惊讶于一幅油画为什么会那么贵。"

林萌看着他，点了点头。

"或许有些作品，是燃尽了作者的梦想、热情、生命，甚至名誉所创造的。而这种作品，是无法用金钱来衡量的。"

自动门在他们身后悄无声息地关闭。透过上面的玻璃框，黑色的墙面上，《幻之樱》以漠然的神色俯瞰着世间的一切。

三 谁杀死了知更鸟

厚重的乌云犹如污损的地毯一般垂在头顶,让人生出一种喘不过气的压迫感。冰冷的雨丝从高空坠落,细针一般穿过制服,将全身都浸在湿漉漉的水气里。徐泪拭去手机屏幕上的水渍,颤抖着按下了那个号码。

通了,虽然是语音信箱。少女紧张起来,嘴唇翕动几下,却欲言又止。她犹豫了一会儿,低头看了一眼天台下寂静冰冷的地面,终于又拿起了手机。

"喂?雨尘?不好……不好意思,冒昧给你打电话。我……我是徐泪。对,就是那个徐泪,在学校里,一点都不起眼。人很笨,成绩又不好,你走之后,他们总是欺负我。我很苦恼……对不起,对不起,我又在自说自话了,我总是这样,没人能跟我聊到一起。"

她的声音哽咽起来:"对不起,手机号码是他们给我的,说是你的,不知道是不是骗我。但我想,我想总要打一下试试,我只想跟你说声谢谢。我记得你在那天说过的那段话,你说每个人都要鼓起勇气来面对自己的人生，你说要勇于改变自己的现状，可是我……可是我……抱歉，我太笨了，连话都说不好。真的，谢谢你，让我有勇气面对自己的……决定。"

她沉默了一会儿，挂断了电话，似乎下定了决心。雨丝打在头发上，汇聚成细细的涓流，模糊了视线。闭上眼睛，向前迈出一步，恐惧蚕食着仅存的勇气。咬紧牙关，颤抖着再往前迈出一步，呼啸的风声终于在耳边响起。

林萌蹲在天台的边缘，俯瞰着楼下。雨只下了两个小时，就把过去的痕迹冲洗得什么也不剩，如果不是那条白色的现场痕迹固定线，谁都看不出这里刚刚吞噬了一个脆弱的生命。

"你蹲在那里干什么？小心也掉下去。"身后传来熟悉的声音。

"富二代，"林萌的声音有些疲惫，"这个玩笑并不合适。"

"呃……我不认识徐泪，你跟她熟悉的话，抱歉。"

"我也不认识她，只是觉得……"林萌停顿了一下，"关于她，有什么传言？"

"自杀。同学之间有传言是殉情。"

"殉情？会是这么可笑的理由吗？死了还要被人污蔑，这种事……"林萌摇了摇头。

"怎么，你有什么发现？"

林萌扬起了手机，一个清脆胆怯的声音传了出来："喂？雨尘……冒昧给你打电话……我是徐泪……手机号码是他们给我的……我太笨了……让我有勇气面对自己的……决定。"

"雨尘？雨尘是谁？"

"不知道。从这通电话留言推断，徐泪自杀，很可能是因为'他们'的欺凌。而这个所谓的雨尘的手机号码，应该是'他们'捉弄她的，不过却恰巧是我的。"

赖泽锋沉默了一会儿："你的意思是，你现在知道了徐泪自杀的真相，要追查'他们'是谁？怎么，要惩罚'他们'？"

林萌很奇怪地看着他："将别人逼上绝路，自己难道就没有一点觉悟吗？他们在得意洋洋欺凌别人的时候，就没有考虑过后果？"

赖泽锋问道："警方怎么说？"

"张翔说没有确凿证据，无法作为刑事案件立案。富二代，那些杀人凶手现在说不定正捂着嘴偷笑，难道你不想看看他们痛哭流涕的样子吗？"

赖泽锋点头："听你的，不过，你得做好心理准备。"

"什么心理准备？"

"被欺凌的人，通常是被放在了大多数人的对立面。发生了这种事，学校也不会愿意让真相曝光。我们所要做的，会让我们成为整个学校的敌人。"

林萌冷哼一声，仰头看向天空，那里却只有灰蒙蒙的一片。

徐泪是林萌和赖泽锋的学姐，明诚大学经济学院国际金融专业的大二学生。这个专业出过好几个知名的经济学家，而现在的这个班里，已经有两篇论文登上过全国性的期刊杂志，可谓是明诚大学里的明星班。作为热门专业、明星班的辅导员，陈子行的头一直都昂得很高。然而此时，面对赖泽锋和林萌的追问，他的心情并不好。虽然那个所谓的侦探林萌在他眼里屁都不是，但赖泽锋的家世背景却让他有些顾忌。学校的校董们对赖泽锋的父亲都得客客气气的，如果这个二世祖觉得自己面目可憎，去跟他老爸告状的话……

"徐泪跟班里同学的关系如何，你这个当辅导员的，竟然不清楚吗？"林萌看陈子行有点走神，故意挪动了下凳子，发出刺耳的响声。

陈子行抬头看了她一眼，微笑道："一个班里四十多个学生，我这个当辅导员的精力有限，哪能清楚谁跟谁关系好这种事呢？不过徐泪这个孩子呢，给我的总体印象是有些孤僻，为人呢，也有些傲慢，朋友的话……啊，真不知道她有什么朋友呢。"

"那你有没有发现，徐泪被谁欺凌……"

"没有，绝对没有。"陈子行的口气不容置疑，"我们班里都是品学兼优的好学生，根本不可能出现谁被欺凌的状况。而且，作为辅导员，我也绝对不允许有欺凌现象的存在！"

话音刚落，门就被撞开了，一个男生上气不接下气地嚷道："徐泪！徐泪回来了！"

陈子行愣了一下，然后猛地站起身，和那个男生一起向教室跑去。林萌和赖泽锋对视一眼，跟上。

教室里乱哄哄的，前排的桌子被推倒了好几张，大部分的学生都退到了后面。黑板上贴了几张血淋淋的徐泪尸体的照片，下面是一行行黏上去的方块字。嘈杂声中，一首听起来很怪异的英文歌正唱个不停。林萌眯起眼睛，发现那些方块字五颜六色的，应该是从各种报刊杂志上剪下来的。

"谁杀了知更鸟？是我，麻雀说，用我的弓和箭……"林萌小声地念着那些字，有种似曾相识的感觉。

"知更鸟,谁杀死了知更鸟,没错,是徐泪回来了,是徐泪回来了……"林萌身旁的一个女生瑟瑟发抖,极力地往后缩去。

陈子行脸色铁青地冲上讲台,循声在讲桌里找到了一个小音箱,狠狠地向地上摔去。随着一声沉闷的响声,教室里静了下来。他蹲下身,拾起音箱,再抬头,脸色已平静下来:"怎么回事?谁搞的恶作剧?"

教室里静悄悄的,没有人回应他。

陈子行干咳了一声,有些尴尬。

"陈老师,大家刚来的时候,黑板上蒙了一层白布,没有看到这些东西。"一个帅气的男生接过话,"后来快上课了,有同学上去扯下了白布,大家才被吓到了。应该不是我们班同学弄的,大家都对徐泪的死表示很伤心。"

教室里响起了几声热情不高的附和,很显然对这个男生的说法并不怎么认同,只是对陈子行的敷衍。

"当然,当然,我还是相信大家的。徐泪已经不在了,希望大家尽快从负面情绪里走出来。大家要收拾好心情,继续努力嘛!"

"这家伙……是谁?"林萌盯着那个男生。

"林哲宇,二年级的尖子生,校篮球队的,是很多女生的偶像。怎么,你认识的女生们之间没聊过他吗?"赖泽锋道。

林萌歪了下嘴角:"那群花痴,我怎么会跟她们聊到一起去。"她斜眼看了下刚才那个女生,发现她也在偷瞄自己。

她刚才说的知更鸟是什么意思?跟徐泪又有什么关系?

陈子行有些烦躁地将一厚沓资料丢在办公桌上,抓起茶杯喝了几口。不知道是不是心理因素,茶水的味道好像有些怪。他将茶杯放下,推向一边,上面的"上海市优秀教师"的字迹显得有些刺眼。已经两次被评为优秀教师了,如果今年再被评上一次,那竞争副系主任的希望就很大了。可是……谁想到徐泪竟然跳楼自杀了。咳,现在的大学生心理承受能力也太差了吧!不就是被锁在厕所、被淋冷水、烫烟头这些恶作剧嘛!有必要跳楼吗?真是的,早不死晚不死,偏偏在自己做辅导员的时候死,真是死的不是时候。

陈子行走到窗前,看着下面空荡荡的操场。天色已经晚了,除了三三两两游荡的学生,没太多人。他点了下头,又转回到办公桌前,拿起了教辅资料。办公室的同事们都已经走了,只剩下他自己。陈子行作为一个教师来讲,已经算很敬业了,而且也非常有能力。当然这是他的想法,至于院长的想法,还要看会发表什么学术论文之类的。徐泪自杀了也没什么,反正她的水平也不怎么样。今年的优秀教师不想了,明年带着学生,再弄个学术课题发篇论文,还是可以争一下的。

然后呢?副系主任,涨工资什么的,都可以理直气壮地提要求了。

唉,当教师十多年了,连房贷还没还清……

他突然感觉到有些头晕,眼前的东西都飘了起来。该不会是昨晚熬夜太久,高血压又犯了吧。陈子行摇晃着站起身,向门口走去。眩晕感如同海浪一般一波波地袭来,他挣扎了几下,终于重重地摔倒在地上。

只稍稍过了一会儿,办公室的门就被推开了,一个身影走了进来。

谁杀了知更鸟？是我，麻雀说，用我的弓和箭，我杀了知更鸟。谁看见他死去？是我，苍蝇说，用我的小眼睛，我看见他死去。谁拿走他的血？鱼说，是我，用我的小碟子，我拿走他的血……

林萌摘下了耳机，为什么二年六班的学生听到这首歌时，反应会那么大？

"《谁杀死了知更鸟》，英国童谣，可算是大有来头的。"赖泽锋将胳膊搭在方向盘上，"据说源于一个真实的灭门惨案，后来被英国人改编成了童谣。"

"灭门惨案改编成童谣？真不知道英国人脑子怎么长的。"林萌摇摇头，"对了，那个通话里的雨尘呢？是我们学校的？"

"我托人查了学校的花名册，这几年没有叫雨尘的人，就连老师里也没有。可能是外校的吧。"赖泽锋抬腕看了下表，"奇怪，不是说有人看到那个女生向校门口走过来了，怎么还没有出来？"

"多等一会儿呗，反正你又没有什么事做。"林萌按下车窗玻璃，眼睛盯着校门口。那个女生叫萧媛，据说以前跟徐泪的关系还不错，后来不知道为什么疏远了。看她上午的表现，好像知道些什么。先找她问问好了，在不知道"他们"是谁的状况下，是很难从其他同学那里入手调查的，不然稀里糊涂地碰到了"他们"其中的一个就太蠢了。

赖泽锋耸耸肩，没有说话。认识林萌已经挺久了，虽然一起破了几个案子，但对她，却了解得并不怎么深。他总觉得，林萌对徐泪这个案子，有点近似于神经质的偏执。

"出来了。"林萌低声说，"把车开过去。"

奔驰悄无声息地在那个女生侧面停了下来，林萌拉开车门："萧媛,上来谈谈?"

萧媛脸色苍白,看了林萌一眼,低下头,匆匆向前走去。

林萌跳下车,拦住萧媛。萧媛慌乱地避开林萌,向相反的方向跑去。林萌抓住萧媛的手臂,奇怪地问道:"你怎么回事?"

萧媛像只受惊的小动物,用力甩掉林萌的手,飞快地逃向远方。林萌想要追,却听到身后响起一个女声:"没用的,就算你追上了她,她也什么都不会说的。"

林萌循着声音看去,是校医务室的吴菲。

"你怎么知道?"林萌没好气地反问。

"现在全校都知道你们在查徐泪的事情,别说回答你们的问题,她就算被人看到跟你们在一起都会很麻烦。"吴菲一点都不客气地坐到了副驾驶上,"搭个便车。"

"吴老师去哪里?"赖泽锋彬彬有礼。

"我请你们去吃饭。"

林萌闷闷地接过话:"我们不饿。"

"我知道有家咖喱饭做得很不错,"吴菲摸出一根香烟,"以前徐泪和我经常去那里。"

饭店不大,但是装修得很有品味。坐在木纹的凳子上,给人一种放松的感觉。咖喱盖浇饭端了上来,林萌尝了两口,远远达不到好吃的标准。她放下勺子,问道:"为什么萧媛不会跟我们说些什么?她以前跟徐泪关系很不错吧,好朋友因欺凌自杀,她不想惩罚那些罪有应得的家伙吗?"

"萧媛……"吴菲苦笑道,"这孩子以前挺开朗的,但现在却阴沉得很。可能是……发生了一些事情吧，不是每个人都会抱着失去一切的勇气伸张正义的。"她想起在医务室里，看到萧媛身上那些斑驳的伤痕，摇了摇头。跟徐泪疏远，应该是萧媛也被欺凌了吧。不过这些事，还是先不要告诉林萌比较好。

"你和徐泪在这里都聊些什么？"林萌换了个话题。

吴菲夹着一支香烟，眼神却瞟向窗外，沉默着一言不发。当林萌失去耐心想要再次询问的时候，她终于弹了下烟灰，道："那孩子总喜欢问我一些很深奥的问题。比如时光旅行到底可不可行？人类进化的终极形态会是什么样子？"

林萌皱了皱眉："她……对科幻很感兴趣？"

"起初我也这么认为，"吴菲有些伤感，"后来我才发觉，她其实是通过这些问题来逃避现实。对于徐泪来说，现实就像是地狱一般，她想思考一些自己想不明白的问题来转移自己的注意力，让自己不至于一直沉浸在痛苦当中。"

林萌看了赖泽锋一眼，觉得心里有种说不出来的滋味。她干咳了一声，道："吴老师，关于徐泪的事情，你知道多少？"

"不多。被欺凌的事，是她经常来医务室我才知道的。她的身上总是有些新的伤痕，问她就说是不小心碰到了。"吴菲摇头道，"其实被欺凌的孩子，很少跟别人谈起自己被欺凌的事情，也很少求助于成年人。"

"为什么？这样不是很奇怪吗？"林萌有些疑惑。

"大概是被警告过吧，否则会被欺负得更惨。"赖泽锋道，"既然你都能发现徐泪被欺凌，他们班的辅导员陈子行不会察觉不到吧，他那番说辞是骗我们的？"

吴菲摁灭了香烟："对于老师这个职业，你们怎么看？"

"呃……这个还真不好说。"赖泽锋嘴角挂着隐晦的微笑。

"我上学那会儿，都说老师是人类灵魂的工程师、最伟大的职业。但现在这个时代，很多老师都觉得这只是一份工作而已。老师跟学生，更像是售货员和顾客的关系。老师们只想把学生的成绩提高上去，从而让自己获取最大利益，至于学生的人生态度、性格发展之类的，根本不在考虑范围之内。毕竟现在评价一个老师的标准，就是他带的班级里面，成绩好的学生有多少。而能成绩好的学生，必然就是全方位的好学生。没办法呢，这似乎就是现代社会的共识。"

"荒谬。"林萌嘲讽道。

"我跟陈子行交涉过，问过徐泪的状况。你知道他怎么回复我的吗？要我别多管闲事。我还找过院长，院长说没有什么证据，他也没办法。在那之后，医务室倒是经常出现状况，被砸玻璃、撬门锁，或者丢东西之类的。应该是他们对我替徐泪出头的报复吧，虽然都是小麻烦，但也挺让人头疼的。"吴菲靠在座椅上，"对了，学校里不少人说我在夜总会做陪酒小姐吧，这样的流言很让我困扰呐。"

"那欺凌徐泪的'他们'是谁，你知道吗？"

"带头的是谁，徐泪一直不肯说，不过有一点可以确定，"吴菲苦笑道，"那个班几乎全体学生都参与了。"

"怎么会这样？"林萌皱眉道，"怎么可能所有人都欺凌她？难道……是徐泪哪里做得不对？"

"徐泪能有什么不对！"吴菲的声音猛地提高了，却又随即缓和了下来，"或许……她唯一的不对就是她太孱弱。"

"羊群效应。"赖泽锋叹了口气。

"富二代，你懂？"林萌冲他翻了个白眼。

"所谓的欺凌，就是强者折磨弱者，并以此为乐。在学校里，受到欺凌的人一般都是不太合群、内向的学生。被欺凌的原因，一开始都是些不小心撞到了人、被觉得不顺眼这些很小的事情。而欺凌一旦开始，就会有越来越多的人参与进来。很多人觉得，能有个发泄负面情绪的对象也不错。那些后来加入欺凌的人，心中尚存的一丝愧疚也会随着欺凌队伍的壮大而消失得无影无踪。"赖泽锋笑道，"可怕的是，对于大多数学生来说，多数即正义。一旦意识到自己的同伴很多，他们就往往无视社会规则和道德观念，肆无忌惮地对与自己为敌的人进行打击和报复。"

"对，从小到大，所有的学校里的生存准则都取决于学生成绩，在校方和家长的双重袒护下，那些成绩好的学生只要不是触犯了法律，是没有人会正正经经地教训他们的。"吴菲摆了摆手，"算了，这些不过都是废话。"

林萌眨了眨眼："吴老师，教室里出现的那首《谁杀死了知更鸟》，你有什么头绪吗？为什么一出现这首歌，同学们都很害怕，觉得是徐泪回来了？"

"徐泪唱过这首歌。"吴菲道，"有次上课的时候，她突然像疯了一样，无视正在讲课的老师，站起来边哭边唱这首童谣。"

"边哭边唱……这首童谣？"

"任课老师很生气，将徐泪带到了办公室，但却没问出来个所以然。徐泪一直没有说为什么要那么做。很显然，还是欺负她的那些人搞的恶作剧。"吴菲摁灭了香烟，"对了，你们如果想查出来真相的话，要尽快联系上徐泪的家人。"

"徐泪好像是本市的，跟她奶奶一起住。"赖泽锋道，"尽快是什么意思？学校有什么动作吗？"

"准备拿钱把这事儿给盖住。"吴菲又点起了一只烟。

"喊！盖住？亲孙女没了，她奶奶会同意？"林萌冷笑道。

吴菲没有说话，她吐出了个烟圈，表情很是落寞。

手机铃声突兀地响起，吓了林萌一跳："大叔，这个时间打我电话，该不会是发现新线索，要立案了吧？"

张翔有些急躁的声音传了过来："你们上午是不是找了陈子行？"

"嗯，你们警察不查，我只好自己动手咯。"

"少啰嗦，赶紧回学校来，"张翔那边显得很嘈杂，"陈子行被杀了！"

教研室门口拉起了蓝白相间的隔离带，警察们进进出出，显得乱糟糟的。林萌看到院长和一群老师都站在楼梯口前，神色紧张地看向这边。她冲维持秩序的警察点了下头，拉开隔离带就进了房间。

尸体头朝门口仰躺着，脸色苍白肿胀，四周没有血迹，也没有搏斗的迹象。与跳楼自杀摔成一摊血肉的徐泪比起来，是很安静的死法。

林萌揉了揉鼻子，向张翔问道："法医的现场报告怎么说？"

"机械性窒息。"张翔道，"但是脖颈、胸腔、口鼻处都没有外力留下的淤痕，面部肤色发白，似乎被水浸泡过，还有一些白色的纤维，已经拿回去化验了……"

"水泡过……白色纤维……难道是餐巾纸？"

"什么？"

"凶手可能是把浸湿了的餐巾纸一层一层地贴到陈子行脸上，造成机械性窒息的。"林萌道，"我表哥破过类似的案子，凶手采用的就是这种手法。这种手法虽然耗费时间比较长，但基本不会留下什么线索。水到处都有，餐巾纸的销量非常大，教研室这种地方人来人往的，现场遗留下的指纹、脚印都没什么调查价值。哼，这个凶手考虑得还真是周全呢。"

"除了这个。"张翔把林萌拽过来，对着玻璃窗道，"这上面写的什么鬼东西？你们学校教这种诗？"

玻璃窗上贴满了五颜六色大大小小的汉字字块，林萌凑近看了一眼，好像在哪里见过……对，教室黑板上，《谁杀死了知更鸟》。

林萌小声地念了出来："谁杀了知更鸟？是我，麻雀说，用我的弓和箭，我杀了知更鸟。谁看见他死去……"

"这是什么诗？你们大学里教这个？"张翔叉着腰道。

"英国童谣，《谁杀死了知更鸟》。"林萌突然觉得有种快意在心头回荡，"陈子行的死，应该与徐泪被欺凌自杀有关。如果我没猜错的话，杀死陈子行的凶手，是在为徐泪复仇。"

"复仇啊……"张翔不知道想起了什么。

"早上的时候，这个班曾经发生了一起恶作剧，应该是这件凶案的预告。从杀人手法和现场留言来看，凶手心思缜密，处事冷静，有很强的掌控欲望。留在凶案现场时间越长，被发现的几率也就越大，而凶手之所以在杀死陈子行后，还要在玻璃窗上贴下字块，是想传达一个信息。"

"什么信息？"

"这首童谣的末尾，是'下回鸟儿法庭，麻雀将受审判'。凶手表明自己在代替徐泪，向欺凌她的人复仇。"

张翔挠了挠头："你的意思是说，陈子行的死只是个开始？还会跟着死人？这下麻烦可大了。丫头，凶手的目标，是欺凌徐泪的人吧。"

"是又怎么样？"林萌冷笑道，"想保护他们？不可能的，大叔。不管是学校，还是他们，都不承认欺凌过徐泪。"

"啧，这倒是。"张翔沉吟了一下，"丫头，你既然对这个案子很有兴趣，这样好了，我们从作案时间、现场痕迹入手。你是学生，有优势，可以打听下具体情况，如何？"

"知道啦，大叔。"林萌回应了一句，转身离开了办公室。不远处，院长和几个老师还在向这边张望，一副焦急的神色。

"活该。"她低声嘟囔了一句，拽起一旁的赖泽锋，"走，我们去徐泪家。"

天色已经完全黑了，林萌透过车窗，默默地看着光怪陆离的城市。她自问不是一个正义感很强的人，她以前参与调查的那些案子，大多都有着各种各样的谜团。不可否认，解开那些谜团是她查案的动力之一，甚至可以说是主要动力。而这次徐泪的案子，如果不是因为她恰巧打错了电话，而自己又恰巧有相似的心结，会这么固执地参与到这个案子里吗？

如果不会，那么在大家的记忆中，徐泪的死就会以因殉情而自杀定论吗？

"一个活着时被欺凌都没人帮助的女生，死了之后怎么会有人为她杀人复仇?"赖泽锋握着方向盘道,"不觉得有些奇怪吗?"

"或许是徐泪的死刺激了凶手,还记得她在电话里提到的那个雨尘吗?"林萌道。

"可是学校里并没有叫雨尘的人。"赖泽锋踩下刹车,"下车吧,前面过不去了。"

林萌跳下车,有些不知所措。眼前是那种很久没见过的背街小巷,幽深而狭长,看不到尽头。污水顺着墙根流淌,空气中弥漫着一股酸臭味儿。往里面看去,深处跳动着几点昏黄的灯光,暗示着还有点人气。

"没搞错吧……住这里?"

"GPS定位,"赖泽锋看着昏暗路灯下的门牌号,"还差十一个单位,应该在里面。"

"好吧。"林萌小心翼翼地迈动脚步,向小巷深处走去。

敲了那扇锈迹斑斑的铁门好久,才有了回应。一张布满了老年斑的脸探了出来,冷漠地看着两人。

"您好,请问您是徐泪的奶奶吗?"林萌挤出笑容。

老太太没有回答,只是上下打量着他们。

赖泽锋递过去一个信封:"奶奶,我们是徐泪的朋友,这是帛金,一点心意。"

老太太接过信封,捏了捏厚度,塞进了裤袋里。她走出来,掩住门问道:"什么事?"

"没什么事,就是想问问徐泪的葬礼什么时候办,有需要帮忙的地方吗?"赖泽锋道。

"等她爸妈回来再说。"老太太的语调依然很冷,"我孙子在里面写作业，你们说话小点声。"

　　林萌道："奶奶，徐泪在自杀前，有没有异常的表现？"

　　老太太翻了个白眼："那丫头整天一惊一乍的，什么时候正常过？"

　　林萌忍住不快道："那你听她提起过雨尘这个名字吗？"

　　老太太冷冷道："没，她整天就是个闷葫芦，几乎没说过话。"

　　林萌耐着性子道："现在大家都说徐泪是因为殉情自杀的，您相信吗？"

　　老太太有些警觉地看了林萌一眼："学校不是说她因为殉情自杀的吗？你们问这些干吗？"

　　"学校的人来过了？"

　　"下午就来过了，带了五万块钱，说是感情慰问。"

　　林萌觉得有些不可思议："你收了？"

　　"废话！我孙女在他们学校跳楼了，他们不赔我钱我能饶得了他们？"

　　"可是……你不觉得这事儿很蹊跷吗？"

　　老太太显出有些不耐烦的样子，拉开铁门返身回去："什么七巧八巧的，你回去跟你们院长说，五万不够！等我儿子儿媳从广东回来，还会去找他们的！我孙女是被他们学校的老师勾引的，他们得多赔点！"

　　"老师？勾引？怎么回事？徐泪在学校一直被欺负，你知道吗？"林萌连声追问，然而回应她的只有那扇锈迹斑斑的铁门。

　　"走吧。"赖泽锋在黑暗中叹了口气。

　　"你早知道会是这种结果？"林萌有些恼怒地看着赖泽锋。

"如果她的家人平常关心她,她也不会在临死前打给连电话号码都没有的雨尘。"赖泽锋举起手机,打开手电功能,"不过这趟也不算白来,这老太太说的老师勾引徐泪,我觉得也算条线索。"

"老师勾引学生,应该算是个轰动性的事件吧,为什么吴菲没有跟我们说呢?"林萌突然道,"对了,吴菲从学校出来的时间,是不是跟陈子行被杀的时间相吻合?"

"你怀疑她?"赖泽锋沉吟道,"她虽然跟徐泪的关系不错,但并不足以让她为徐泪复仇吧。"

"说的是呢。"林萌叹了口气,不知道为什么,她觉得这个案子有些怪怪的。两人走出小巷,却发现车旁站着一个黑影。

什么情况?凶手吗?跟着过来了?林萌有些兴奋,拉了赖泽锋一把,有些跃跃欲试的样子。黑影看到了二人,竟然快速地走了上来。有些面熟的样子,好像是那个林什么来着?

"你们好,我是林哲宇。"黑影冲两人点了点头。

林萌眯着眼睛,往前一步:"怎么,你一直跟着我们?"

"啊……没有,我是想来徐泪家看看,却在巷口看到了你的车。"林哲宇冲赖泽锋笑了笑,"跟你打过几回篮球,对你的车有点印象。"

"欺凌徐泪的,是你们班的大部分学生吧。你来她家,不怕在班里被孤立吗?"赖泽锋淡淡道。

林哲宇摇了摇头:"其实,我觉得她们欺负人是不对的。但是我却没有勇气站出来制止这种行为,以至于发展到现在的局面。每天看到徐泪空落落的位子,总觉得有些内疚,才忍不住想来她家看看。"

"别去了,她奶奶根本把她当成了讹诈学校的工具。"林萌顿了一下,"林学长,难得你挺有正义感的,你知道班里是谁带头欺凌徐泪的吗?"

"这个嘛……都是女生之间的事,我不是……"

"安啦,我们不会说是从你这里收到消息的,我们并不是想惩罚谁,而是看现在的架势,似乎有人在为徐泪复仇,对象搞不好就是那些欺凌徐泪的人。你告诉了我们,就等于是在救她们呢。"

林哲宇犹豫了好久,终于吞吞吐吐地道:"我也不太确定,只是隐约听说是李妍、张静她们起的头。"

"这样啊,对了,林学长,在学校里有老师勾引过徐泪吗?具体情况你了解吗?"

林哲宇摆摆手,道:"这个不能说的,院长反复强调过,如果从谁那里走漏了风声……"

"我们不会出卖你的。再说赖泽锋的老爸跟校董们关系超好,就算捅了篓子,他也能保下你哟。林学长,那个勾引过徐泪的老师很可能就是凶手呢,不想帮警方一个忙吗?"

林哲宇挠了挠头,脸上浮现出尴尬的笑容:"话是这么说没错……"

"那要不要让警方来问你?"林萌笑眯眯地看着他。

"嗯……其实我也是听说的,不知道真假。去年下学期,有个实习老师来我们班,教了大概一个多月时间吧。他似乎发现了徐泪受到欺凌,想改变那种状况。可惜后来不知道怎么回事,他和徐泪在酒店的床照在班里散开了,陈子行把这事儿报告给了学校,学校给压了下来……"

"床照?"林萌皱起眉头,"那徐泪殉情、被老师勾引的流言是真的?"

林哲宇舔了下发干的嘴唇:"恐怕是假的,听说是李妍、张静她们搞的鬼。不过学校根本无意去查验真相,他们只是不想事情传开,造成丑闻。那个实习老师被胡乱找了个理由辞退了,我们班的学生一个个被喊去谈话,要求保密,不然就直接开除。所以这事儿学校里知道的人并不多……"

"那个实习老师叫什么名字?"

"孟雨尘。"

原来是这样,怪不得赖泽锋翻遍名册也查不到雨尘这个人,学校为了掩盖这段丑闻,把他的名字给抹去了吗?

李妍攥紧了手里的电击枪,紧盯着走在前面的萧媛。虽然这家伙平时看起来懦弱胆小,但谁知道遇到危险会不会拼命反咬呢?真是没想到啊,竟然有人会替徐泪那个废物复仇,杀了陈子行那个蠢货。整个班,不,整个学校有这种脑残念头的,大概只有萧媛和吴菲了吧。李妍舔了舔有些发干的嘴唇,心脏扑通扑通跳得很厉害。她很清楚地知道,那不是紧张,而是兴奋。不同于欺凌徐泪时那种好整以暇的兴奋,而是一个精密计划将要在自己手上实现的兴奋。

李妍长得并不好看,个子有些矮,身形有些胖,是扔到人堆里根本不显眼的那种。但是这并不妨碍她骄傲,因为她聪明。整个明诚大学,像她一样在学术杂志上发表过专业论文的学生寥寥无几。她觉得,学校是个很公平的地方,一切以成绩排序。不管你出身贫富贵贱,长相黑白美丑,学校优待的总是学习成绩好的。而这一切也让她觉得很无趣,当不做值日生、体育课随意缺席这些小特权都索然无味时,不知道是谁找出了徐泪这个乐子。

身材高挑、长相漂亮、皮肤白皙,脑子还有点呆,做玩具再合适不过了。起先是张静先向徐泪挑衅的,当她们一起把徐泪堵在女厕所,烧她头发的时候,李妍感到一阵放空后的愉快。

就是这种感觉,看到一个身材长相都远远超过自己的同龄人瑟瑟发抖哭着求饶的感觉,让她感到前所未有的满足。后来是什么?烫烟头、抽竹片、吃苍蝇……出乎意料的是,越来越多的同学也加入到欺凌徐泪的行列中来。有的是为了发泄压力,有的是为了勒索钱物,而更多的则是随大流。

大家都是一样的嘛,都是把自己的快乐建立在别人的痛苦之上的生物。

直到后来,他来了。他顶着那颗浆糊脑袋,竟然想扮演骑士,拯救被恶龙囚禁的公主?只是他不知道,所谓的恶龙,就是班里绝大部分的学生和视而不见的老师。当一个人站在了大多数人的对立面,善恶对错已不重要,大多数人的利益才是正义。于是,流言很轻易地传开了,师生恋、安眠药、床照,一个缜密的阴谋在两个只有二十岁的年轻人操控下完美呈现,把他打入身败名裂的深渊。

那一刻,李妍觉得自己无比强大。

而今天,她要更进一步。

用电击枪击昏萧媛,带到事先踩好点的烂尾楼里,灌入大量的安眠药,再将浸湿了的餐巾纸一张张地贴在她脸上,然后留下那首逊毙了的《谁杀死了知更鸟》。那些蠢蛋警察只会觉得是杀死了陈子行的凶手干的。

哼,至于陈子行到底是萧媛杀死的,还是吴菲杀死的,已经无关紧要了。吴菲那边，张静最迟明天也会动手。谁杀死了知更鸟？为徐泪复仇？就留给蠢蛋警察们去纠结吧。

前面的萧媛转了弯，拐进了一条灯光昏暗的小巷。就是这里了，这个地方动手再合适不过了。李妍往前快跑了两步，举起手中的电击枪，枪头的两个电极在黑夜中发出啪啪的响声，闪烁着耀眼的光芒。

然而，没人。

萧媛……跟丢了？

真是他妈的见鬼了！李妍狠狠地跺了下脚，从未有过的屈辱感涌上了心头。她忿忿地将电击枪关掉，塞进裤袋，准备转身离开。然而脖颈间却生出了一股莫名的暖意，电光石火间，她猛然明白，那是别人的呼吸。

"臭婊子，敢耍我！"她拽出电击枪，暴怒着转身。然而一方湿漉漉的毛巾迎头压在了她脸上，她感到意识迅速地消散于虚无之中。

"吃早饭了吗？"张翔看着头发乱蓬蓬的林萌道。

"没有，让赖泽锋去买了。"林萌揉着眼睛，站在隔离带前，"谁死了？"

"李妍，还是那个班的学生，按照现场情况初步推断，跟杀陈子行的是同一个凶手。"张翔朝里面摆了下头，"给你十分钟。"

林萌拉起隔离带，走了进去。这是个两栋大楼之间的死胡同，狭窄、潮湿，跟昨晚去过的那条小巷倒有些相似。尸体躺在地上，依旧是面部发白的样子，墙上贴着不干胶剪成的方块字。不用说，依旧是《谁杀死了知更鸟》。

奇怪，不应该是这样的吧。在导致徐泪自杀的事件中，李妍作为欺凌的主要施加者之一，罪责应该比纵容者陈子行要大得多。那么，按照心理画像所建立起来的凶手性格，他杀死李妍的方法应该比陈子行更残忍一些才对。用同一种方式的话，是不是隐含着其他什么寓意？

张翔骂了句脏话，有些无可奈何："陈子行的案子，现场遗留下来的纸巾纤维、字块随处可见，没什么调查价值。你们学校虽然有些监控摄像头，但校园太大了，很多地方都监控不到，发现不了什么线索。这起案子嘛……你也看到了，现场遗留的线索依旧很少。走访了一些学生和老师，但估计是学校下了封口令，基本上没听到有用的东西。"

也就是说，警方的调查陷入困境了啊。跟自己预料的差不多，林萌点了下头。

张翔摸出一支烟，在鼻端下嗅着："丫头，你打听出欺凌徐泪的人了吗？学生中一定有很多传闻吧。"

"对了，大叔，麻烦查下大二国际金融专业去年的实习老师，孟雨尘，他有作案嫌疑。凶手的下一个目标很可能是张静。"林萌皱着眉头，"真是奇怪了，陈子行死了，李妍死了，为什么张静还这么沉得住气？"

"说起来，这个班的学生都很奇怪。以前也调查过学校里的案子，虽然学生们并不怎么配合，但好歹能问出来点东西。可这班的学生，问什么都不说，真是难搞。"张翔道，"丫头，你们去找张静谈谈，怎么样？"

"成。"林萌有些漫不经心地应道。凶手杀死陈子行、李妍，再杀死张静，之后会收手吗？应该不会，毕竟欺凌徐泪的人很多，如果只杀死他们三个的话，未免有些太不公平。那继续杀戮欺凌徐泪的人吗？有可能，但这样的复仇方式，不嫌太慢了吗？复仇的过程越长，越容易被警方抓住吧，那没杀完要杀的人，凶手会甘心吗？

"我不明白，你们说的欺凌到底是怎么回事？我们国际金融专业班是学院的明星班，可是个温暖的大家庭呢。"温婉沉静，谈吐得体，还有那始终洋溢在脸上的微笑，让林萌几乎要相信了她的话。

"比起被杀，似乎承认欺凌更困难一些？"林萌冷冷地看着眼前的张静，"陈子行和李妍都死了，你就一点觉悟都没有吗？"

"啊，我觉得很伤心的。"张静笑着回答，又抿了一口柠檬茶，"怎么，赖少今天没跟着你吗？"

"什么意思？"林萌愣住了。

"不用在乎学习成绩，不用考虑未来，用破案子做噱头，吸引高富帅的注意，从而早早地把富豪老公抓在手里，你这种人很有心计嘛。"张静笑笑，"当然这都是那些蠢女大学生的想法而已。"

"赖泽锋？老公？我呸！"林萌哼了一声，"你好像还没说完？"

"嗯。我懂你，你根本不在乎赖泽锋对你的感觉。你只是想要用破案子来显示自己的与众不同而已，简单地说就是个自以为是的中二少女。对于未来，你根本没有认真考虑过。"

"我是来问你徐泪的，不是让你……"

"这个案子没有匪夷所思的谜团，只有错综复杂的人际关系，根本不是你的菜。你为什么会对徐泪这个案子这么感兴趣？我打听了下你的过去，原来所谓的名侦探也有不为人知的另一面。"张静轻轻笑道。

"你想说什么？"

"你在小学、初中和高中，似乎都遭受过欺凌。"

林萌歪着头看了张静一会儿，起身将手机拿出来，抠掉电池放在桌子上。又浑身上下拍了拍，道："继续说，我不会录音的。"

"你之所以查徐泪这个案子，是自我救赎的一种方式。可是你想过没有，追查到欺凌徐泪的人，惩罚了他们，就可以伸张正义吗？就从此不会再有欺凌了吗？真是幼稚。"张静眨了眨眼，"人类这种生物，从来都不会平等对待每个人的。欺凌这种状况，不但存在于学校里，社会上也到处都是。为什么学校里发生了欺凌事件，就好像世界末日一样？参与欺凌的人都罪大恶极吗？那又为什么对社会上的欺凌视而不见？成年人都看不起笨蛋的吧，都排挤作弄过别人的吧，为什么却从来没有人在意过？因为，在潜意识里他们觉得那是正常的。人类，说到底，恃强凌弱才是本性嘛。"

"现在的大学生想法都这么偏激吗？"林萌冷笑道。

"不乖哟，"张静竖起一根手指摇了摇，"你应该叫我学姐才对。至于你的问题，我完全没有回答的必要。案子现在闹得这么大，我承认欺凌过徐泪那丫头，能有什么好处？难道不会被放到网上，被那些愚蠢网民的口水淹没吗？况且，警方会因为我不承认欺凌过徐泪而不保护我吗？"

"你就这么相信警方的能力？"

"总比相信你这个小姑娘好，"张静笑道，"那，我给你点提示，凶手的下一个目标，不是我。"

林萌皱眉道："什么？"

"陈子行因为袖手旁观而被杀,李妍因参与欺凌而被杀,凶手按照所谓罪孽深重来杀人的话,下一个目标不是我,应该是萧媛。"

"萧媛?"林萌想起了那个脸色苍白的女孩儿,怎么会是她?凶手为什么要杀她?

"你知道吗?徐泪的家庭条件很差,她的手机都是萧媛给她买的。两个关系好到如此地步的闺蜜,后来却变成了陌路人。这里面的原因很值得玩味嘛。所谓的背叛,应该比袖手旁观和参与欺凌更值得痛恨一点,"张静笑嘻嘻地道,"如果我是凶手,按照顺序,接着要杀的肯定是萧媛嘛。"

吴菲站在过街天桥下,默默地俯视着脚下的车流。前两天跟男朋友分手了,六年的感情终究还是抵不过流言。她摸出了一只细长的女式香烟,塞进了干涸的唇间,却没有点燃的意思。

男朋友的话虽然说得很含糊,但她是明白的。就算他不在乎那些流言,但他却不得不在乎周围的看法。要他逢人就解释女朋友没有在夜总会当陪酒小姐,确实太难为情了。

吴菲双手撑在护栏上,踮起脚尖,身子倾了下去。一阵眩晕的感觉传来,她忍不住往后退了一步。徐泪在天台的时候,是什么样的心情?绝望?屈辱?害怕?愤怒?

一个熟悉的身影出现在了路边的拐角,终于还是来了吗?吴菲将香烟收进烟盒,顺着人流走了下去。萧媛走得并不快,似乎心事重重的样子,又似乎在等什么人。吴菲跟着萧媛的节奏,放慢了脚步。她知道原先萧媛跟徐泪的关系很不错,但是后来却突然生疏了。有次吃饭时,徐泪问自己,要如何面对朋友的背叛。然而吴菲根本不知道该如何回答。爱情尚且如此脆弱，更何况友情？

前面的萧媛转了个弯，进入了一条人比较少的街道。吴菲加快脚步，想要跟上去。而就在此时，却发生了让她意想不到的状况。一个高高瘦瘦的年轻人从后面超过了她，向萧媛追去。看背影，似乎还有点熟悉。一个名字突然跳进了脑中，莫非是他？

那个年轻人已经追上了萧媛，从后面搭上了她的肩膀。而就在此时，随着一声哨响，三四个路人冲了上去，将年轻人轻而易举地制服在地。

原来是个陷阱吗？吴菲笑了笑，往后退入到黑暗之中。

眼前的年轻人就是那个实习老师，孟雨尘。他看起来很疲倦的样子，头发油腻蓬乱，眼窝深陷，胡茬看起来好久没刮过了。张翔看了眼身后的镜子，知道林萌就在对面看着审讯室。虽然经林萌的手破了几个案子，但正式审讯，是说什么也不能让一个女大学生参加的。他问过几个问题后，拿出了一张纸条，那是林萌要求他必须问的。

"你爱徐泪吗？"这是什么狗屁问题？

孟雨尘苦笑道："怎么会问这个问题？"

张翔干咳了一声："这个……有流言说你勾引过徐泪，还有床照之类的东西。"

"假的。"雨尘道，"关于这件事，我报过警。不过你们警方却说证据太少，学校和当事人都不配合，难以展开调查。"

"嗯……是派出所给的答复？你能说说具体情况吗？"

"现在想起来……应该是个陷阱吧。只不过我没想到，一群十八九岁的孩子能想出这种陷阱。"雨尘疲惫地摇了摇头,"那是晚上十点多,我接到班里一个女生的电话,说徐泪跟人在酒吧发生了纠纷,要我过去处理。我赶过去之后,发现徐泪浑身都湿了,据说是被人拖到厕所用水淋的。当时天气还很冷,那个女生告诉我要尽快找个快捷酒店给徐泪冲个热水澡,换换衣服,不然肯定会感冒的。我当时也没多想,就带着她们两个,在附近的快捷酒店开了间房。那个女生带徐泪去淋浴的时候,我喝了她给我的水,结果就昏昏沉沉地睡着了。"

雨尘犹豫了一会儿,似乎在想如何措辞,又似乎不愿再继续说下去。张翔干咳一声,道:"然后呢?"

"我再次醒来的时候,已经是中午了。房间里只有我一个人。我坐在床边,发了很久的呆,才想起了前一天晚上的事。草草洗漱过后,我担心徐泪,就直接去了学校。结果……"雨尘脸上露出了愤怒的神色,"一去学校,就被喊到了系主任办公室,看到了摊在桌子上的那些照片。"

后面的镜子响起了叩门声,应该是林萌在外面敲打,张翔有些不耐烦地起身出门。只过了短短几分钟,他就回到了审讯室,脸上的神色很是古怪:"你在这件事之前,就知道徐泪被欺凌的事情吧。"

"知道。"

"既然知道,不可能一点戒心都没有吧,还是说那个给你打电话的女生,你觉得不会欺凌徐泪?"

雨尘苦笑:"是的,我无论如何也不会想到她会参与到欺凌徐泪的事件中。"

张翔道:"给你打电话的女生,是不是就是萧媛?"

"对。"

张翔正要继续追问下去，有个年轻警察却抓着手机闯进了审讯室。他皱起眉头，骂道："猴子，你干什么！没看到正提审吗？"

年轻警察上气不接下气地道："老大！又死了一个！"

"什么？糟了！我们以为凶手的目标是萧媛，把警力从张静身边撤回来了！"

"不……不是张静，是另外一个学生，叫林哲宇！"

林萌非常烦躁，她完全没想到案子会突然拐了个弯。雨尘虽然出现了，但具体来讲，只是拍了下萧媛的肩膀而已。况且雨尘身上并没有携带任何凶器，就连纸巾、麻醉剂和方块字剪纸都没有。在张翔提审雨尘的同时，警方也进行了调查，结果更是令人沮丧。陈子行和李妍的两次命案，他都有不在场证明，从逻辑层面上来讲，他不可能是凶手。而且在提审中，雨尘说他是在李妍死后，才知道徐泪自杀的消息的。他接近萧媛，只是想问清楚徐泪自杀的真相。

在针对雨尘的陷阱中，萧媛似乎是个关键人物。而对萧媛的提审结果，却让林萌大失所望。当时萧媛之所以给雨尘打电话，是因为受到了胁迫；而之后跟徐泪疏远，也是因为受到了胁迫。而这个胁迫她的人，已经死了，是李妍。

"案子似乎进入了死胡同。"张翔抓了抓乱糟糟的头发，"原本以为雨尘是凶手来着，现在看来是我们搞错了。"

林萌道："但你们不觉得这个雨尘有些奇怪吗？当初被陷害之后，为什么没有追究或者复仇，而是就这样平平淡淡地接受了？"

"你还在怀疑他？"张翔有些意外。

"或许不是每个人的性格都跟你一样要强,他或许是觉得没有希望还自己清白,而又不想毁了徐泪的名誉,才选择了妥协。"赖泽锋道。

"真的是这样吗?"林萌犹豫道。

"好了。"张翔拍了拍手,"不管怎么说,雨尘有不在场证明,我们不要在他身上浪费时间了。这案子要从头查起,警方会保护好萧媛的,丫头你们再跟同学聊聊,看有什么新线索吧。"

新线索吗?林萌揉着太阳穴,陷入了沉思。

整个案子是以徐泪自杀开始的。她那个打错的电话,恰巧是打给自己的,然后自己开始追查欺凌她的是谁。找到了辅导员陈子行,陈子行否认有欺凌存在,然而却在教室内发现了凶手的杀人预告。在放学后等萧媛的时候,遇到了吴菲,从吴菲那里得知了徐泪被欺凌的实情,然后发现陈子行被杀。为了找出谁是嫌疑人雨尘,去了徐泪的家,却毫无收获。意外遇到了林哲宇,得知了带头欺凌徐泪的学生和雨尘的身份,然后李妍被杀。在张静那里得知凶手的下一个目标可能是萧媛,利用萧媛做诱饵,抓到了雨尘,然而雨尘却并没有作案时间……

整个案子的主线顺下来,有些不对劲的地方。徐泪恰好打到自己手机上,吴菲恰好看到了自己追问萧媛,林哲宇恰好去徐泪家,雨尘恰好找萧媛被警方抓捕——这里面的巧合也太多了吧?

"大叔,雨尘是怎么知道萧媛晚上会去那里的?"林萌问道。

"说是接到了个电话,说徐泪自杀了,并把萧媛的行踪告诉了他。萧媛那边也问过了,也是接到了个电话,说有事要告诉她,要她去某个地方。"张翔苦笑道,"电话号码查过了,郊区的老式公共电话，附近没有摄像头，也没有目击证人。"

如果说是凶手促成了这些巧合的话，未免也有些太神通广大了吧。林萌摇了摇头，或许自己的推理，一开始就误入了歧途？

谁杀了知更鸟？是我，麻雀说，用我的弓和箭，我杀了知更鸟。谁看见他死去？是我，苍蝇说，用我的小眼睛，我看见他死去。谁拿走他的血？鱼说，是我，用我的小碟子，我拿走他的血……

林哲宇的死亡现场，还贴着这首《谁杀死了知更鸟》，这首英国童谣的字不算少，贴上去的话至少要花费十几分钟。凶手为何对这首童谣如此执着？到底要用来传达什么信息？林萌将其他两个案发现场的照片也放到桌子上，有一张没一张地看着。张翔的排查并没多大的进展，整个案子在找到雨尘之后，就戛然而止。而这两天在同学们之间的打探，并没有什么收获。在林萌的强烈要求下，终于以再次问询的名义把萧媛请来了。

而萧媛，却让林萌的无力感更重了。两人在休息室里已经面对面坐了快半个小时，萧媛一直眼睛低垂、畏畏缩缩，对于林萌的问题，基本上都是用摇头或者点头来回应，偶尔说一两句话，也声音小得几乎听不到。

林萌放下了手中的照片，决定改变一下交流的方式："听说……只是听说哦。"

果然，萧媛微微抬起了头，胆怯地瞄了林萌一眼。

"你原先和徐泪是很好的朋友，后来却和李妍、张静她们一起欺负她？"

"没有的事。"声音虽然还是很小，但已经有所波动了。只不过，林萌的心头却漾起一股奇怪的感觉,萧媛的声音有些熟悉,却想不起来在哪里听到过。

她摇了摇头,继续问道:"可是她们都这么说嘛。"

"她们说谎。我和徐泪后来虽然疏远了,但我是绝对不会欺负她的。"

"那你跟李妍合伙,给雨尘挖坑陷害他是怎么回事?"林萌松了口气,人为了给自己辩白,通常会多说一点的。

"我是被迫的,而且徐泪也同意那么做。"萧媛抬起了头,薄薄的嘴唇毫无血色。

"徐泪也同意?是什么意思?难道说雨尘想要揭示徐泪被欺凌的真相,并不是出于单纯的正义感吗?"

"你觉得这世上有好人吗?"萧媛的声音听起来很冷。

林萌愣了一下。

萧媛的目光已经跳过了她的肩膀,看向了身后的玻璃窗:"我觉得没有。其实每个人都有目的,都有私心,没有谁会对每个人都好,没有谁会一直坚持正义。说起来,正义又算是什么?当一个人的前途甚至生命受到威胁时,会怎么做?"

"你好像……话里有话?"

萧媛头又低了下去,过了一会儿才道:"没有。"

"好吧,你后来虽然跟徐泪的关系慢慢疏远了,她自杀前,有没有找过你?或者跟你说过些奇怪的话?"

萧媛摇了摇头。

林萌站起了身,道:"你在害怕什么?欺凌徐泪是以李妍和张静为主的吧。现在李妍死了,张静自保还来不及,不管你说了什么、做了什么，都不会有人再胁迫你、欺凌你的。"

萧媛沉默了半晌，道："你什么都不懂。"

"那你懂什么？你拒绝透露消息，是为了让凶手顺利地杀掉张静吗？"林萌靠在桌边，目光落在了萧媛的双手上。她的双手放在桌下，紧紧地握在一起。一丝异样的感觉滑过心头，她上前去拉萧媛的手。萧媛下意识地往后一缩，想要躲开林萌。而林萌的手指恰巧勾到了她的衣袖，萧媛手腕间的淤青一闪而过。

"你也被人欺凌过？"林萌失声道。

萧媛起身，快步地走出房间。

那种奇怪的感觉再次浮上心头，她烦躁地跺了跺脚，想要喊住萧媛。突然一道炸雷在头顶响起，一束亮光直射而来，她明白了那种奇怪的感觉。林萌呆呆地站在原地，看着萧媛越走越远，竟然打了个寒颤。她转过身，目光落在桌上的那些色彩斑驳的照片上。沉默了一会儿，她将所有的照片都翻了个遍，入眼是一片白色。

然后，她开始一张张地掀开照片。对的，有很多东西，只看一面的话，会觉得都是一样的。但看另一面的话，你会发觉到它们是完全不同的。案子是由徐泪自杀而引起的吗？不是，是因为徐泪错打了自己的电话，自己接到电话后会接手调查这个案子的概率有多大？几乎是百分之一百。自己那可笑的正义感、类似的被欺凌经历，都会促使自己去调查这个案子。从某种意义上来说，如果不是自己告诉警方徐泪自杀是忍受不了欺凌的话，徐泪的自杀会被学校轻易地掩盖。而当自己开始调查的时候，凶手也开始了杀戮。一切追溯到本源的话，自己调查是谁欺凌了徐泪，才是这一系列杀人案的触发点。

那么，其他的问题都不再重要，首先要搞清楚的是，是谁将自己的手机号码告诉了徐泪，并说是雨尘的号码？这个人，就是凶手吗？

桌子上所有的照片都被掀了开来，组成了一幅不知所云的画面。清楚了，或许真相就是这样。林萌幽幽地叹了口气，想不到，她竟然跌入到了心理陷阱里面。下面，需要做的是查验几件事情，如果真的如自己推理的一样，那就能把整个案子串起来了。

灰色的水泥墙上贴着大大小小的字块，墙边是现场痕迹固定线勾勒出的人体形状，这是林哲宇被杀的现场。林哲宇已经死了一周，警方也忙碌了一周，做了大量的调查。那些基础性的资料，让林萌的推理一个一个得到了佐证。整个案子，似乎真相大白了。只不过，这样阴暗的真相，是林萌远远没有预料到的。一个被欺凌的女大学生的自杀，引出了一系列的命案，将那些人的未来碾为了齑粉。或许，这就是现实？

"富二代，也许我不查是谁欺凌了徐泪的话，这起连环杀人案根本就不会发生。"林萌的情绪很低落。

赖泽锋淡淡道："那样的话，欺凌会一直继续下去。"

"我在想，张静说的似乎也有些道理。欺凌这种现象是不会消失的，即便是我找到了欺凌徐泪的人，阻止了欺凌的继续，又有什么意义？在其他班级里，在其他学院里，在其他学校里，甚至在成人的社会里，每天都有人被欺凌，这根本是徒劳无功。"林萌苦笑。

"有个故事不知道你听过没有。"

"什么？"

"说是一个小孩子在退潮后的海边,发现了许多被困在石凹里的小鱼。他知道太阳升起来后,水被晒干,这些小鱼都会死。于是他就用手捧着小鱼放进海水里,一次又一次。旁边有个大人看到了,嘲笑道,这海边有成千上万条被困住的小鱼,你一次救一条,能救得了几条?谁会在乎呢?孩子回答道,虽然我能救的只是很少的一部分,但对于被救的那些鱼来说,它们却因此可以活下去。你不在乎,被救的鱼在乎。"赖泽锋道,"既然做的是正确的事,就不要轻视自己。"

林萌沉默了很长时间,点了点头:"你总是很擅长安慰人,好吧,告诉张翔大叔,可以让所有人都进来了。"

她转过身,默默地看着从巷口走近的人们,凶手就在其中。

林萌轻声道:"把大家都找来,是想让大家帮我思考一个问题,为什么凶手每杀一个人,都要在现场留下《谁杀死了知更鸟》这首英国童谣。"

吴菲站了出来:"这不很清楚吗?徐泪当初被逼在上课时背诵过《谁杀死了知更鸟》,凶手是用这首童谣作为象征,表明自己在为徐泪复仇。"

林萌摇头道:"徐泪真的是被逼背诵的吗?"

赖泽锋接过话:"我调查了一下,徐泪背诵这篇童谣,是在两个月前。当时的场面比较怪异,有同学说徐泪是突然站起来的,背着背着就哭了,而眼睛却一直盯着某个人看。这种状况,似乎不像是被逼迫下的恶作剧。而从另一位同学那里得知,一年前的元旦晚会上,徐泪和某个人一起合唱过《谁杀死了知更鸟》这首英文童谣。"

"你从哪里得知这些事情的?我记得我们班的同学跟你并没有熟

到这种地步。"张静微微笑着，看着赖泽锋。

"所谓关系这种东西，一是靠时间，二是靠金钱。"赖泽锋报以笑容，"你们班的同学并不像你想象得那么清高。"

张静耸耸肩，没有再说话。林萌把目光转向了另一个人："那个跟徐泪一起合唱过《谁杀死了知更鸟》的人，就是你。而就在她上课时唱起这首歌的前一天，你莫名其妙地跟她划清了界限。"

萧媛迎着林萌的目光，缓缓抬起了头。

"等一下！"吴菲道，"萧媛跟徐泪疏远，是因为受到了李妍、张静她们的胁迫！"

"跟我有什么关系？"张静冷冷道，"我才懒得做那些事情。"

林萌看着萧媛道："你跟徐泪疏远，并不是李妍和张静威胁的，而是你也受到了欺凌。你觉得自己之所以受到欺凌，是因为跟徐泪走得太近，为了自保才跟徐泪划清了界限，对不对？而徐泪之所以在上课时背诵《谁杀死了知更鸟》，是对你突然的疏远感到震惊，对你的背叛产生了怨恨，对不对？"

"我不觉得我有错。"萧媛的声音很低，"跟她疏远后，我被欺负的次数少了很多。背叛……说不上吧，人不都是这样的吗？友情这种东西，本来就是很脆弱的。不是经常有很要好的姐妹淘莫名其妙地分开吗？我是为了自保，我没有错。"

"可在徐泪自杀之后，你仍没摆脱被欺凌的处境，反而变本加厉。"林萌叹了口气，"不必否认，那天我看到了你身上的伤痕，不是旧伤。"

萧媛握紧了双手，没有再说话。

张静突然笑道："如果是这样的话，那在命案现场出现的那些

《谁杀死了知更鸟》的字块,到底是什么意思?既然徐泪背诵这首童谣是因为萧媛,那么留下这首童谣是跟萧媛有关了?凶手难道就是萧媛?"

"凶手,不能说就是萧媛,这个案子没有那么简单。"林萌道,"《谁杀死了知更鸟》第一次出现,是在你们班的教室,当时并没有发生命案。而留下这个东西的人的目的,也并不是为了表明自己会为徐泪复仇,他的动机其实很简单,只不过是一次新的恶作剧,戏弄的目标则是萧媛。"

张静皱了皱眉头:"什么意思?凶手为什么要戏弄萧媛?"

"第一次在教室里留下字块的人,并不是所有命案的凶手,这点你应该很清楚才对。"林萌看着张静道。

张静耸了耸肩:"抱歉,我脑洞没有你开得那么大。"

"因为在教室里留下字块的人,有你。"

"嚯,开什么玩笑?"

林萌扬起了一个黑色优盘:"林哲宇的日记,他那天晚上落了东西,回教室取的时候,看到了你和李妍在贴那些字块。"

张静歪着头,看着优盘,没有否认。

林萌道:"萧媛和徐泪疏远,徐泪背诵《谁杀死了知更鸟》,过了不久后选择了自杀。这首英国童谣是萧媛和徐泪的心结,你们布置这些东西,只不过是想刺激下你们的新玩具,满足自己的恶趣味。林哲宇看到了这些,明白了你们的目的,并写进了日记。案子查到这里,让我有些迷惑,既然第一次出现《谁杀死了知更鸟》,并没有警告或者预告的寓意,那在接下来的杀人案中,一再出现这首童谣是怎么回事?前后的行为模式根本不相符。"

"所以，第一次搞出童谣的人，并不是杀死了陈子行的人。杀死陈子行的凶手，并不了解那首徐泪背诵的童谣的背景，而是想当然地认为教室里被贴上《谁杀死了知更鸟》，是另一个心怀正义的人在警告那些欺凌过徐泪的人。凶手为什么要杀死陈子行？是因为陈子行的身份和行为，让她感到愤怒。陈子行身为国际金融专业班的辅导员，不但无视徐泪遭受欺凌的事实，而且在徐泪自杀之后，出于私利妄图掩盖真相。而因为对徐泪的帮助也让她成了学校的公敌，自己陷入了流言中，人生和事业都出现了危机。杀死陈子行，不但是对徐泪的慰藉，也可以用命案迫使警方介入，从而将肮脏腐烂的真相公之于众。我说得对吗？吴菲老师？"

吴菲扬起了头："你有证据？"

"没有。但是，你还记得前几天说过的话吗？你说徐泪之所以在课堂上背诵《谁杀死了知更鸟》，是被欺凌的缘故。你是今年接替卓雪老师担任校医务室老师的，并不知道徐泪和萧媛在去年一起合唱《谁杀死了知更鸟》的真实情况。而你受到的委屈和坚韧的性格，让我相信你会做出这种铤而走险的自我牺牲。"

吴菲没有否认："继续。"

林萌道："推理出杀死陈子行的凶手后，我反而陷入了迷茫。因为你的目的是迫使警方介入，让真相公之于众的话，你没有必要再杀死李妍。在问询萧媛的时候，我看着桌子上凌乱的照片，突然想到了另一种可能。既然在二年六班教室贴《谁杀死了知更鸟》和杀陈子行的不是一个人，那么杀死李妍的，会不会也是另外一个人？我想到了林哲宇。"

"林哲宇？他不是已经被杀死了吗？"

林萌道："他是在李妍死后，才被杀的。第一次见到林哲宇，是在教室里，他替陈子行解了围。我们现在知道，其实在李妍和张静贴那些字块的时候，他目击了整个过程，为什么他不把真相说出来？第二次见到林哲宇，是在徐泪家的那条小巷口，他说他也是去徐泪家的。现在想起来，他当时的举动蛮奇怪的。平时他跟徐泪的关系并不好，徐泪自杀他有必要去徐泪家吗？既然是去徐泪家，为何又在巷口赖泽锋的车前停下，而不进小巷？没错，他跟踪了我们，在等我们。为了将李妍、张静带头欺凌徐泪和雨尘被陷害跟徐泪开房这些事告诉我们。

"当然，这些事经过张翔大叔的调查，都是真的。让我产生怀疑的是，他将这些事告诉我们的目的是什么？如果是为了披露徐泪自杀的真相，那么为什么不把李妍和张静在教室里贴字块的事情告诉我们？

"心理学上有个陷阱叫做惯性思维。人在遇到相似的场景时，总会下意识地遵循前几次的判断得出相似的结论。由于我弄错了徐泪唱《谁杀死了知更鸟》的真正用意，这个案子一开始我就错了，以至于把多人无配合的衔接杀人当成一人有目的的连环杀人。林哲宇做这些，是为了强化我的错觉。我认为凶手杀人是为了惩罚欺凌徐泪的人，于是他就告诉我李妍、张静是带头欺凌徐泪的人。我怀疑凶手是雨尘，于是他就告诉我雨尘被陷害的事情。然后，他模仿吴菲的方式，先用麻醉剂迷昏李妍，然后用浸湿了的餐巾纸闷死了她，然后在墙上留下了《谁杀死了知更鸟》的字块。两起命案相似的场景，让警方和我想当然地认为是同一个凶手所为。"

"这些东西林哲宇的日记上也有吗？还是你空想出来的？"张静

讥讽道,"再说林哲宇为什么要杀李妍?他要为徐泪复仇吗?"

林萌看着张静:"看来你是真的不知道。"

"我不知道什么?"张静强笑道。

"你的好闺蜜一直在勒索林哲宇。"林萌道,"他的日记里倒没有写这些事。但张翔大叔在林哲宇被杀后,调查了他的行踪。发现他从去年起,就频繁地在酒店开房。根据酒店的监控录像,警方找到了跟他一起开房的一个四十多岁的女人。"

"哟,原来校草不过是个富婆的宠物?"张静的笑声很大,脸色却有些苍白。

林萌自顾自地说下去:"那个女人因为被警方列为嫌疑人,很痛快地就交代了她跟林哲宇的包养关系,而且她提到林哲宇和她的事情被一个同校女生发现了。那个女生在屡次勒索之后,前几天更是狮子大张口开出了五十万的价格,而林哲宇也不止一次忿忿地说要解决她。在李妍被杀的那晚,林哲宇提前交代这个女人,说以后万一有什么事,就让她说自己感冒发烧,林哲宇一直在照顾她。如果李妍不是他杀的,为什么要制造不在场证明?"

"可是……"一直缩在角落的萧媛怯生生地道,"如果陈子行是吴老师杀的,李妍是林哲宇杀的,那林哲宇呢?林哲宇又是谁杀的?"

林萌看着萧媛,没有说话。良久之后,她有些疲倦地转过身,道:"杀死林哲宇的人,是你,张静。"

"林萌,讲话要有证据。"

"那么,林哲宇被杀的当晚,你有不在场证明吗?"

张静沉默。

"我再问你，李妍被杀的当晚，你有不在场证明吗？"

张静昂起来头："没有不在场证明又能说明什么？就能推断我是凶手？笑话！"

"李妍被杀的那晚，我拜托张翔大叔搜集了附近路口的监控录像，发现了很奇怪的事情，萧媛、李妍、林哲宇还有你都在案发现场附近。而且你们出现的时间更奇怪，按照录像显示，是萧媛最先通过路口，然后是李妍，接着是林哲宇，最后是你。李妍为什么要跟踪萧媛，是为了对萧媛实施又一个恶作剧吗？没那么简单。是怀疑萧媛是杀死陈子行，为徐泪复仇的凶手，要对萧媛进行质询吗？也有些牵强。那么李妍到底要做什么？带着这样的疑问，警方排查了李妍家附近和学校附近，都没有什么结果。但是意外地在她的手机上查到了几条网购记录。对，她在几家电商分别买了电击枪、麻醉剂、纸巾、不干胶棒。这些是凶手杀人后布置现场的东西，难道李妍跟踪萧媛的目的是要杀了她？我们永远不可能知道了，因为她在跟踪萧媛两条街后，就被林哲宇杀死了。至于她的尸体上并没有这些东西，恐怕是被林哲宇拿来布置现场，或者丢掉了吧。而你，你为什么要跟踪林哲宇？"

"我没有回答的义务。"

林萌道："其实你要跟踪的并不是林哲宇，而是李妍。警方发现，李妍网购的那些东西，全部都是两份，是她要杀死两个人吗？但在她家中并没有发现剩下的一套。那一套，交给了你。"

"不明白你在说什么。"

"你的好闺蜜购买这些东西的时候，用的是你的支付宝账户，而且其中一份的收货地址是你的。这种故意留下证据的伎俩，是共犯们常见的互相绑架的小聪明。以你们两个人的个性，是不是在怀疑萧媛和吴菲是凶手后，决定仿照凶手犯罪的模式，先下手为强杀掉她们两个？"

"嚯，女大学生侦探，如果是这样的话，那我应该去跟踪吴菲吧，为什么会跟踪萧媛？"张静脸色僵硬地反问。

"因为你觉得这个想法很蠢，你觉得在没有确定凶手身份的时候，就亲手杀人，风险未免太大了一些。而且你并不信任李妍，你跟踪她，是想确定她是否会杀死萧媛。结果，你看到林哲宇在跟踪李妍，而且你目睹了他杀死李妍的全过程。于是，你错以为林哲宇才是这一系列命案的凶手。事情发展到这一步，已经没有了退路。报警？将林哲宇抓起来？那在网上购买的电击棒、麻醉剂、纸巾这些东西很容易引起警方的怀疑。警方很快就会查到你，到时候你就会背上杀人未遂的罪名，就算不会坐牢，也没有了耀眼的未来。与其坐以待毙，不如放手一搏。只要杀了林哲宇，现场不留下痕迹，这个连环杀人案就会终止。就算警方查到了陈子行和李妍是谁杀的，也根本不会怀疑到你身上！

"但是这里有一个问题，在陈子行和李妍死后，警方对你采取了保护措施。在警方的保护下，如何去杀掉林哲宇？于是，你告诉了我萧媛和徐泪疏远的事情，并煞有介事地说原因是萧媛的背叛，并强调凶手的下一个目标肯定是萧媛。从你的立场来讲，这样的说法很奇怪吧，就算你觉得凶手会先杀萧媛，但你像是牺牲自己利益而保护自己欺凌对象的人吗？你的目的，不过是将警力转到萧媛那边，给你留出时间去杀林哲宇！"

"只是推理的话，就不要再继续了。"张静冷笑，"没有证人，没有证据，完全没有意义。你能把我怎么样？警方能把我怎么样？"

"是我杀了陈子行，"吴菲突然开口，"而且我还目睹了张静杀死林哲宇。"

众人都是一愣，林萌看着吴菲，表情复杂地摇了摇头。

张静冲到吴菲身前，怒道："你鬼扯什么！"

吴菲笑道："那天晚上你约林哲宇到这里，为了避开人，特地打碎了巷口那盏路灯，我看得很清楚。"

张静怒极反笑："白痴！你在撒谎！那晚我根本没有动那盏路灯！"

话刚出口，她就意识到了不对，转身看着众人，脸色愈加苍白。

一直沉默的张翔踩灭了烟头，带着走廊上的警察依次而入，吴菲平静地向他伸出双手。而张静却强笑道："我刚才只是口误，你们还是没有证据。"

张翔道："张静，原先你不是嫌疑人，我们无法强制提取你的指纹、脚印和毛发来鉴证，现在状况就不同了。放心吧，你到底有没有杀人，我们会查清楚的。"

张静突然爆发："装什么酷！你们这些猪！白痴！如果不是因为你们太笨，抓不到凶手，我有杀林哲宇的必要吗？我这是正当防卫！正当防卫！你们懂吗！……"

张翔挥了挥手，两名女警上前拖走了张静。他又摸出一根烟，对林萌道："丫头……这案子就算完结了？"

林萌道："嗯……完结了。"

张翔嘟囔了一声："怎么觉得还有些地方……算了，收队，收队。"

赖泽锋冲林萌点了点头，也转身离开。巷子里很快安静了下来，林萌转过头，看了萧媛一眼。她怯生生地抱着肩膀，靠在墙边，也看着林萌。

"你……"林萌想说什么，却欲言又止。

"谢谢你。"萧媛轻声道，"也替徐泪谢谢你，她总算能瞑目了。"

"真的吗？"林萌幽幽地道，"萧媛，我问你一个问题，你有没有盼望徐泪去死？"

萧媛猛地抬起头，惊讶地问道："怎么会？虽然我和她疏远了，但是我并不讨厌她。"

林萌没有说话，只是静静地注视着萧媛。萧媛在林萌的目光下，表情渐渐地变了，懦弱害怕的神色逐渐隐去，漠然侵蚀了她秀气的容颜。

"没有。"犹如冰块一般的回答。

"有没有欺凌过她？"

"没有。"

林萌又看了萧媛一眼，终于没有再说什么，转身往巷口走去："好好的，活下去吧。"她疲倦地说。

雨丝变成了豆大的雨滴，从数万英尺的高空中愤怒地砸向大地，溅起一朵朵粉身碎骨的水花。萧媛从拐角走出来，在徐泪刚刚跳下去的地方停住，她的手机还留在地上。从天台上俯视下去，徐泪的身体虽然已经变得很小，但还能清楚地看到她的身下洇出来一大片红色，正在肆无忌惮地蔓延开来。一阵眩晕的感觉袭来，她向后退了两步。

自杀啊……她竟然被逼到了这一步吗？

雨水沁湿了衣服，萧媛舔舐着身上的那些伤痕，感到撕心裂肺的疼。萧媛很清楚，徐泪的死如果不了了之，那么作为下一个玩具的她，将会受到更加变本加厉的欺凌。但是徐泪的死，怎么看都是自杀吧，就算警方介入调查，又能怎么样？除非带头欺凌的同学都死掉，不，还有帮忙隐瞒真相的老师……

她在雨中站了一会儿，捡起了徐泪的手机。她刚才听到了徐泪打的电话，她按了下重拨，通了，是个不耐烦的声音："你打错了！我不是什么雨尘！"

嘴角微微扬起，萧媛删除了通话记录，按下了另一个号码，学校里有个喜欢玩侦探游戏的女生，打给她好了，只要重复了徐泪刚才说的话，就能激起她的好奇心。然后，是暗示挑唆这些人互相残杀呢，还是自己动手呢？这个要看以后的状况再决定吧。

啊，拨出去了，幸运得很啊，竟然也是语音信箱呢……

萧媛压低了声音："喂？雨尘？不好……不好意思，冒昧给你打电话。我……我是徐泪……"

挂了电话，少女将手机丢下天台，看它在昔日好友的尸体旁摔得四分五裂。

"我没有错，我只是不想坐以待毙。"脸上浮现出苍白的微笑，她在遮天盖地的大雨中走进了黑暗。

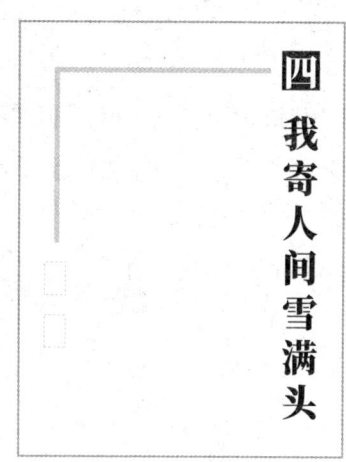

四 我寄人间雪满头

　　风吹起衣服下摆，犹如受惊的小动物在温热的皮肤上乱窜，留下如针刺一般的寒意。她抿着薄薄的嘴唇，面无表情地看着眼前的布告栏。

　　学校诗社的指导老师又得奖了，这些自诩清高的诗人们也不能免俗，在海报上大张旗鼓地赞美自己。挑剔的视线落在了男人的照片上，他摆了个矫情的姿势，左手托着下巴，脑袋呈四十五度角斜视着天空，有棱有角的脸上挂着故作深沉的表情。

　　没办法呢，她笑了笑，伸手撕开海报。出乎意料，海报下面竟然还贴着一张拼车广告。广告贴得有些紧，她摸出一把锋利的小刀，干脆利落地剥去广告纸，褪色的布告栏底板上显露出一行模糊的小字。

　　君埋泉下泥销骨，我寄人间雪满头。

讲台上的秃顶老师正翻来覆去地讲纳什均衡理论，天色晴朗，阳光正好，陈然用力嗅了下，似乎能闻到后桌林萌身上的淡淡香气。

如果可以谋杀

我杀了这时间

或许

在这之前

我已经被它谋杀

就这样结束吧

每一天每一季每一年

我在时间里渐渐死去……

陈然打了个哆嗦，扭过身看着林萌道："萌萌，你该不会想不开……"

"想你个大头鬼！"林萌敲了陈然一个爆栗，"我念的是诗！"

"什么诗啊，这么阴暗？"

"死亡诗社的指导老师获奖了，你不知道吗？"

"死亡诗社？……"

林萌推了陈然一把："好好听你的课吧，待会儿老师又要说我跟你说话了。"

陈然扭过身去，林萌继续翻着手里的那本诗集。现在很少见到诗集了，毕竟能靠写诗活下去的人越来越少了。伤春悲秋这种事，永远激不起林萌的兴趣。让她在意的是，关于这本诗集的流言。

这是学校死亡诗社的诗集，里面收集的诗都是指导老师江瑜生写的。死亡诗社创立十多年了，据说是受一部电影的影响。当然，学校的诗社远远没有电影里的那般厚重，对于现在大学生来说，吟诵的人生和爱情都显得太肤浅了点。所以在十多年里,这个社团一直很冷门,几乎无人知道。而社团团员们创作出来的诗,更是没有流传下来一首。

死亡诗社的关注度突然高起来,是因为去年新来了个中文教授,江瑜生。瘦削的身材、精致的五官、深邃的眼神、忧郁的气质,很受那些大学女生的喜欢。而且作为一个诗歌爱好者,他是专业级的,据说在国内顶尖纯文学杂志上刊发过不少作品。死亡诗社很快便有了人气,还私印了本诗集。

但去年发生的一起自杀案件,却使死亡诗社蒙上了一层阴影。一个叫魏蔓的女生,在诗社的活动室割脉了。当初有人匿名向警局打电话,信誓旦旦地说是他杀,警方介入调查后,虽然发现了一些疑点,但后来出现了个关键性的证据,以自杀结案。而这个关键性的证据,就是魏蔓的遗书。确切地说,是一段视频。魏蔓在视频里的精神状态很差,握着那本诗集,说了些悲观厌世的遗言,然后割开了自己手腕的动脉。

同年,江瑜生获得了他平生第一个全国性的诗歌奖项。接着有莫名其妙的传言说,江瑜生剽窃了魏蔓的作品,事情败露后杀了魏蔓灭口。当然,有那段视频在,警方对这种流言根本没有一点兴趣。但诡异的是,今年江瑜生得了第二个奖,死亡诗社的新社员刘若君自杀。让所有人头皮发麻的是,刘若君自杀的地点跟魏蔓相同,而且同样是握着那本诗集,留下了一段类似的视频。

一时间,乱七八糟的流言在学校里犹如老鼠一般乱窜,剽窃杀人算是靠谱一点的,更多的人热衷于黑魔法、祭品之类的说法。而学校里江瑜生的粉丝们,则是义愤填膺地跟人争论不休,要求每一个谈论这些流言的人向她们的偶像道歉。甚至有不少校外的粉丝，自制了横幅挂在学校门口，声援江瑜生。警方不得不再次介入调查。值得庆幸的是，与上次不同，这次自杀的刘若君，并没有死，而是深度昏迷。

林萌合上了手里的诗集，忽然发现不知什么时候已经下课了。陈然这位青梅竹马正探着身子偷看她手中的诗集，她索性道："走，查案去。"

"啊？又查案？"

"喊，你去不去？不去我喊赖泽锋了？"林萌白了他一眼。

"别！我去！我去！"陈然急忙应道。

张翔看见林萌走过来，无可奈何地摇了摇头。

林萌嘻嘻笑道："大叔！不是说自杀嘛，怎么你们还要做现场调查？"

张翔皱着眉头道："两年两次自杀，又有各种各样的流言传来传去，上头要我们查清楚，避免社会舆论升级成群体性冲突。"

"那你们现场鉴定弄完了吧，我能不能进去瞧瞧？"

张翔不耐烦地道："去，去，那边戴上手套、鞋套，十分钟啊，十分钟后你就给我出来。"

林萌吐了下舌头，戴好手套鞋套，溜进了屋里。陈然往房间里瞅了瞅，摇摇头，站在了张翔身旁。

"你不进去？"张翔斜眼看着他，问道。

"我就不进去了。这屋子里不是自杀了两个女生吗，大家都说挺邪的。"陈然傻乎乎地笑道，"我有点害怕。"

"什么挺邪的,要不是你们这群学生乱传黑魔法之类的东西,这案子根本不用调查。"

"大家也不见得全信吧,不过两次自杀,还一模一样,都觉得很不可思议啊,现在根本没人敢跟江瑜生老师说话。"

"江瑜生啊。"张翔欲言又止。他向屋内看去,林萌正半蹲在地上,看着那摊血迹发怔。

地上的血迹已经变成黑色,渗入了水泥地中,看样子着实不少。刘若君不过十八岁,女性,身体素质并不怎么好。人失血超过两千毫升就会有生命危险,而从地上这大片的血迹来看,要远高于两千毫升。如果不是有同学及时发现,刘若君肯定难逃一死。不过即使是这样,刘若君也因失血过多而陷入深度昏迷,至今未醒。

林萌起身,环顾四周。所有的一切都落满了灰尘,显出一种阴冷颓废的模样,除了房间正中的那个三脚架。是的,刘若君自杀之时,一直在用磁带摄像机全程录像。摄像机和磁带已经被警方带走,做技术分析去了,现场只留下了这个三脚架。两起自杀,虽然存在诸多相同之处,但最令人疑惑的是为什么都要用视频的形式留下遗书。对于大学生来说,摄像机这种东西动辄几千上万,自己买是不太现实的。魏蔓自杀时,是借的学校电研社的;刘若君自杀时,是借的学校电教处的。虽然借摄像机不算很难,但总是多多少少有点麻烦。而且,现在智能手机都有录像功能,基于什么样的理由,让两人非要用摄像机来留下自己最后的影像呢?

一阵凉意从背后袭来,林萌忍不住打了个哆嗦。她转过身,发现有扇窗子没关住。她下意识地上前,却被一堆杂物挡住了去路。她想绕过杂物,却不小心滑了一跤,结结实实地摔了下去。

好疼，眼泪都快出来了。

门口陈然惊慌失措地跑了进来，扶起林萌，迭声问："怎么了，怎么了？"

林萌没好气地说："嚷什么嚷，只是不小心摔倒了嘛！"

右脚脚踝肿了起来，林萌试着活动了一下，钻心地疼。陈然把林萌扶了起来："我们出去吧，这房间阴森森的，肯定有问题。"

林萌将手搭在陈然肩膀上，跳着走到门口："大叔，我这算工伤不？能不能给点钱，我去买彩虹糖？"

张翔道："臭丫头贫什么，有没什么发现？"

"现场没看出什么。大叔，魏蔓和刘若君的遗言视频能不能给我看下？我总觉得拍视频作为遗言的方式有些奇怪。还有，据说刘若君之所以得救，是有同学来这个房间，发现后报了警？"

"对啊，怎么了？"

"这就奇怪了。这房间以前是死亡诗社的活动室，但自从魏蔓自杀后，就废弃了。你看里面东西全都蒙上了厚厚的一层灰，很久没用过了吧。刘若君自杀的时候，已经是晚上了，那位同学有什么理由要来这间传说中不干净的房间呢？而且，遇见这种状况，第一反应都是打120吧，为什么他会报警？"

"你怀疑那个目击者？我们到达现场的时候，他浑身是血，一直紧紧地抱着刘若君。他叫庄岩，你可以去调查下。"

江瑜生站在天台，抬头向天空看去。没有一望无际的晴空，收入眼中的是那些瘦骨嶙峋的钢筋水泥。都市，是最容易让人迷失灵魂的地方。他叹了口气，点燃一支烟，轻轻地吸了一口。蓝色的烟雾从唇边逸出，飘摇到眼前，瞬息被风吹散。

上个月，有个叫徐泪的女生从这里跳了下去，粉身碎骨。江瑜生俯身，手指贴在冰冷的水泥地上，向下望去。一阵眩晕袭来，他闭上了眼睛。魏蔓死了，刘若君恐怕也活不了。当初的决定到底是对是错？不，他没有愧疚，只是觉得可笑，生命竟然脆弱到这种地步。

那些吟唱爱情、理想、光明、未来的少年们，只不过要用这些来装点自己贫瘠的灵魂，用来换取和少女们上床的机会。少女们呢？少女情怀总是诗？呵，扒开每个少女的心，都是黑色的。就这样吧，世界如此浅薄。就这样吧，人性如此丑恶。

他弹走烟头，看幼小的闪光从楼顶一跃而下，在空中徒劳地翻滚打转，最终撞在坚实的大地上，火星四溅。

"我不是偶然经过那间屋子的，"庄岩一脸平静，"我是特意去的。"

"特意？莫非学长你知道刘若君要自杀？"林萌歪着头问道。

"我不认识刘若君，我去那间屋子，是因为昨天是魏蔓的忌日。"

"魏蔓的忌日？一年前，魏蔓也是这时候自杀的？"这个警方好像没怎么注意嘛。

"嗯，其实我每隔一段时间，都会去那间屋子里看看，站上一小会儿。看着灰尘渐渐地蒙蔽上所有的一切，总觉得她离我越来越远。"

"学长你跟魏蔓学姐……是在交往？"

"谈不上交往，只是青梅竹马。"庄岩道，"跟你和陈然差不多。"

陈然在一旁干笑着,挠了挠头。

"那学长发现了刘若君后,为什么打的是110?普通人看到大量的血迹,第一个反应是打120吧。"

"你……在怀疑我?"

"不,只是觉得你的举动奇怪。我不觉得你是凶手,我听张翔大叔说,110赶到的时候,你已经做了简单的急救处理。如果你是凶手,这么做根本不合逻辑。但如果说你是尾随刘若君,制止她自杀的话,为什么你又说不认识她?而且,当时你可是紧紧地把她抱在怀里吧。"

庄岩沉默了好长时间,终于开口道:"其实,我进房间后的那一刹那,看到躺在血泊中的那个女生,产生了一种错觉。我以为自己穿越回了一年前,同样的场景,让我觉得可以挽回魏蔓的生命。尽管很快就回过神来,但我还是无法眼睁睁地看着那个女生在我面前死去。至于为什么会先报警,我也说不出来为什么。"

"学长,你进房间的时候,具体是什么情况?"

"那个女生倒在血泊里,已经没有意识了。我虽然撕开衣服,包扎伤口简单止血,但不知道自己的手法对不对。她的身体很冷,是大量失血的症状。于是我就把她抱进怀里,有些电视剧里说这样会好一些。"庄岩道,"对了,当时三脚架上的录像机好像还开着,但似乎磁带已经转到头了。"

"没有发现什么异常吗?比如说房间内还有其他人在场的痕迹,或者说留有绳子、胶带之类的东西?"

"没怎么注意。后来警方搜查了那地方吧,你应该去问他们。不过,同一个房间,同一种自杀方式,不觉得奇怪吗?一年前魏蔓的死,真的是自杀吗?当初有传言说跟江瑜生有关,警方到底有没有认真调查?"

林萌沉吟道:"当初魏蔓自杀,我还没入学。学长你跟她是青梅竹马,有没有发现一些异常?"

"她的性格不算开朗,但是那段时间她真的很抑郁、焦躁。我问过她是怎么回事,她一直不肯说,应该跟江瑜生有关。"

"有传闻说江瑜生获奖的诗,是剽窃魏蔓的。你觉得魏蔓和江瑜生之间的关系怎么样?有暧昧吗?"

"诗这个东西,江瑜生要比魏蔓写得更好。"庄岩顿了一下,"至于暧昧,这个怎么说呢……那个老师身边围了很多女生,魏蔓对他来说并不算特别,虽然有段时间江瑜生确实跟魏蔓走得很近。"

"嗯?走得很近是什么意思?师生恋?"

"应该不是,魏蔓不会喜欢他的。他们的关系,更近似于父女。魏蔓是单亲家庭,她没见过自己父亲。"

看来流言并不怎么靠谱啊……也是,人对事实往往没有兴趣,他们只是根据自己的想象,对发生的事情随意歪曲,作为茶余饭后的谈资罢了。如果江瑜生没有剽窃魏蔓的作品,跟魏蔓的关系也正常的话,那应该与魏蔓的自杀也关系不大吧。那刘若君呢?刘若君跟江瑜生的关系如何呢?她的自杀是否跟江瑜生有关?假设也没有关系的话,为什么两个人在自杀时,都握着江瑜生的诗集?

"不过,这些都不是重点。重点是,两次的自杀太过于相似了,这里面肯定有什么隐情。如果刘若君不是自杀那么简单,那么魏蔓绝对也是被杀的。"庄岩道,"我希望这次警方能认真一点,就算真的是自杀,也要给个能说服人的理由。"

一年前，魏蔓的自杀视频。

苍白的面孔，猩红的血液，破碎的自白，这段视频看得人有些压抑。不过从视频内容上来看，确实是自杀，难怪当初警方停止了调查。

林萌点开刘若君的自杀视频。

到底两人为什么要自杀？该不会真的是狗屁诅咒吧。突然之间，林萌意识到了什么，拉着视频的进度条拖了回去："……我的死，是咎由自取，请不要怪罪任何人，也不要再探查原因。只希望我死后，那个人能得到心灵上的安宁……"

这句话，有点意思。虽然句式上是自我否定，但又透漏出其他的含义。那个人是谁？到底刘若君的自杀有何原因，是否要怪罪那个人？林萌又点开魏蔓的视频，没有，没有类似的话。魏蔓的眼神是迷茫流离的，刘若君的眼神却透露着决绝。看来，魏蔓和刘若君虽然都选择以录像方式留下遗言，但透露出的信息却不同。而且，林萌发现了另一个不同点，魏蔓的视频，话很少，而刘若君，则说说停停，足足近半个小时后才割脉。这样看来，魏蔓的自杀很可能出于悲观绝望，而刘若君的自杀却有可能是再无退路。

林萌拖动进度条，在刘若君割脉的地方停下。刀锋在手腕划过，血流了出来。刘若君垂下胳膊，袖子遮住了伤口。鲜红的血液很快浸湿了衣袖，顺着手指滴落到地上。

张翔推门进来，看到林萌有些意外："天都黑透了，怎么还不走？"

"啊……这两段视频里也看不出什么头绪啊。"林萌苦恼道。

"啧啧，我们的人看了一天都没发现什么，你一小丫头，能瞅出什么花儿来?"张翔将一包东西丢到桌子上,"喏,彩虹糖。怎么就你自己?陈然没跟着?赖家大少爷也不在啊。"

"陈然我要他帮我去查几件事情,赖泽锋那个二货谁知道跑哪里去了,搞不好又出国泡妹子去了。刘若君情况怎么样?"

"医生说体能特征正常,没有生命危险。正常情况下,刘若君应该已经清醒了,但目前她还在昏睡。虽然失血过多而长期昏迷的情况很少,但也不是没有先例,医生要我们做好心理准备。"

"那江瑜生呢?你们好像没正经提审他?"

"审了,他的回答云山雾罩的,根本没啥内容。我说这人不就是会写点诗,长得帅了点,怎么那么多脑残粉?提审他的时候,警局门口足足有几十号女生扯着横幅在等,什么反对暴力执法,这不是搞笑吗?"

"怎么?被女大学生吓到了?"

"扯淡,我能怕一群疯丫头?刘若君自杀的那晚,他有不在场证明。再加上有几个所谓的文化人一直在抗议,我们没办法动他。"

"也就是说,眼下只有靠我们自己绕圈子查了?"

"是啊,只能从外围入手,先弄清楚这两起自杀为什么如此相像。现在网上的动静也越来越大了,挺他的、骂他的都有。还有些闲得蛋疼的家伙偷偷潜入你们学校,去那个房间搞什么鬼屋拍照留念。"张翔瞥了眼竖在旁边的单拐,"买的?"

"借的。只是暂时的嘛,干嘛要买?"林萌笑嘻嘻地道,然后却变了脸色。她再次点开视频,一点点地拖动进度条。难怪刚才隐约觉得哪里不对,原来是这样?

张翔勾下头,看了看屏幕,又看了看林萌:"还以为你看见鬼了，这也没什么啊。"

"窗户。"

"窗户？"

"还记得我的脚是怎么崴到的吧。我被顺着窗户进来的风吹得有点冷，下意识地想过去看看。但是你看刘若君自杀的视频里，窗子是关着的！"

张翔的脸色也严肃起来，他拖动进度条，飞快地看了一遍。没错，从头到尾，窗子都是关着的。

"大叔，是你们警方先到，还是120先到？"

"当然是我们先到，是110接到报警，知道有人自杀后，才通知的120。我们的人到达现场十多分钟后，医院的救护车才赶到。"

"你们的人到场后，有人动过窗户吗？"

"怎么可能！我们可是专业人士。"

"也不会是庄岩打开的窗户。他说因为刘若君的身体很冷，所以才抱起了她，他不会再去打开窗户，让室内温度降低。既然刘若君自杀的时候，窗子是关着的，那么在刘若君失血过多昏迷，到庄岩到达现场之间的这段时间内，肯定还有第三个人进入到这间屋子里。"

张翔摸出手机，拨通了号码，皱着眉说了几句之后，冲林萌摇了摇头。发现刘若君的庄岩根本没有保护现场的意识，现场没有提取出清晰的脚印和指纹。

"第三个人会是谁？他为什么会出现在房间里？为什么对刘若君见死不救？"林萌看着视频喃喃道。

"背后议论老师,恐怕不大好吧。"少女吃了口蛋糕,漫不经心地道。

"刘霖,你们议论得还少吗?什么黑魔法、吸血鬼、诅咒,我听了都觉得蠢到爆。"林萌翻了个白眼。

"陈然,你约我的时候,可没说这丫头要来啊。"

陈然挠了挠头:"啊,是萌萌不让我说的。"

"搞什么!害得人家还以为是约会!"

"那你赶紧说完,我赶紧走不就得了?"林萌拍了拍放在一旁的单拐,"你以为我这个伤残人士很喜欢当电灯泡吗?"

"没大没小,你得叫我学姐才对。江瑜生嘛,我不觉得他有什么吸引力,只是有些自以为是的小姑娘很崇拜他。长得帅有什么了不起?整天四十五度角仰望天空,有什么了不起?"刘霖摆了摆手,"真幼稚。"

"学姐,那刘若君是不是很崇拜江老师?"

"那丫头?怎么会?"刘霖撇了撇嘴,"她对江瑜生一点兴趣都没,而且她好像并不怎么喜欢现代诗,反正我是没见她写过。"

"不喜欢江瑜生,也不喜欢现代诗,那刘若君进死亡诗社是为什么?"陈然道,"啊,是不是死亡诗社里有她喜欢的男生?"

"没,她可高冷了,在诗社里基本不跟人说话。有几个男生想追她,都被她很冷淡地顶了回去。"刘霖道,"对了,我在普陀区一家咖啡店,碰到过她几次。"

"咖啡店?她和谁一起去的?"林萌问道。

"她一个人,我觉得很奇怪,她总是坐同一个位置。就算那个位置有人,她也会请人调位,或者站在旁边等。"

陈然露出一副恍然大悟的样子:"她坐那个位置,是不是为了监视着什么人?那个人的房间,只有那个位置能看到?"

"那谁知道?"

林萌岔开话题:"学姐,你在死亡诗社快两年了,对魏蔓印象如何?"

"我去死亡诗社,只是找个社团混日子罢了,参加的活动不多。不过对魏蔓印象挺深的,她很敏感,感情很细腻,我特别喜欢她的诗。"

"那你觉得江瑜生获奖的诗,有没有可能是剽窃魏蔓的?"

"应该不是,魏蔓比起江瑜生来,水平要低一些。"刘霖放下勺子,"不过嘛,现代诗对格式没什么要求,主要是意境。同样主题的诗,表述的方式不同,意境也会不同。如果江瑜生把魏蔓的诗给润色一下,也有可能得奖。"

得,又回到起点了。案子查到现在,还是没有什么头绪。莫非魏蔓和刘若君相继在同一地点,以同一方式自杀,只是巧合?但是那个拉开窗户的人又如何解释?

"既然说到了魏蔓,我好像在那家咖啡店也见过她,这也是跟刘若君重合点之一吧。"刘霖神秘兮兮地压低声音,"现在还有一种传闻,说是魏蔓阴魂不散,附在了刘若君身上,重演了一遍自杀。"

"阴魂不散?是说自杀的人怨气太大?"

"不是,有传言说魏蔓好像在偷偷摸摸地跟谁交往,她自杀,搞不好是为情所伤。"

"啧啧,为失恋自杀?可能吗?"

刘霖竖起根手指,摇了摇:"所谓的诗人嘛,都是些敏感抑郁的家伙。你看,写出'黑夜给了我黑色的眼睛,我却用它来寻找光明'的顾城,用斧头砍死了自己老婆后上吊了;写出'面朝大海,春暖花开'的海子,跑到山海关卧轨自杀了。一个平日里就有些抑郁的女生,受不了失恋打击自杀,很有可能。"

"好吧,就算魏蔓是失恋自杀,那用附身来解释刘若君的自杀,也未免太鬼扯了吧?"

"刘若君啊……"刘霖又拿起了勺子。

"学姐,你是不是知道什么。"

"嗯,算是颗重磅炸弹。"刘霖笑嘻嘻地看着林萌,"想知道的话我告诉你,条件是让陈然再跟我约会三次。"

"没问题!"林萌把陈然的脑袋按了下去,点了个大大的头。

"我有次在咖啡店见到刘若君时,她正在打电话。具体内容没听太清,但摆明了是在拒绝江瑜生的追求。"

"拒绝江瑜生?"林萌疑惑道,"这么重要的情报,学姐没有报告给警方吗?"

"我有那么蠢吗?跟警方说了,江瑜生的那些脑残女粉丝还不得把我撕了?这个消息别说是我透露给你的。"刘霖把目光投向陈然,"小然然,等下我们是去看电影,还是逛漫展?"

出现在自杀现场的第三人,拉开的窗户,手中的诗集,摄像机录制的遗言,同样喜欢去的咖啡店……好像有什么东西在林萌脑中模糊成型,但用手去抓,又须臾消散。

林萌没有料到的是,案子很快出现了转机。

江瑜生在刘若君自杀的第三天,又被请到警局,不过这次警方并不怎么客气。警方在排查线索的时候，发现在一年前，江瑜生在派出所里落有记录。他在地铁上猥亵大学女生，被抓了现行。警方以此为由，搜查了江瑜生的办公桌，在最下面的那个抽屉的最里面，发现了一个黑色的塑料袋。拆开后，是几件女式内衣裤。经过鉴定，上面有刘若君的 DNA 信息。

纸媒还很克制，只不过登了几条诗人堕落之类的豆腐干新闻。但网媒可就没那么友善了，尤其是微博和微信这种，大大小小的平台都在添油加醋地传播。昔日高雅孤傲的老师原来是个猥琐阴暗的渣男，而且还牵涉到两名大学女生的自杀，再没有比这更劲爆的话题了。

就在院长劝江瑜生辞职的时候，警方大摇大摆地出现在校园，把他带走了。这次没有女粉丝尾随抗议了，就算她们再狂热，也不想被误会跟这种心理变态的色狼有什么见不得人的关系。而上次的那些文化人，反过来也加入到了讨伐江瑜生的行列。作品阴暗、绝望、负能量太重之类的评论此起彼伏，甚至取消了江瑜生的奖项。

"大人的世界，还真是善变啊。"休息室里，林萌坐在江瑜生对面，"其实我一直觉得，作品的价值不应该跟人品挂钩。"

江瑜生抬头："警察？这么年轻？"

"不是警察，是侦探。我们同一个学校，我破过几个案子。"

江瑜生疲倦地看了她一眼："不知道。"

"听都没听过？学校里有不少我的传闻哦。"

"没听过。"

林萌有些尴尬地咳了下："那你可真是孤陋寡闻啊，一直活在自己的世界吗？"

江瑜生没有回答。张翔说得没错，这家伙很难搞。

"那个你猥亵的女大学生，知道是哪个学校的吗？"

沉默。

"刘若君的内衣，放在学校抽屉里，合适吗？"

还是沉默。

"刘若君的自杀，到底跟你有没有关系？她自杀的时候，你有没有进过那间屋子？"

江瑜生的目光看着林萌，却又仿佛在看很远的地方，对于这些问题，他完全没有要回答的意思。

"好，那魏蔓呢？你对魏蔓就没有一点愧疚？"

情绪有了细微的变化，江瑜生的嘴唇翕动了一下，却又归于平静。

"是你害死她的。"林萌决定刺激他一下。

"不错。"江瑜生面无表情，"以前我觉得她太懦弱，不够勇敢。现在看来，反而是我对人心的愚蠢和险恶太乐观了。"

"人是你杀的？那自杀视频是怎么回事？用了什么诡计？"

江瑜生只是抬腕看了看表。

没有犯罪证据之前，警方只能拘留嫌疑人48个小时。林萌颦眉，这家伙到底怎么回事？刚才说的话明明是有所觉悟，但现在却又在等着重获自由。莫非他虽然感觉到了内疚，但完全没有自白赎罪的想法？真是个不干脆的家伙啊……

林萌拄着拐杖出了休息室，无奈地摇了摇头："我也问不出来什么，这人什么都不肯说。"

张翔挠了挠头："这样下去不是办法啊，时间一到就得放了他。"

这种感觉真憋屈，明明知道凶手是他，却又拿他无可奈何。"

"要不要用点小手段，逼他自白？"

"没用，就算逼他承认自己是凶手，那两个自杀视频的诡计解不开，报告都没办法写，根本没办法提起公诉。"

"刘若君还没醒？"

张翔拖着长腔叹气："要是她醒了，我还至于这么发愁吗？丫头，我们现在正地毯式地排查，你回去也再看看问问，万一有目击证人，看到他进过那间屋子，就简单多了。"

"晓得啦。"林萌敷衍了一句，她这次真的没什么信心。

　　

普陀区的咖啡店。

脚挨着地的时候还有些酸痛，看来这单拐还得拄上几天。林萌抿了口焦糖玛奇朵，却觉得一点味道都没有。从见过江瑜生算起，又过了两天。这两天虽然跑了好多地方，但毫无线索。江瑜生已经从警局放了出来，虽然他名誉尽失，但却逍遥法外。

他到底是用了什么手法炮制了那两次自杀视频呢？警局找了影音方面的专家，对视频一帧一帧地进行了分析，没有发现被篡改过。而且江瑜生对影音处理方面也并不在行，这次的诡计到底是什么方面的呢？

"您好，资格老一点的员工给您喊过来了，她可能知道您问的问题。"是咖啡店的服务生。

林萌将魏蔓的照片往前推了推："姐姐，请问您对这个女生有印象吗？"

服务生只扫了一眼："嗯，有的，是个很安静的女生，说话细声细气的。去年经常来，喜欢坐靠窗的那个位置。"

林萌眨了眨眼："姐姐，你怎么会这么快认出她来？莫非有什么事让你印象特别深？"

"哦，倒不是她让我印象深，是跟她一起的另一个女生。"服务生道，"她们经常坐一起看漫画、喝咖啡什么的，关系特别好。只不过后来，不知道为什么，这个女生不来了。另一个女生还经常来，但都是要坐以前她们两个经常坐的位置，就算有人，也要等……"

林萌呆了一下，拿出刘若君的照片："是不是这个女生？"

"对，就是她。"

"原来刘若君和魏蔓认识？"林萌自言自语道。

"不止认识，"服务生掩嘴笑道，"她们经常亲亲抱抱的，肯定是关系特别好的闺蜜吧。"

奇怪，两人关系好到这种地步吗？那为什么周围的人都不知道？是江瑜生使了什么手段吗？那魏蔓自杀和刘若君自杀，跟她们两个认识有什么必然的联系吗？

服务生犹豫了一下，欲言又止。

"怎么？还有什么？"

"不是……是客人您放的方糖太多了，焦糖玛奇朵本来就是甜的，您又放了这么多方糖，口感会太腻的。"

"方糖？我有放很多吗？"林萌愣了一下，看着眼前的方糖罐。该死，刚才觉得不够甜，就丢了一颗进去。然后边问话，边思考，结果又下意识地丢了好几块方糖进去，现在咖啡都已经溢出来了。

等等，下意识地放了好几块方糖？

魏蔓和刘若君自杀？江瑜生是变态？进入房间的第三个人？打

开的窗子？停止的磁带式摄像机？一丝亮光在脑海深处绽放，那个地方，必须要再去一次。

天色已经黑透了，林萌拄着单拐慢慢地靠近房间。风很冷，吹着半掩的门，发出吱吱嘎嘎的声音，犹如垂死之人的叹息。毕竟是自杀过两个人的地方嘛，没点诡异的气息就不正常了。林萌跷起一只脚，用单拐轻轻地点开了房门。

屋里有个黑影，背对着门口静静地站着。林萌吸了口凉气，只觉得心跳得厉害。谁？是不是那个曾经出现在现场的第三个人？还是别的什么？去他的，先放倒再说！林萌往前跳了一步，单拐直挺挺地向黑影的后脑勺戳去。糟了！单拐刚伸出去，黑影就向旁边侧了一下身。扑通一声，名侦探挥舞着双手无助地摔了下去，另一只脚也钻心地痛起来。

"啧啧，你这招屁股向前式平沙落雁还练得不到火候啊。"又是那个熟悉的故作有涵养的声音。

"赖！泽！锋！你这个大笨蛋！"林萌的眼泪都出来了。

"嚓"的一声，赖泽锋打着了火机，满脸笑意地看着出糗的大学女侦探。

"笑你妹！你躲什么躲！"

"不躲，等你把我戳成植物人？"富二代蹲下身，手搭在了林萌的脚踝上。

"疼，疼，疼……"随着咔嚓一声，疼痛的感觉顿时减轻了不少。

"我跟忠哥学过点，"赖泽锋抓起林萌的另一只脚，"这只不行，有瘀伤，慢慢养吧。"

"你为什么会在这间屋子？你该不会要告诉我，你就是出现在这个房间的第三个人吧？"

"案子我听张翔说了，我来这里看看。有一点我不明白，为什么你们都认为窗户是第三个人开的？"

"刘若君当时已经失血过多昏迷了，庄岩救了她，没理由开窗户……"有种不协调的感觉浮上心头，是的，方糖……如果没有第三个人，是那个人开的窗户的话？林萌打了个冷颤，寒意犹如细小的毒蛇，从脊背上蜿蜒而上。

手机铃声突兀地响起，吓了林萌一跳。是张翔大叔，莫非案子又有什么进展？林萌按下了接听键。

"别查了，丫头。"是有些疲倦的声音。

"啊？为什么？我觉得我快查到真相了，只要再搞清楚一些细节！"

"江瑜生死了，自杀。娘的，就在刘若君住的医院的天台，跳楼了。案子咱们鼓捣来鼓捣去，没查出什么真相，反而又死了一个。上头怕再闹出人命，要我收队。"

"江瑜生？死了？在刘若君住的医院……"林萌喃喃地重复道。

"就这样吧，你早点回去休息……"

张翔后面说了什么，林萌已经听不到了。江瑜生的死犹如一根细针，一个个地挑破了那些疑惑的肥皂泡，真相似乎就要浮出水面了。短信来了，陈然的，他终于弄清楚了那件事。果然不出所料。

林萌抓起单拐想要出去，两只脚却都不敢用力，站不起来。

"上来吧，"赖泽锋蹲下身，"去医院？"

"对，要快！"只要确定了那件事，真相就要完全浮出水面了。

黑暗中，少女坐在床上，一动不动地看着窗外。那里只有厚厚的窗帘，隔开了沉寂的夜色。终于走到了这一步，心里却并没想象中的激动或伤感。她的目光落在了右腕上，那是许多个难眠的夜晚，一次又一次尖利的撕咬。自杀啊……据说自杀的人不能被原谅，是上不了天堂的。但是既然最珍惜的东西已经不复存在，还有继续活下去的必要吗？她笑了笑，掀开被子，拔掉输液管，拿起了水果盘里的削皮刀。

门突然被撞开了，黯淡的灯光照进了黑暗，是个衣着精致的少年，还背着一个少女。

"把刀放下！"

刘若君笑笑，刀锋吻上动脉。

"江瑜生不是已经死了吗！"

刘若君看着林萌，道："他死不死，跟我有什么关系？"

"富二代，把我放在床上，你出去下。"

赖泽锋耸耸肩，关上了房门。

两人无声地对视了一会儿，林萌摇了摇头："魏蔓是不会愿意看到你自杀的。"

"你懂什么，她若是在乎，当初也不会自杀。"

"啊……你说的也是，"林萌皱起眉头，"我平时都是扮演戳破人诡计的角色，安慰人的事，我真的做不来。江瑜生既然死了，你的目的也达到了。但对魏蔓来说，她听不到看不到，有什么意义？"

"我没有想过要他死，是他自己太脆弱。"刘若君笑笑，"我只是想从社会上将他抹杀罢了。"

"那现在他已经死了,你没有死的必要了。"

"可是也没有活着的理由。"

"听说人一辈子一共有三次死亡。第一次是心脏停止跳动;第二次是在葬礼上;第三次是没有人记得他了。你活着的话,魏蔓至少还有人惦念。至少在你们一起去的咖啡店,有人会怀念以前的快乐时光。至少每年都有一个爱她的人,会去冷清的陵园,为她放上一束鲜花。"

刘若君沉默。

林萌高声喊道:"富二代!"

赖泽锋推门而入。

"我们走吧。"

"就这么走了?你不怕我在你离开后自杀?"刘若君有些意外。

"嗯……我说过的,我并不怎么擅长安慰人。有些事,别人说是没用的,要自己想才行。"林萌道,"还有,我觉得虽然活着挺多烦恼的,但只有活着,才可以永远记着所爱的人。"

离开了弥漫着消毒水气味的医院,赖泽锋将林萌放在车里,笑笑:"林同学,跟你的徐川表哥一起过了个寒假,我觉得你似乎变了很多啊。"

"啊?怎么说?"

"如果是以前的你,肯定会当着刘若君的面,得意洋洋地说出你是怎么想清楚整个案子的。而现在的你,却更在意她的感受。"

林萌皱皱鼻子:"其实想想,我表哥那个二货说得对,有很多东西，远远比真相更重要。"

"那大学女侦探有没有兴趣跟我说下这件案子？你是怎么觉察到真相的？"

"其实这两起自杀高度相似这点虽然有些诡异，但我更注意的是那些细节。比如，为什么窗户被拉开了，为什么用的是只能录四十分钟的磁带式摄像机，为什么要握着江瑜生的诗集，为什么庄岩发现刘若君后会报警等。我看了几遍两人的自杀视频，发现其实内容并不怎么相同，而且两人在视频中几乎都没有提及江瑜生。

"如果两人的确都是自杀，那两人的自杀动机又是什么呢？从结果来推断原因的话，魏蔓的自杀引起了关于江瑜生的传言，而刘若君的自杀，更是把江瑜生弄得身败名裂，以致于跳楼自杀。从刘霖那里得知江瑜生曾骚扰过刘若君，从服务生口中得知魏蔓和刘若君可能是恋人的时候，我才隐约意识到了什么。

"当时，我因为觉得焦糖玛奇朵不够甜，就往里丢了块方糖。但听服务生说话的时候，下意识地又往里丢了好几块，直到被提醒才觉察到。无意识的有目的性，我听表哥说过，这个行为在心理学上是这么叫的。一个有些荒谬的念头浮现了出来，刘若君虽然因为自杀而陷入了昏迷，但江瑜生现在的处境，还不是都因她而起？

"江瑜生骚扰过刘若君，是刘霖听到刘若君电话推测出来的，有可能是故意演给刘霖看的。在江瑜生办公室搜到的内衣，也可能是刘若君偷偷放进去的。而那个告发江瑜生色狼的女大学生，陈然查到了她报案时登记的身份，发现是假的！其实细想下，就会觉得不太合理。江瑜生有那么多少女粉丝，为什么还要在地铁上去猥亵不认识的人？他并不像变态到那种地步的人啊。这些把江瑜生推向身败名裂的事件，没有一个是确凿的。而警方之所以会查到这些事，都是因为怀疑江瑜生跟刘若君的自杀有关。

"为什么警方会怀疑江瑜生跟刘若君的自杀有关？是因为刘若君的自杀跟魏蔓的自杀相似度很高，而魏蔓的自杀，当时传言跟江瑜生有关，虽然最后不了了之。换一种思路的话，刘若君之所以自杀，是不是为了让警方重新对江瑜生调查呢？"

赖泽锋轻声道："如果是这样的话，那刘若君必须能预见到告白、内衣、色狼这三件事，不然的话，警方对江瑜生的调查能获得什么效果，很难说。"

"是的，我们可以假设这三件事都是刘若君安排的。在魏蔓自杀后，刘若君进入了明诚大学，加入了死亡诗社，埋下了一个又一个的伏笔。我敢断定，我们发现的内衣、告白、色狼这些事，只不过是她设下的陷阱中的一部分。如果接着深挖的话，可能会发现更多对江瑜生不利的事情。

"既然想通了这些，原先困扰我的那些细节问题，全都迎刃而解了。为什么庄岩发现刘若君后会报警？因为庄岩一直认为魏蔓的死另有隐情，他发现躺在血泊中的刘若君的时候，潜意识里是当成凶杀案的。为什么刘若君要握着江瑜生的诗集？因为她虽然在视频中说自杀是咎由自取，但却想给人心理暗示，使江瑜生跟自己的自杀联系起来。为什么用的是只能录四十分钟的磁带式摄像机？是为了在磁带转完后，起身拉开窗户，等庄岩过来。陈然问过了庄岩，他那天发了朋友圈，说自己要去那个房间祭奠魏蔓。为什么刘若君要拉开窗户？是为了让室内温度下降，让自己的身体变冷，毕竟她没有流那么多血。"

"等等，"赖泽锋打断了林萌的话，"你是说庄岩见到刘若君的时候，她还有意识？但地上确实有大片血迹啊，她就算设计得再精巧，也不可能控制住自己的出血量。而且，地上的血迹，通过了鉴证科的验证，确实是她的血。"

"你看到她的右腕了吗？上面有不少旧伤，警察和医生看到，都认为是多次自杀未遂的旧伤。但也可能是她自己一次次割腕放血，把血冷藏了起来。我看过她的自杀视频，摄像机有段距离，并不能清晰地看到她割的伤口有多深。她完全可以轻轻地划过手腕，然后放开藏在衣服里的血包，让血流下去。先前的遗书自白，已经录了将近三十分钟。她藏在衣服里的血包，完全可以支持到剩下的时间。等磁带到头，她起身拉开窗户，让温度降低，自己身体冷得像失血过多的样子，并等待着庄岩的到来。我觉得，她很可能是等到庄岩到了房间外，才真正割脉的。"

"你的意思是，从一开始，刘若君就没有打算自杀？那我们到医院的时候，她拿水果刀，也是做给我们看的？"赖泽锋道。

"谁知道呢？或许她那个时候是真的要自杀的。一开始假装失血过多昏迷，是想知道案子的发展。如果她自己早早死了，江瑜生依旧有惊无险怎么办？在地狱里看着他优哉游哉地拿奖？怎么会甘心？她假装昏迷，是为了避开警方的审讯。毕竟那些所谓的事件，都只是陷害，如果警方中有审讯高手，难保不会发现她话中的漏洞。而一直昏迷，更容易激起舆论的热点，从而对江瑜生进行大肆的恶意炒作。"

赖泽锋叹了口气："最后一个问题，刘若君这么做，应该是为了魏蔓吧。那到底江瑜生和魏蔓之间，发生了什么事？"

"不知道。"

"不知道?你真的变了很多。如果以前……"

"如果以前,我肯定要想方设法从刘若君嘴里问出来的。"林萌道,"刚才不是说了嘛,有很多东西,远远比真相更重要。说起来,刘霖还告诉我一件事。有次她在校园,看到刘若君在用小刀刮一个告示板。等她走远了,刘霖感到好奇,就上去看了下,发现上面刻了一句诗。"

"哦?什么诗?"

"君埋泉下泥销骨,我寄人间雪满头。"

五 非关正义

下午不冷不热,很适合上体育课。

虽然体育课是林萌唯一擅长的课程,但那个大猩猩似的体育老师挺讨人厌,所以她一直提不起什么劲头。当她懒洋洋地跳过鞍马,瞥到一个黑影从教学楼坠落的时候,并没有意识到发生了什么。然而紧接着,惊叫声在四周响起,她看到了梦幻般的一幕。

漫天的金黄色花瓣,在空中犹如雪花般缤纷游弋,缓缓飘下。林萌怔了一会儿,然后利索地翻过操场围栏,冲到黑影坠落的地方。还好,虽然是从高处坠下,但头骨没有碎裂。是个学姐,林萌记得她曾经作为优秀学生代表,在全院大会上发过言。

自杀?他杀?脑中闪过这个念头,林萌抬起了头。教学楼上的许多窗户都打开了,数不清的学生正探着身向下张望,再往上,天台上并没有人。

"林萌!你给我回来!"身后传来体育老师气急败坏的声音。她充耳不闻,又把目光投向尸体。嘴角、耳朵、鼻孔都流出了鲜血,像是颅内出血的症状。有点奇怪的是，尸体表面上虽然并没有明显的外伤，但地上的血渍却犹如怒放的鲜花，正迅速侵蚀着地面。

林萌往后退了一步，离蔓延着的血液稍稍远些。刚才学姐坠落的时候，并没有呼喊。人从高空坠落，出于对死亡的本能恐惧，通常都会不自觉地大声喊叫。林萌犹豫了一下，掏出几张餐巾纸垫在手上，轻轻翻动尸体。果然，尸体的背面斜插着一把长剑。

衣领一紧，林萌整个人被拎了起来，她茫然地回头看了一眼，是体育老师。

"你就不能给我安生点！"大猩猩咆哮道。

"没道理啊，为什么用剑杀了人后，又把尸体从天台上推下来？"林萌喃喃自语。

死者叫刘轻嫣，大三学姐，性格开朗活泼，参与过很多校外活动，英语水平也不错。林萌蹲在凳子上，草草地看着这些调查资料，不时冲张翔翻下白眼。由于擅自跑去看尸体，被体育老师告到了系主任那里，被狠狠地训斥了一顿。本来她以为，张翔带队到了学校，一定会替她这个名侦探说上几句好话。谁知道张翔却板着脸，又在系主任面前说了她一通，什么不要以为给警方提供了几次参考意见就忘乎所以，气得她差点想转身就走。现在，这大叔考虑案子卡了壳，又把自己拉到局里来了。

"这案子不太好弄。"张翔狠狠地抽了口烟，"经过我们调查，发现刘轻嫣最近没有出现低沉、失落的情绪，坠楼前一天她还跟同学约了要一起去看新上映的电影，应该不是自杀。"

"喊，这明摆着的好吧，自杀的人会插自己后背一刀，然后跳楼吗？"林萌嘲讽道。

"这可不好说啊，丫头。你表哥就办过一个案子，死者为了陷害他人，在地上用两块砖夹起刀，然后自己倒下去，造成被别人刺中后背的假象……"

"好啦，好啦，别提他了，"林萌摆摆手，"他杀的方向查得怎么样？"

"从刘轻嫣坠落的地方往上看，涉及范围之内都是正在上课的教室，唯一可能的作案地点就是天台。我们搜查了天台，没有发现有价值的线索。尸体上没有可疑纤维，凶器上没有留下指纹。调查了她的人际关系，没有发现她跟谁有矛盾，反而在学生和老师中人缘都不错。"

"这么说，你们是什么也没查到呢。"

张翔假装不在乎林萌的吐槽："在调查中，我们听到了一些传言。你们学校搞了个去英国留学的活动，名额只有一个，刘轻嫣是五个入围者之一。据说这五个入围者竞争得很厉害，彼此关系很差。我们初步怀疑，这起命案可能跟这个计划有关。不过，剩下的四个入围者，都有不在场证明。而在刘轻嫣死前，负责这项留学活动的老师就请假回老家了，手机无法接通。"

"所以，你们的调查陷入僵局，就想到我了？"

张翔有些尴尬："就算给你个机会，还你表哥的人情嘛。"

"要是我拒绝呢？"林萌眨着眼问，"谁让你关键时刻不帮我说话呢。"

"不是吧？"张翔显然没想到这种可能。

"骗你的啦！"林萌道，"大叔啊，你们警方查案的办法很注重程序，有板有眼，一丝不苟。但这样的模式容易被高智商罪犯利用，正常的查案方法反而比较困难。这次的命案，有个很明显的特点，你难道没有看出来吗？"

张翔闷不作声，看着眼前的臭丫头嘚瑟。

"刘轻嫣的后背上，插的是一柄长剑，想想不觉得奇怪吗？如果单纯杀人的话，为什么要用长剑？现在用长剑杀人不如用匕首更方便吧？而且，凶手为什么要在用长剑杀死刘轻嫣后，又把她推下楼，接着撒了漫天的金黄色花瓣？这样太画蛇添足了，还容易被发现，有必要吗？"

"哦……说的也是。"

"不过，这些在现实里虽然很蠢，但在推理小说中却很经典，称之为死亡讯息。"

"死亡讯息？"

"对，有些是死者留下来的，有些是凶手留下来的。死者留下来的，一般是比较隐晦地指出凶手是谁；而凶手留下来的，更近似于杀人预告或者向警方示威。这次的凶手，智商恐怕有些高，对推理小说也比较熟悉。"

"这样啊。"张翔有些泄气，又遇到这种变态了。杀人就好好杀人，搞那么多噱头干嘛呢？

"长剑的样式，跟市面上的中国剑不一样，有点像西式剑，应该是凶手故意挑选的。大叔没有追查这个吗？"

"追查了，实体店面上很少有卖类似的长剑，不过淘宝上倒是一大堆卖的。"

"哦……这下麻烦了，还以为能从长剑上查出来什么呢。"

"你刚才说菊花也是死亡讯息吧,这个我倒是没注意,要去查查鲜花店吗?"

"这种花叫波斯菊,路边就有野生的,鲜花店里查不到什么。我在网上查了波斯菊的花语,都是些珍惜眼前人之类的,跟命案一点都不搭。于是我就想,是不是长剑和菊花搭在一起,暗示着什么?"看着张翔一脸期待的样子,林萌吐了下舌头,"结果没想出来。"

张翔有些失望地坐进椅子:"唉,还以为今天把你叫来,就能把案子搞得七七八八,结果还是没头绪。"

"怎么,受到上面的压力了吗?"

"你怎么知道?"

"像大叔这种死要面子的人,如果不是破案压力太大,会用专车接我来警局吗?"林萌笑嘻嘻地道。

张翔瞪了她一眼:"刘轻嫣的父母是知名企业家,只有这么一个女儿,情绪失控给警局施加压力也是可以理解的。"

"那是自然,只不过如果刘轻嫣的父母是普通人,警局大概不会太在乎他们是不是情绪失控吧。"林萌托着下巴道,"果然还是生在富贵人家好呢。"

"这丫头,净说这些没着没调的。"张翔打开皮夹,抽出一张红色纸币,"喏,等下吃饭打车。再想到了什么,要马上报告我,不要擅自行动!"

"晓得啦,真啰嗦。"林萌漫不经心地嘟囔着,离开了办公室。

出了警局,林萌才发现天色已经完全黑了,她拐进了街角的一家咖啡店。咖啡店里人不多,她点了杯拿铁,从包里掏出本小说读了起来。就像赖泽锋说的那样,从忘川市回来以后,她变了很多。如果是以前的话,案子没有破,她是没心思做其他事情的,更别提读书了。

是什么时候喜欢上推理小说,并热衷于破解一个又一个谜团的呢?是多年前的那个下午,看着那个还可以称之为少年的笨蛋,迎着落下的夕阳慢慢离去的时候。作为表兄妹,打打闹闹了十多年,第一次看到他那么落寞寂寥的时候。就在那个时候,林萌突然觉得他很可怜,自己应该帮他做些什么。就算他一点都不领情,但至少可以让他觉得自己不那么孤独。

读了那么多推理小说,翻了那么多逻辑分析类的书籍,研究了那么多现实中的案例,自己逐渐地成熟起来。尤其是进入明诚大学以后,断断续续破解了十多个案子,大学生名侦探的名号也响了起来。但是表哥却依旧不太愿意让自己分担他的烦恼,更遑论痛苦。开始的时候,她并不服气。直到在忘川市,经历过那些让人唏嘘感慨的事后,她才明白,就像表哥说的那样,没有人是无所不能的,就算再聪明的人也做不到。保护一个人,就是让她远离已经存在的危险。

"极致的爱是什么?"对面响起了一个声音。林萌抬头看去,是个跟她年龄相仿的少年,并不认识。

"共同承担犯罪。"少年指了指她手里的《为了N》,"是这本书想要表达的感情。冒昧了,我们是校友。"

"哦。"林萌面无表情,莫名其妙跑出来搭讪的男生最讨厌了。

少年顿了一下,似乎有些尴尬:"我叫许伟才,是大三的,跟被杀死的刘轻嫣是同班同学。"

"有什么事?"林萌合上了书。

"我知道你破过好几个案子,想请你帮忙,查出是谁杀死了她。"

"你跟她什么关系?恋人?"

"并不是,"许伟才苦笑,"我喜欢她,但配不上她。"

"暗恋?"林萌的眼神柔和了一点,"案子警方在查,我也有一点想法,不过现在还需要时间。"

她端起咖啡杯,却发现已经空了。

"我请客,"许伟才扬手招来服务员,"再来一杯。"

"你不喝?"

"太贵了。"许伟才从口袋里掏出皱巴巴的钞票,一张张展开递给服务员。

林萌皱了皱眉头:"你刚才说配不上她,是指的……"

"我家里没钱,很穷的那种。说实话,如果不是看你进了这里,我都不敢进这种地方。"许伟才笑笑。

林萌歪了歪头,将那叠皱巴巴的纸币还给许伟才:"我又不是自动售货机,投了钱才会开动。案子既然已经开始查了,没有发现真相,我是不会停下的。你有什么想法?"

"你知道英才计划吧?"许伟才没有一丝尴尬地收起纸币。

"那是什么?"

"是今年开始的,面向我们大三学生搞的留学活动。整个年级选出一个学生,由学校承担学费和食宿费,送到英国剑桥大学去读书,而且还有报考剑桥研究生的资格。"

"我听说了,你也怀疑刘轻嫣的死跟剩下的四个入围者有关吗?"

"难道不是吗?英国留学,可以改变一个人的人生,不会有人为之铤而走险吗？我相信凶手就在这四个人当中。"

"他们都有不在场证明。"

"那一定是用了什么诡计，"许伟才道，"所以我才会冒昧地向你搭讪，如果是你的话，应该能解开这个谜团。"

"这种事，谁也没有把握啊。"林萌意外地看到陈然走了进来。这位青梅竹马好像没有发现她，而是坐到了另外一个少女的对面。搞什么，约会吗？

林萌嘴角泛起一丝坏笑，她冲许伟才点点头，然后起身偷偷摸摸地绕到陈然身后："哟，想不到品德兼优的呆头鹅也学会泡妞了。"

陈然吓了一跳："萌萌，不是你想的那样，听我解释。"

林萌敲了陈然一个爆栗，笑嘻嘻道："解释什么，十多年了都没见你泡过妞，现在开窍了，这不挺好嘛。"

对面的女生干咳了一声："你就是林萌？不好意思，我们不是在约会。"

林萌愣了一下，道："真的假的，不是？"

"我是大三的卓秋纯，跟陈然很早前就认识了。约他，其实是为了找你。"

"找我？真扫兴，"林萌撇了下嘴，"等下，大三的，该不会也是为了刘轻嫣的案子吧。"

对面的女生点了下头。林萌想要回身招呼许伟才拼桌，却发现他不知什么时候走了。

"奇怪的人，"林萌嘟囔了一句，"学姐你跟刘轻嫣认识吗？"

卓秋纯道："算不上很熟，偶尔说过几句话。我约陈然，是想让他帮忙搭个线，介绍我跟你认识。"

"不对吧,你因为案子找我的话,我没有拒绝的理由,为什么一定要经过陈然?"

"不知道你听说那个传言了没有,说刘轻嫣的死跟'英才计划'有关,而凶手就在我们剩下的四个人之中。如果我直接找你,你不见得会相信素不相识的我。"

"可是你就算通过这家伙找到我,我也不见得会相信你。"林萌眨了眨眼道,"如果是想洗白自己不是凶手的话,就不必了。"

卓秋纯有点尴尬:"倒不是洗白,如果因为这个杀人的话,未免有些可笑。以我的家境,完全有能力自费去留学。我本来想退出,以表示自己的清白,但又觉得搞不好会被人认为是做贼心虚。我想见你,是因为在刘轻嫣死前,我收到过她的一条微信。"

卓秋纯将手机横过来,上面显示着短短的一行字:小心周吕宁这个人渣。

周吕宁是负责英才计划的老师,案发后警方曾找他例行问话,却发现他已经请假回老家了。警方试图用电话联系他,结果却是关机。张翔不得已,派了人去周吕宁老家找,却发现他根本没回来。从这条微信来看,周吕宁似乎嫌疑很大。

卓秋纯没把微信直接提供给警方,是因为怕警方传唤自己,在学校里产生不好的影响。当然,这是她自己说的。林萌跟张翔说要加大搜查周吕宁的力度,自己找到了设立"英才计划"的校董,英国人科林·费斯。

从入学起,就知道明诚大学有外资参股,但有英国人担任校董,还是头一次听说。林萌在手机上下载了个语言翻译软件,带着被赶出来的觉悟闯进了科林·费斯的办公室。然而出乎她意料的是,这个胖乎乎的英国人,对她很是热情。

"林,我是知道你的,中国的马普尔小姐。"科林·费斯笑道,中文说得很溜。

"马普尔小姐……是谁?"林萌歪着头问。

"哦……你这么喜欢查案,我还以为你是个推理小说迷呢。"

"开玩笑啦,"林萌吐了下舌头,"我可没她那么老。"

"林,你好有趣,完全不像中国人。"科林·费斯大笑,将泡好的红茶推给林萌。

"你也不像英国人,我原本以为英国人都是那种很内敛、很绅士的。"林萌瞟了眼穿着一身户外装的英国校董。

"绅士?都是上个世纪的事了。"科林·费斯耸了耸肩。

林萌注意到,办公桌上有张相框,里面是这位校董在赛场上挥舞棒球棍的英姿。

"哦,我在英国的时候,参加过英格兰棒球比赛,以主投手的身份。"英国人显然很自豪,可惜林萌并不觉得这有多厉害。

"刘轻嫣被杀,你怎么看?"她问道。

"学校里很多老师和学生都说她的死是'英才计划'惹的祸,这太荒谬了,怎么会有人为了去更好的地方读书而杀人呢。"

"刘轻嫣的人际关系良好,从现场来看不是抢劫杀人之类的冲动型犯罪,目前最有可能的就是因'英才计划'而产生的恶性竞争,"林萌想起许伟才的话,"在很多中国人心目中,能考个剑桥大学研究生,就意味着从此飞黄腾达,改变人生了。为了这个杀人,一点也不荒谬。不过我来可不是问你这个的,负责'英才计划'的周吕宁,你觉得是个什么样的人？"

"我跟周不熟，校董会开会讨论决定让他负责计划的。听说警方正在调查他，是怀疑他杀了刘吗？"

"刘轻嫣死后，他就失踪了，这点看起来很可疑。"

"但是周对'英才计划'非常热情，想了很多办法来推行，为什么要杀掉层层筛选出来的入围学生呢？"

林萌眨了眨眼："那谁晓得。入围的学生资料，你这里有吧？"

科林·费斯抽出一沓表格，递给林萌。林萌一张张地翻过，发现了一个共同点，这五个同学不光学习成绩很好，钢琴、围棋、国画、马术之类的获奖称号更是耀眼。而且这五个人的家世都很不一般，要么家境富裕，要么地位尊贵，完全是一副上流社会的样子，跟赖泽锋倒是很像。履历表上，这五个人的社会活动也不少，大多还都是公益慈善活动。

"周认为，既然一年只有一个名额，一定要选出这所大学里最优秀的学生，不光是成绩，更重要的是综合素质。"科林·费斯抿了口红茶，"不过嘛，这样做是否合适呢？"

"大叔你的意思是？"

"我设立'英才计划'，是想选出最需要去英国进修的人，让他感受一下不同的教育方式。但周的理解，却是要用最优秀的学生来为明诚大学博取荣誉，这点偏离我的本意了。不过召开校董会的时候，几乎所有的人都同意周的意见，"英国人又耸了耸肩，"看来我的思维方式跟你们中国人的确不大一样。"

"没什么奇怪的，如果选出来的学生在你们英国表现得不够好，他们会觉得整个学校都跟着丢脸。"林萌继续看着眼前的表格。刘轻嫣，死了。卓秋纯，见过了。还剩下党昊凌、苏林、魏欣桐。

凶手会在这三个人当中吗？还是失踪了的周吕宁？等等，不能因为卓秋纯提供了一条线索，就把她排除在外了。微信这个东西，只要知道密码，完全可以冒充刘轻嫣给自己发。

英国人的手机响了，铃声是《The Sound Of Silence》。文艺中年呢，林萌扬了扬眉毛。

如果像流言中的那样，刘轻嫣的死是因为"英才计划"，那么凶手的动机是什么？是因为竞争中产生了矛盾，而对刘轻嫣产生的杀机吗？不太对，警方的调查表明，刘轻嫣的性格温和，没有跟谁发生过冲突。如果说……

"林，糟糕了。"科林·费斯放下手机，沮丧地看着林萌。

"啊？"

"苏林也被杀了。该死的，难道凶手真是'英才计划'入围者？"

又是菊花，金黄色的波斯菊花瓣散落在尸体周围，夹杂着猩红的血液斑点，说不出的妖艳诡异。致命伤在后脑，是钝器敲击造成的颅骨碎裂，而凶器则是丢在一旁的天平。天平啊……好奇怪的凶器。如果采用钝器杀人的话，应该是棍棒之类的东西更顺手吧。

林萌起身，走出蓝白相间的警戒线，摸出一块巧克力丢进嘴里。闭上眼，巧克力的香甜气息冲淡了琐碎的思绪，让烦躁的情绪逐渐平静下来。刘轻嫣，凶器是西式长剑；苏林，凶器是天平。两件案子的最大共同点，是两位死者都是"英才计划"的入围者，而另一个暗含的共同点，则是金色菊花瓣和不合常理的凶器。在现代用长剑杀人，本身已经比较怪异了，而且还是市面上很难买到的西式长剑，至于天平更是不便。为什么要选择这种杀人方式？冷不防被人拍了下肩膀，林萌有些不耐烦地睁开了眼，又是许伟才。

"凶手又杀了一个啊，你查到哪一步了？"

"现在最主要的嫌疑人是周吕宁，警方正在全力搜查他。"林萌注意到，不远处张翔跟科林·费斯正在激烈地争执着什么。

"周老师？怎么会怀疑他呢？他没有什么动机吧，我觉得凶手更可能在五个入围者中。"

"这五个入围者的家境都很好，为了'英才计划'的名额去杀人，总感觉有些牵强呢。"

许伟才冷笑："家境好就品德好吗？你这么想也太幼稚了吧。前一段时间，还有个千万富翁杀了妻子，有时候富人的心理更扭曲。我认为，虽然出国留学对他们来说没有太大的吸引力，但因为争夺名额时产生冲突而造成仇恨，杀人也是很有可能的。"

林萌嘻嘻笑道："我就是随口一说，学长你好像有点激动。"

"不好意思，案子一直没有头绪，不免有些烦躁。现在五个入围者里，还剩下党昊凌、卓秋纯和魏欣桐，警方不把他们三个人监视起来吗？"

"连着死了两个入围者，警方应该会对剩下的三个人保护性监视吧。"林萌敷衍道，"学长，我要去跟警方碰个头。"

"哦，好的。还是那句话，有什么需要我帮忙的，尽管说。"

林萌将许伟才丢在身后，加入到张翔和英国校董的争论中。听了一会儿，才发现他们争论的并不是案情，而是"英才计划"要不要继续。她对这个话题毫无兴趣，想要偷偷开溜的时候，却被张翔一把拽住。

"丫头，现场的菊花和天平是什么意思？你搞清楚了没？"

"没。"林萌干巴巴地回答。

"你看，现在不光我们警方，连这丫头对这个案子都一点头绪没有，如果不停止'英才计划'，很可能会发生第三起案子！"

科林·费斯道："警官先生，这只能说明你们无能，我是不会同意停止'英才计划'的。你知道我花费了多少心血，才跟剑桥大学那边沟通协调好的吗？我不允许因为几桩杀人案就停止这个计划。"

"人命比这狗屁计划重要？"

英国人耸耸肩膀："你能保证停止计划，凶手就不再杀人？你应该考虑的是尽快抓到凶手，而不是威胁我。"

"你这老外怎么说话呢？"张翔急了，"我怎么威胁你了？"

"就算停止计划，凶手还是会继续杀人的。"林萌冷不丁插了一句。

"为什么？"两人齐声问道。

"你们不觉得奇怪吗？虽然大家都觉得凶手是因为'英才计划'才杀人的，但动机是什么呢？如果说凶手是周吕宁，作为计划的执行者，杀死入围者，到底是个什么心态？从他开始杀刘轻嫣，就表示他根本不在乎计划到底能不能继续了，那他前期为什么费了那么多心思搞这个计划，岂不是很矛盾？而如果说凶手是五个入围者之一，杀死其他的入围者是为了减少竞争者，那就更搞笑了。入围者越杀越少，嫌疑人也越来越少，最后活着的自然是凶手，他还能出国？"

"你的意思是？"

"计划停不停止，根本没有什么意义。我们要注意的是，凶手在作案的时候，留下的花瓣和使用的特殊凶器。凶手这种做法，是在向我们传达某个信息，而这个信息很可能就是促使凶手犯罪的动机。"

科林·费斯皱眉道："这么说也有道理，但波斯菊花瓣、西式长剑、天平，这三样东西代表了什么？花瓣表示华丽？长剑表示力量？天平表示重量？完全搞不懂啊……"

"也不一定，可能是凶手故弄玄虚，现实里可没有那么多神神叨叨的罪犯。"张翔道。

"是的，也有这种可能。"林萌道，"话说大叔你们还没查到周吕宁的踪迹吗？"

"上海可是有两千多万常驻人口，你以为找个人就这么好找？"张翔脸涨得通红。

"晓得啦。"林萌道，"你们今天是怎么了，一个个情绪都好激动啊。"

"我现在压力很大！你不要再……"

"大叔，如果有下一场命案的话，凶器可能是一块白布。"林萌扬扬手，转身离开。

"什么？白布？为什么会是白布？臭丫头，你去哪里，给我回来！"张翔在身后咆哮。

党昊凌还在埋头算着一道高数题，林萌抱着肩膀坐在对面，越来越觉得他装模作样。二十多分钟前，林萌在图书馆里找到他，想问下有关案子的问题。而这位据说是品学兼优的校草，说自己正在学习，很有礼貌地要她等一下。这一等，就是二十多分钟，如果不是陈然一直在暗示她稳住，林萌早翻脸了。

闲着无事，林萌索性摸出来一张纸条，摊在桌面上仔细端详。这是从张翔那里拿出来的请假条，周吕宁的。这张请假条很奇怪，内容是打印出来的，签名却是手写的。警方做了笔记鉴定，证明是周吕宁的笔迹。林萌有些不解，为什么一张请假条，要用两种不同的方式来书写呢？怎么看都觉得有些蹊跷。

这个案子从一开始，就透露出一种违和感。不管是命案现场、嫌疑人、动机，都有一种似曾相识的感觉。不是在哪里见过，而是凶手在杀人之后，做了多余的事情，在形式上很符合推理小说的布局结构。死亡讯息，是本格派推理作品里常用的手法，用到现实中的话，凶手到底是什么用意呢？难道仅仅是虚荣心作祟，向警方炫耀自己的能力吗？

"现场的菊花、剑和天平，到底是什么意思，你们想明白了吗？"党昊凌忽然开口了。

"这个嘛……"陈然在一旁道。

"已经想明白了，但我不明白这个跟凶手的杀人动机有什么关联。"林萌道。

"咦？萌萌你什么时候想清楚了？"陈然惊讶道。

"在希腊神话中，代表正义的女神是忒弥斯。传说她左手持长剑，象征诛杀世间一切邪恶之人；右手持天平，象征绝对的正义与公平；眼蒙白布，象征不管面前是什么人她都会一视同仁。而金黄色的波斯菊，则是她的幸运花。"

"我也是这么认为，但我跟你一样，不明白凶手为什么要留下这样的死亡讯息。正义女神，诛杀邪恶，但是刘轻嫣和苏林，没听说过他们有什么丑闻。就算是欺凌同学这种小事，他们也没有参与过。"党昊凌道。

"会不会是在'英才计划'挑选入选者时，他们做了什么坏事？"

"我不认为这个计划值得他们冒险败坏自己的声誉。或许在你们这些穷人看来，能公费出国学习，报考英国大学是个鲤鱼跳龙门的绝好机会。但以他们的家境，出国留学不费吹灰之力。而且，'英才计划'挑选入围者，决定权在评委会的那些老师手中，学生是没有什么可以操作的。"

"真的好奇怪……为什么凶手留下的死亡讯息，跟他杀的人对不上号呢？"林萌喃喃自语。

陈然犹豫了一会儿，道："会不会是你们弄错了，菊花、长剑、天平代表的不是那个正义女神？"

"是吗？有三样物证指向忒弥斯，你还怀疑不是？"党昊凌讥讽道，"或许你的大脑构造与众不同，能想到另外的象征意义？"

"这个嘛……"陈然挠起了头。

林萌忍住怒气，道："不过看凶手的架势，目标应该是你们这些入围者。刘轻嫣和苏林都已经被杀了，剩下了卓秋纯、魏欣桐和你。有传言说凶手就在你们剩下的三个人之中。你觉得呢？"

"无聊至极，一个出国留学名额还不会让人提起杀人的兴趣。况且，如果杀得只剩自己，会成为警方的重点嫌疑人，很容易露出马脚。而不杀得只剩自己一个人，对于争夺名额又有什么意义？"

"你怀疑凶手是周吕宁？"林萌道。

党昊凌耸耸肩："毕竟成年人的世界要相对复杂些。不好意思，休息时间结束，我要继续学习了。"

"嗯……现在已经很晚了,你自己留在图书馆的话,不怕凶手趁机动手?"林萌觉得自己有些鸡婆,如果是以前,才懒得管这个鼻孔朝天的家伙。

"同学,你觉得我会被杀吗?"党昊凌不屑一顾,"拜托不要把我想得那么无能。"

离刘轻嫣的死已经过去了五天,案子还是毫无进展。周吕宁就像凭空蒸发了一样,找不到任何踪迹。警方提出要对剩下三个"英才计划"入围者进行集中保护性监视,然而怀疑这三人中有凶手的消息不知道怎么传了出去,被家长们一致拒绝。

凶手不在五个人之中,党昊凌的这个说法没有得到林萌的认同。作为侦探,就算只有百分之一的疑点,也要尽百分之百的努力。而所谓的判断,只能建立在对搜集到的情报归纳分析之后,在这之前绝不能被旁人的观点左右。

这是常识。

继昨晚在图书馆里见了党昊凌后,林萌在中午找到了最后一个入围者,魏欣桐。她正在天台上吃饭。地上铺了一块净面的毛毯,面料平滑,针脚细腻,应该是手工织成的。便当盒也很有特色,轻巧实用,透出一股素雅宁静的样子。里面的内容却逊色不少,几片青菜,一点米饭,着实让人没胃口。而魏欣桐正在做的事,更让林萌觉得不可思议。她在便当盒旁边放了杯清水,在涮青菜上面的油。

"啧啧,我以为你们有钱人都活得跟赖泽锋一样奢侈,想不到学姐你这么朴素。"

"那种暴发户家的孩子,"魏欣桐笑笑,没有再说下去,"你找我，是为了刘轻嫣和苏林被杀的案子？"

"嗯呢，"林萌拖了个长腔，"学姐你有什么想法？"

"不关心，我跟他们两个不熟，对'英才计划'也没什么兴趣。"

"怎么会？大家都在传，说你们这些入围者不但是凶手的目标，凶手也可能在你们之中哦。"

"什么'英才计划'，谁想出国学习就出国学习，反正我是会拒绝的。"

"这么好的机会，为什么拒绝？"

"吃不惯西餐。"

"你是在开玩笑吗，学姐？"

"我是个喜欢按自己方式生活的人，不高兴被别人摆布。"

"原来如此……"林萌不知道要怎么问下去，所幸手机这时候响起了起来。她冲魏欣桐点了点头，按下了接听键："张翔大叔？查到周吕宁的线索了？"

那边的声音很疲惫："丫头，你怎么知道第三起命案的凶器会是白布？"

"这个回头再给你说，我正忙着呢。等等……你现在问这个，该不会是又有人死了吧？"

"你来图书馆吧。"

图书馆的话，是党昊凌吗？林萌叹了口气，虽然跟死者们并不熟悉，但他们这样一个个地死去，还是让她有种很强的失落感。以前参与到破案中，或许只是为了挑战一个又一个的谜题，但现在她意识到，这些所谓的谜题，远远无法与人的生命相比。

林萌转过身："学姐，以后绝对不要单独行动，像这种一个人跑天台吃午餐的做法……"

"我记得告诉过你,我是个喜欢按自己方式生活的人。"魏欣桐打断了林萌的话。

林萌歪着头看了她一会儿,走上前去,提走了她的水杯。魏欣桐愤怒起身,骂道:"你神经病啊!"

话音未落,林萌就势把手搭上她的肩膀,返身勒住了她的脖子,将她绊倒在地。

"学姐,如果我是凶手,你刚才已经死了。"林萌冲她打了个响指,转身离开。

图书馆,女洗手间。

林萌蹲在隔断对面,默默地看着其中一间。党昊凌的尸体斜靠在坐便器上,头耷拉在肩部,舌头伸得很长,完全没有了昨天盛气凌人的样子。凶器果然是一条白布,歪歪斜斜地缠绕在尸体脖子上,金黄色的菊花花瓣散落在四周。

死亡时间初步推定在昨晚九点左右,因为有课的时候,图书馆很少有人来,所以直到中午清洁工打扫洗手间的时候,才发现了尸体。警方排查了整个图书馆,发现签到簿上有周吕宁的名字,经过核对,跟请假条上的一致。迫于舆论压力,已经将周吕宁确定为第一嫌疑人,在全市公开通缉。

目前看来,似乎没有林萌要做的事情了。她站起身,穿过闹哄哄的人群,走到了外面。阳光依旧很好,林萌的心情却有些糟。凶手如果真是周吕宁的话,那么一定是"英才计划"进行中发生了什么事,使得他认为自己要履行正义女神的职责。不,也可能整个

"英才计划"都是个幌子，为的就是杀掉这五个入围者。等等，还有个不对的地方，长剑、天平、白布是象征正义女神忒弥斯的三件物品，凶手用这三件物品杀死了三个人。按犯罪心理学来推论，杀第四个人的时候，应该还是采用象征忒弥斯的物品吧，但已经没有了啊。要重复以前用过的凶器吗？这个与犯罪侧写不相符啊。难道说，凶手一开始就打算只杀三个人吗？那为什么要剩下卓秋纯和魏欣桐？她们跟刘轻嫣、苏林、党昊凌有什么不同？

"林，校董事会刚刚决定，停止'英才计划'了。"不标准的普通话在身边响起，是那个英国校董科林·费斯，"不过你先前也说了，就算计划停止，凶手也不见得会停止杀戮。"

林萌摇了摇头，现在她真有点弄不清楚凶手的意图了。

"你当初设立这个计划的初衷，是要送最需要的人出国进修，对吧？"

"对，我是这么想的。"

"最需要指的是什么？"

"林，你这几天也接触了那些入围者，你觉得他们对'英才计划'的态度怎么样？"

林萌摇了摇头，这几位都是傲娇气质，有很强烈的优越感，"英才计划"对他们的吸引力不大，甚至有人表示就是被选上了，也不会参加。

"最需要当然指的是最想去的，校董事会只想要选出来的学生为学校争光，却没考虑到这个计划本身的用意。我是想让对英国教育方式感兴趣的学生，拥有这样一个机会。在我最开始的设想中，是不用考虑成绩、家世和个人修养这些东西的。"

"大叔你的想法蛮新颖的，但是要怎么实现呢？"

"开始我想搞一个演讲，然后由全体老师和学生投票，但被校董会否决了。他们觉得这个样子，会在学校内引起拉票之类的骚动。后来周提出了设置成绩、家世和个人修养这些复杂条件，然后一层层地从学生中筛选的方案，在校董会上通过了。虽然违背了我的初衷，但只要这个活动能开展起来，也算是给学生们打开了一个窗口。谁知道现在一连死了三个入围者，真是完全没想到会变成这个样子。"

"方案是周吕宁制定的，筛选是谁操作的？"

"也是周。不用担心他作弊，全校学生的资料都在学生处，他所做的仅仅是从资料库里用电脑程序做几次筛选罢了。而且每次筛选的结果，都要向校董会公示，他不可能骗过所有人的。"

"会不会存在一种可能，周吕宁想要五个入围者里的某个学生成为胜出者，所以杀掉了其余三个入围者，减少竞争对手？"林萌眼神闪烁。

科林·费斯点头："要是在以前，我肯定会说这很荒谬。但发生了这么多事，也有这种可能。林，我没想到你们国家的人功利心这么强。"

"你这么说可有点地图炮的味道，小心被骂。哪个国家都有罪犯吧，不能以偏概全。"

"Sorry，是我说错了。"

张翔脸色苍白地从洗手间走了出来，那神情活像见到了鬼一般。他茫然地看了下四周，发现林萌后，快步走了过来。

科林·费斯迎了上去："警察先生，校董会决定暂停'英才计划'，你不用太担心了。"

张翔却一把推开英国人，嘶哑着声音对林萌道："丫头，真邪气了。"

"嗯？"

"我们不是发现了周吕宁的签名，把他列为第一嫌疑人，全市通缉了吗？你猜怎么着？宝山分局今天上午在黄浦江捞出了一具尸体，是周吕宁的！"

"啊……昨晚杀死党昊凌后，他就投江了？"科林·费斯神色沉重。

"邪气就邪气在这里，"张翔摸出一根烟，"法医推断，周吕宁的死亡时间至少在四天前！"

四天前，林萌眯起了眼睛，跟刘轻嫣的被害时间比较接近。

"What！你们不是发现了他在图书馆的签名吗？这怎么可能！"

"大叔，周吕宁是怎么死的？"林萌问道。

"肠胃内没有发现足以证明溺亡的江水，致命伤在尸体的后脑，被钝器敲击造成的颅骨碎裂。"

后脑、钝器伤，这意味着凶手在体型和力量上，并不比周吕宁有优势。剩下的卓秋纯和魏欣桐，都符合这个特点。凶手就在她们两人之中？卓秋纯曾经拿出手机，给自己看过刘轻嫣发给她的微信，提醒她小心周吕宁。而魏欣桐则明确表示不会出国学习，不会接受"英才计划"。等一下，既然凶手杀死刘轻嫣、苏林、党昊凌时，先后使用了长剑、天平、白布这些凶器，采用了暗喻杀人手法，那为什么在杀死周吕宁时，并没有采用这种方法？难道杀死周吕宁的凶手，跟杀死刘轻嫣、苏林、党昊凌的凶手，并不是一个人？还是说，有其他的可能？

　　林萌突然想到了什么，她向科林·费斯问道："校董先生，你那里有周吕宁筛选入围学生的那些资料吗？"

　　"有是有，不过既然计划都已经停止了，你要那些有什么用？"

　　"有件事我很在意，想确认下。"

　　"好的，没问题。"

　　阳光透过窗棂洒在房内，将一切都镀上一层梦幻般的金色，让林萌有种恍然若梦的感觉。只用了不到一个小时，她就翻完了电脑中的资料，发现了要找的东西。只是，这个人就是凶手吗？她并没有把握，也没有证据。这次的凶手，性格冷静，心思缜密，不但现场没留下什么痕迹，就连整个案子都没有逻辑上的破绽。

　　她有些无奈地转过身，走到窗户旁边。太阳正在缓慢地跌向地平线之下，不久之后，黑暗即将统治整个世界。手机震了一下，是许伟才发过来的微信：卓秋纯约我去自习室，说她知道案子的一些隐情，你要来吗？

　　林萌握着手机，在黄昏中仅仅犹豫了一会儿，就回复道：好的。

　　只不过五六分钟的路程，天色已经完全黑了下来。清脆的脚步声在走廊中孤单地回响，声控灯忽明忽暗，平添一股紧张气氛。林萌在自习室门前停下，看到许伟才握着一把水果刀，正转身朝向自己。

　　他是凶手？

　　"林萌！不是你看到的这样！"许伟才慌乱地摆手。

　　而他身后，卓秋纯正躺在冰冷的地板上。

"她喊我来,说要告诉我一些事,但来了之后,就突然拿出把刀冲向我!"许伟才结结巴巴地说,"我推开她的时候,不小心将她撞到了讲桌上,结果她昏了过去。"

林萌看向讲桌桌角,上面确实有血。

"报警,要赶快报警!"许伟才语无伦次。

林萌摸出手机:"张翔大叔,我在学校的自习室,你们赶快来,已经发现凶手了,她要杀另一个同学时失手撞在桌子上昏了过去。什么?凶手就是卓秋纯啊,你们快点来吧。我知道你们离学校很远,三十分钟总能赶到吧,三十分钟!"

她挂掉电话,把手机放在一旁的桌子上。然后快步跑到卓秋纯身边,蹲下,将手指搭在了她的颈动脉上。还好,虽然微弱,但还在跳动。

"你说卓秋纯要用水果刀杀你?怎么觉得有点奇怪啊。"林萌问道。

"什么?"身后传来许伟才的声音。

"如果卓秋纯是凶手的话,她为什么突然改变了杀人模式?或者应该这么问,为什么凶手要用象征忒弥斯的形式杀死刘轻嫣、苏林和党昊凌,却用另一种形式杀死了周吕宁?"

"原来所谓的大学生女侦探,也不过如此,现在才怀疑到我?"

林萌回过身,看到许伟才正拎着那把水果刀,满脸都是得意的笑容。"凶手果然是你。"她皱着眉头道。

许伟才看了眼手机上的时间:"离警方赶来,还有二十七分钟,我就勉为其难地回答你的问题吧。如果想要把一具尸体隐藏起来,最好的办法是什么?"

林萌没有回答。

"难住了？不论是埋在地下，丢进河里，还是其他各种办法，都有被发现的危险。就算没有被发现，一个人无缘无故地失踪了，警方肯定要调查的。如果运气不好，碰上个头脑灵活的家伙，恐怕会被找出真相。我想了很久，终于想到了，掩藏一具尸体，最好的办法就是制造出一堆尸体。"

"你真是疯了。"林萌叹了口气，"周吕宁、刘轻嫣、苏林和党昊凌都是你杀的。"

许伟才笑道："你这么快就怀疑到我，也不枉费我为你设的这个局。不过很可惜，你刚才在电话里已经告诉了警方凶手是卓秋纯，这件案子就要这么完结了。"

"等警察赶来，我再告诉他们你就是凶手不就行了？"

"你有这个机会？"许伟才又看了眼时间，"还有二十五分钟呢，在这漫长的等待时间里，我只要杀掉你和卓秋纯就可以了。卓秋纯突然醒了，跟你搏斗时同归于尽，这个解释警方是可以接受的。"

"确实。"林萌叹了口气，以张翔的智商水平，恐怕看不出什么疑点。

"你刚才说掩藏一具尸体的最好方法，是制造一堆尸体。那么说，周吕宁是第一个被杀的。而接着被杀死的刘轻嫣、苏林、党昊凌，都是你为了转移警方的注意，而设下的心理陷阱。后面这三起命案，你加上了所谓的正义女神的噱头，选用了不常用的凶器，撒下菊花花瓣，不但强调了案件的连续性，还设置了一个动机谜团。

"人的注意力很容易被不合理的事情所吸引。不论谁接触到这个案子，看到那些不自然的凶器，都会想去探寻凶手所要表达的意义。

在弄清楚是象征正义女神之后，又会思考凶手既然煞费心思做了这么多事，那要表达的正义，到底是什么？被杀的这三个人，是否在'英才计划'中做了什么见不得光的事情？这些谜团会困扰着查案的人，让他们无暇顾及其他的疑点。

"而且，你虽然一再暗示我，凶手是'英才计划'的入围者，却伪造了周吕宁的两次签名，加大了他的嫌疑。没有人知道周吕宁一开始就被你杀了。如果他的尸体不被发现，那么警方就一直徒劳无功地搜捕，就算尸体被发现了，也有卓秋纯和魏欣桐给你当掩护。没有人会意识到整个案子的开端其实是周吕宁的死，更没有人会意识到跟'英才计划'无关的你，才是真正的凶手。"

许伟才竖起一根手指，摇了摇："你只说对了一部分，看来你的智商也就这种水平了，真让我失望。"

林萌没有反驳，而是自顾自地说了下去："在这个案子中，周吕宁的签名出现过两次，一次是请假条，一次是图书馆的签名。你伪造了他的签名，目的是想让警方确信他的存在，但是这却是你最大的疏漏。请假条内容是打印的，签字是手写，这就有些不自然了。更扯的是图书馆的签名，一个被高度怀疑的嫌疑人，怎么会在门禁并不严格的情况下留下签名？"

"警方不是做了笔迹鉴定嘛，签名不是伪造的。"许伟才把玩着水果刀，靠近林萌。

"这在你看来是个得意之处，但终究是个小聪明罢了。笔迹鉴定虽然有一定的参考性，但并不能做到百分之百的肯定。把周吕宁以前的签名撕下来，垫在纸后面描下来，就可以达到以假乱真的地步。"

"不错，能想到这点，表明你还不算太蠢。"

"四件命案，三件与正义女神有关，一件无关，这让我突然想到，我很可能跌入了凶手设置的心理陷阱。于是我把案子从头到尾梳理了一遍，发现了一件很蹊跷的事情。你第一次接触我，声称是暗恋刘轻嫣，才参与到这个案子的。接着在苏林被杀的现场，你也出现了。不得不说，这个角度你也切入得很好。暗恋嘛，无从证实，你说什么就是什么喽。为了暗恋的人而参与查案，不但让你出现在案发现场不显得突兀，还能从我这里套出不少警方对案件的看法，更重要的是你可以一直暗示我凶手在'英才计划'入围者之中，在某种程度上算是把握了案子的走向。

"但是，在第三起案子发生后，竟然没有看到你的身影，这让我觉得有点不自然。现在想来，你杀死党昊凌是在昨天晚上，周吕宁尸体被发现是在今天早上，党昊凌尸体被发现是在今天中午。这里面的时间差，让周吕宁是杀人凶手的推断变得可笑，加大了凶手是'英才计划'入围者的怀疑。这本来是你表现的好时机，为什么你没有出现？而且，在咖啡馆那次，见到卓秋纯后你就不声不响地走了，这点也很奇怪。

"科林·费斯的话提醒了我，周吕宁负责'英才计划'的方案，设置了入围条件，在学生信息库中做了好几次筛选，并向校董事会进行公示。如果凶手第一个杀的是周吕宁的话，那他会不会是前期就落选的学生？带着这个疑问，我查阅了资料库，发现在前两轮筛选中，都有你的名字。但在第三轮时，被家境贫困这一条给淘汰了。原来如此，你那两次不自然的缺席，是不想接触跟'英才计划'密切相关的人，免得谈论到你，引起我的怀疑。"

许伟才喷喷了几声:"想不到你这个侦探推理起来还像模像样的,说了这么多,是想拖延时间吧。很可惜,现在还有二十分钟,在你被杀之前,警察是赶不到了。"

林萌叹了口气:"可能是我成绩不好的缘故吧,我真的不懂,就算是不能出国学习,以你的成绩考上国内重点大学研究生没问题吧,犯得着杀死无意中淘汰了你的周吕宁吗?你也太变态了吧。"

"混账!周吕宁的死是咎由自取!"许伟才表情扭曲狰狞,"出国学习,报考剑桥大学研究生,这些可能在那五个入围者眼中不算什么,但对于我,却是可以改变一生的机会!别跟我说什么重点大学研究生,我就算考上了国内重点大学研究生,学费怎么办?生活费怎么办?就算我边打工边学习,熬到毕业,现在就业压力这么大,我能找到什么样的工作?我能融入到大城市中吗?我买得起房子,结得起婚吗?养得起孩子吗?"

"啊……那都是以后的事情吧,你未免想得太远了。"

"想得太远?对于一个家里穷得连大学学费都是借的学生来说,能只活在眼前吗?你坐在咖啡店里喝几十块钱一杯咖啡的时候,想过一个已经活了十八年连杯速溶咖啡都没喝过的人的感受吗!"

林萌静静地看着他,有些无奈地摇了摇头。

"我去找周吕宁,问他为什么要把家境设为出国学习的条件,你知道他怎么回答我的吗?他说像我这种没见过世面的土包子,吃西餐都不知道怎么拿刀叉的穷光蛋,听不懂钢琴曲、品不懂红酒的窝囊废,出国只会给学校丢脸!他嘲笑我,说我要不是靠学校的助学贷款,根本就上不起大学,说我是这个学校的寄生虫,竟然还妄想着出国学习!这种人,配称为老师吗?不杀了他,怎么能解我心中之恨!"

林萌叹了口气:"好,就算你杀周吕宁有理由,那刘轻嫣、苏林、党昊凌呢?为什么要杀了他们?他们有些根本不认识你吧!"

"我父母常年有病,弟弟还小,整个家以后都要靠我养活,我不可以被抓。杀死周吕宁后,只有对他负责的'英才计划'入围者动手,才能转移警方的注意力。"

"那你就没有想过,刘轻嫣、苏林、党昊凌他们的父母怎么办?亲人怎么办?"

许伟才冷哼了一声:"像他们那种纨绔子弟,家里那么有钱,死几个又怎么样?"

"你的逻辑好奇怪啊,同样都是父母的孩子,他们可以死,你必须活,仅仅是因为他们家里有钱?"

"这要怪他们运气不好,谁让'英才计划'选中了他们呢?还有,如果周吕宁的尸体没有被发现,我根本不用杀死卓秋纯和你。但现在,我要快点让这个案子结束,再有几个月就要期末考了,我可不想因为分心对付你和警察,拿不到奖学金。"

林萌看着他,像看一只怪物:"所以说,从头到尾,都是别人的错,你没有错?真是个变态。"

许伟才扬起了水果刀:"你可真是啰嗦,只剩下十五分钟了。你还是变成一具安静的尸体,做我飞黄腾达的垫脚石吧!"

自习室里突然灯光大亮,后门被猛地踢开,科林·费斯拎着一根棒球棍闯了进来。

"林,快逃!"他大吼道。

"混蛋,敢设陷阱阴我!"许伟才瞬间就反应过来,咬牙切齿地向林萌刺去。

林萌往旁边闪了一下，刀尖贴着肩膀划过，激起一道血雾。与此同时，只听"嘭"的一声响，许伟才翻着白眼抽搐着倒在了地上。一个棒球从他身上掉下来，在地上咕噜噜地旋转不停。

科林·费斯冲到跟前，使劲踢了许伟才两脚，看他没反应后，又赶紧脱下衬衣，撕成布条帮林萌包扎伤口。

"痛！痛！痛！"林萌疼得龇牙咧嘴。

"林，你太胡来了，幸好只是皮外伤，要是被割破了大动脉，可就太危险了。"英国人嘟囔道，"要是当初听我的，报警的话，不是更安全？"

"报警有什么用？没证据，能拿他怎么样？再说你的办公室离自习室只有五六分钟的路程，警方要半个小时才能赶来，时间太长，他肯定会起疑心的。"林萌靠在桌子旁，"录音呢？都录下来了吗？"

"都录下来了。"科林·费斯仍然心有余悸，"还好我投球水平不低，不然砸不中他，后果会多可怕。"

"一个以主投手身份参加全国棒球比赛的人，如果这么近的距离还丢不中，真该去死一死啦。"

英国人耸耸肩，拿出手机，打了急救电话后，又去探了探卓秋纯的脉搏。"还好，救护车马上就到，你们两个都没问题。"

"许伟才呢？"

"你还关心他？刚才你差点死在他手里！"

"我是想看到他站在被告席上，被人唾骂的样子。"林萌撇嘴道。

远处传来了警笛声，应该是张翔他们快到了。

"真没想到，他竟然把自己在人生路上的不顺利，全部归咎于别人，甚至不惜用别人的生命做自己上进的垫脚石。这样的人，竟然还选用象征正义女神的凶器杀人，真是太荒谬了。"英国人道。

林萌摇了摇头："其实，在许伟才心中，菊花、长剑、天平和白布，或许象征的并不是正义。"

"怎么会，难道不是象征正义女神忒弥斯吗？"

"是忒弥斯，但是忒弥斯在神话传说中，还是公平女神。眼看就能改变自己的人生，却因家境这个条件被淘汰出局的许伟才，一定很不甘心吧。成绩这些东西，可以通过自己的努力而改变。但是家境呢？生在贫困的家庭，不但被取消了出国的机会，还被嘲笑，这难道是自己的错吗？这公平吗？他用这种方式杀死比自己出身好的同学时，一定充满了快意吧。"

科林·费斯犹豫了一会儿，道："毕竟这世上没有绝对的公平，出身不好，当然意味着活得会更艰难。但是，为了改变自己的生活条件而不择手段，这不论是在哪里，都不会被原谅的。"

"但像许伟才这种人，就算拼尽了全力，想要跻身到另一个阶层，有多大的可能？就像他自己说的那样，成绩优秀的考上重点大学研究生又能怎么样呢？仅凭自己能在上海这种城市里幸福地生活吗？"林萌喃喃道。

"林，就算自己以后的路再难，就算别人以后的路再容易，都不能当做妒忌伤害别人的理由。"科林·费斯很认真地道，"在这个世界上，没有绝对的公平。面对不公平，我们需要做的是奋斗和努力，而不是放弃善良，成为魔鬼。"

林萌点了点头，没有再说话。她透过窗子，看着外面黑暗的景色，沉默不语。

六 偶像

昏黄的灯光从头顶洒下来,将整个影棚都浸在一片模模糊糊的虚无之中。林萌抬起头,看到一条黑色的钢架桥纵横而过,像条冰冷的巨蛇盘旋在头顶。而在这条巨蛇的四周,则布满了各式各样的射灯和错综复杂的电线,让人没来由产生一种焦躁烦闷的感觉。

她走到钢架桥旁,戴上手套鞋套,拾级而上。出乎意料,钢架桥上很干净,看起来经常有人打扫。尽头还有操控台,可以来回移动这条钢架桥,应该是为了方便检修射灯吧。现代科技真是不错,林萌嘴角微微上扬,停下了脚步。面前的这片射灯之中,有个空缺,只留下了一根孤零零的钢丝绳在昏黄中晃动。而地面上,射灯的残骸还留在那里,粉身碎骨,张牙舞爪。

她看了看钢丝绳的末端,不是平整的切口,而是纤维状的断裂。她托着下巴,思索了一会儿,猛地抬头,面对着眼前密密麻麻的射灯,忍不住打了个寒颤。那些射灯,仿佛一只只沉默的眼睛,毫无生气地看着她。

这个胖子虽然一直面带笑容，但是对我们并不信任。不过五分钟的时间，林萌已经得出了这个结论。不过，也不能怪人家。作为一家影视公司的副总，能客客气气地跟一个二十多岁的无业游民和一个十几岁的女大学生坐下来谈谈，已经算是很有涵养了。尤其是那个二十多岁的无业游民，还一副漫不经心的样子。

"大致的情况，就是这样。"胖子呵呵笑道，"徐先生，我们的电影刚刚开拍，还请你多费点心。"

无业游民没有回答，而是用手指捻着那些泛黄的纸，一张一张地看着。

林萌只好接上话："陈总你放心，别看我表哥看起来吊儿郎当的，但其实是咱们上海警方的特别顾问，国宝级犯罪心理学家王进的关门弟子，还破过午夜拔头人、碎尸重生、明诚集团这几个大案子。"

"嗯，这个我知道，既然是萧城董事长的朋友，一定有其过人之处嘛。"胖子微笑道，"林同学，我也知道你啊，大学生侦探，协助警方破了不少案子。"

林萌脸色微微发红："啊……这都是我应该做的。"

"恐吓信上的字迹墨点稀疏，是针式打印机打印的。纸张有些发黄，是长期放置氧化的结果。"徐川插话，"这些奇怪的卡片，怎么看都是上了些年头的，你们最近才收到吗？"

"是的，从这个电影剧组组建开始，他们就陆陆续续收到这些卡片，到现在已经有两个多月了。开始的时候，剧组的人都没当回事，直到昨天发生了那件意外，他们才向我报告。"

"我这个不祥的怪人，虽然被地狱的业火焚烧，但还是向往天堂……"徐川用手指弹了下卡片,"这内容很亲切嘛。"

"亲切?"胖子皱了皱眉,"从何说起?"

"这句话,出自一九九二年日本《周刊少年 Magazine》连载的《金田一少年事件簿之歌剧院杀人事件》,那是个关于复仇的血腥故事,第一个死者就是被顶棚掉落的射灯砸死的。"徐川道,"我当初读的还是繁体版,有些细节部分……"

"你的意思是,这不是恶作剧,是模仿犯罪?"影视公司老总眯起了眼睛。

林萌接口道:"我去看了掉落的射灯,虽然钢丝绳的断裂处没有平整的切口,像是自然老化的断裂,但是钢架桥和射灯都很干净,应该是时常有人清扫的,于是就又找了清洁工和灯光师问了下。在这场射灯掉落的意外发生前一天,两人都上过钢架桥,并没有发现钢丝绳有要断裂的迹象。而且,钢丝绳的断裂处发黑,并且附有铁锈一样的东西……"

"林同学,请说重点。"陈总脸上的笑容已经消失了。

"有人在你们拍摄电影时,登上钢架桥,用强酸腐蚀了钢丝绳。等那位叫楚情的演员走位之后,他弄断了钢丝绳,让射灯掉了下去。虽然因为楚情走位有偏差,侥幸没有砸中,但这并不是意外,而是证据确凿的谋杀,你们应该马上报警……"

"像这种案件,我可以聘请你进行调查吗?"陈总转向了徐川。

"没问题。"徐川飞快地点头。

林萌想说什么,转头看了看徐川,终究还是忍住了。

"我现在就让法务部草拟一份合同,估计半个小时后可以给你,你看过没有异议后签字就可以了。"陈总道,"在这段时间里,你可以在片场转转，看看能不能发现什么。"

"好说。"徐川打了个哈欠。

"萧城董事长对你青眼有加，这部电影他也投资了。"陈总顿了顿，笑容又回到了脸上，"希望能在事情没闹大之前，就可以解决。"

等陈总走远了，林萌气鼓鼓地踩了徐川一脚："你是不是没钱穷疯了，这种案子你也揽下来？"

徐川拿起桌子上的柠檬水，往裤袋里塞了一瓶，道："他们不会报警的，警方一旦介入，肯定影响拍摄进程。不光是剧组的开支，恐怕后面的宣传、档期都要受影响。就算我不接，他们还会找其他的人来处理嘛。"

林萌愣了一下，道："原来是这样啊……其他人的话，解决案子的速度肯定不如你快，你是想避免出现牺牲者吧。"

"啊……这些我倒没想过，查案这种事，很多时候也是靠运气的，不见得谁比谁快多少。同意接这个案子，是因为他们出手实在太阔绰了，咨询费就给了两千块钱，够我一个月开销了呢。"徐川站起身，"跟你这个协助警方的大学生不一样，我是个私家侦探。虽然挂了个警方顾问的头衔，可还是要吃饭的嘛。走，逛逛片场，等案子解决了，再想进这种地方可不是太容易哦。"

林萌撇了下嘴角："这个案子，凶手是模仿《怪人歌剧院》杀人的，第一起作案没有成功的话，他下一步会怎么做？"

"模仿杀人的心理动机一般分为两种，一种是向经典犯罪致敬，一种是为了隐藏自己的真实目的。在这个案子中，凶手应该属于后者。"

"从哪里可以看出来？"

"第一种凶手的话,往往有些偏执心理,他们追求的是经典犯罪的完美呈现。但这个案子的背景跟《怪人歌剧院》并不相同,而且在漫画中,掉落的是整排的照明灯,钢丝绳的切口是平整的,但在这个案子里,只掉落了一盏射灯,钢丝绳的断裂处是用强酸腐蚀的。这些细节上的差异,是第一种犯罪心理的凶手所不能容忍的。"

仅仅停了一下,林萌就接上了话:"那么,如果凶手是第二种心理动机的话,他的目标仍旧是楚情?而且,由于第一次出手失误,他的第二次犯罪很可能不会再按照《怪人歌剧院》的模式来进行?"

"不错,反应很快嘛。"

"那是,"林萌有些得意,"怎么说我也是有名的大学生侦探嘛。"

"大学生侦探,你看前面就是拍摄区了,楚情刚好在边上,你去跟她谈谈怎么样?"

"我去谈?你干吗?"

徐川从裤袋里拎出那瓶柠檬水:"我看刚才的桌子上,有免费供应的汉堡。嘿嘿,今天早饭我还没吃呢。"

眼前的楚情,看起来也就二十多岁的样子,说不上多漂亮,但却散发着一种清新的气质,是林萌喜欢的类型。此刻她正站在拍摄区外,双眼紧紧盯着里面的一个帅气高大的男生。男主角,最近人气很火的小鲜肉,刚从韩国组合单飞回来,叫宁轶滨。而在楚情的对面,则站满了宁轶滨的粉丝,她们高举着各种各样的牌子,安安静静地看着偶像演戏。

一场拍摄结束,宁轶滨客气地跟粉丝们打完招呼,到一旁休息去了。趁这个空当儿,林萌走到楚情旁边,道:"楚情姐姐,你刚受过惊吓，不休息两天吗？"

"拍摄进度这么赶，哪有时间休息啊。"楚情有些不好意思，"啊……看着你比较眼生，请问你是……"

"哦，怎么说呢。你们陈总聘请我表哥调查昨天的那宗意外，我没来过片场，就在这里转转。"

"你表哥是警察吗？"

"他是个侦探。"林萌顿了下，强调道，"是你们陈总不想报警，才请的他。楚情姐姐，心里很不舒服吧。"

"啊？为什么？"楚情有些诧异的样子。

"因为你险些被砸死啊，比起警察，找侦探来查这种事，总会让人感觉公司在敷衍吧。"

"只是个意外吧，没关系。"

"楚情姐姐觉得那是意外吗？"

"咦？为什么这么说？"

"不是说剧组收到了一些卡片吗？上面写的话怎么看都很奇怪吧，虽然有点像恶作剧，但也不能排除是杀人预告的可能吧。那天如果你走到了准确的位置，应该已经被砸死了。"

"啊……你说的好像也有点可能。"楚情摇摇头，"但是警方来查的话，电影就拍不下去了，还会被媒体炒得沸沸扬扬的。陈总是站在全局的角度考虑的，毕竟我在这部电影里的角色也不重要，如果干扰到电影的拍摄，说不定会被换掉的。"

笨蛋，比起自己的性命，一个配角的角色更重要吗？林萌微笑道："姐姐说得也对，可能是我想多了。话说那盏灯掉下来的地方，我看贴有胶带，在拍戏的时候你必须站到那个位置吗？"

"那个叫站位。为了方便摄影师对焦、跟拍,演员通常会有固定的走动路线和站立位置。站着不动的地方,通常都会用胶带之类的做上记号。"楚情吐了下舌头,"因为那天是第一次跟轶滨哥演对手戏,心里一直在默念台词,走位的时候有些慌张,结果没走到正确的地方。竟然因此逃过一劫,朋友们说我大难不死,必有后福呢。"

"感觉好专业的样子,姐姐演很久电影了吗?"

"哪有啊,我在大学期间接过几个戏的龙套。有台词的角色,还是第一次呢。"

"第一次就参与大制作吗?我听说有些剧组里对新人很刁难的,姐姐有没有被人欺负啊。"

楚情脸上浮现出一丝甜蜜,看了对面的宁轶滨一眼:"没有啊,我在剧组里有朋友,大家对我都很照顾。"

这个表情,像是恋爱?林萌笑着打趣:"你的朋友,是宁轶滨?"

楚情吃了一惊,连连摆手:"不是,不是,他是大明星,怎么可能跟我是朋友?不过他人真的挺好,对剧组里的人都很照顾。"

这么急着否认,加上刚才看宁轶滨那种眼神,还说没有暧昧?

林萌冲楚情点了下头,快步跑了回来。她扫了眼桌上的汉堡包装纸,没好气地道:"三个?你吃了三个?"

"嗯呢,午饭也给省了。"徐川扬了下手里的合同,"定金两万呢,这趟来得不虚。"

"瞧你那点出息吧。"林萌撇了撇嘴,"刚才我跟楚情聊了一会儿,觉得有些怪怪的。"

"哦?"

"凶手如果要伪装成钢丝绳断裂,射灯掉落的意外,为什么要发放犯罪预告卡呢？从犯罪手法来看，凶手对片场的布置、拍戏的进程、演员的走位都很清楚，应该是剧组的人没错。但把犯罪地点选在片场中，也增加了暴露自己的危险。既然凶手不是模仿犯罪的第一种心理状态，他这么做，有什么意义？"

"对案子有疑惑是好的。"徐川拍了拍林萌的头，"但查案嘛，要在一团乱线之中先找到线头，不能被疑点扰乱了自己的节奏。"

"喊，少教我做事啦。在我了解案情的时候，你不过是坐在这里吃了三个汉堡而已。"

"不见得哦。"手机发出了滴滴的提示音，好像有东西传了过来，"既然对方不愿意报警，那么就无法借助徐佳那边对现场进行了鉴定，指纹啊、脚印啊、用的强酸啊这些东西都查不成。所以我把那些犯罪预告卡拍照传给了熊猫，好像是分析结果出来了。"

"熊猫？熊猫只不过对电脑精通些，他又不是鉴证专家，能根据照片来分析预告卡片吗？墨迹、质地、氧化程度这些他就算拿到卡片也没办法查出来吧。"

"不需要。"徐川将犯罪预告卡递给林萌，"你仔细看，上面有水印的，虽然时间长了肉眼根本看不清楚，但通过专业的滤镜软件，应该能看出来是什么。"

他点开接收到的图片，水印已经被置换了颜色，很是显眼。那是一个圆形的图案，里面有三个英文字母：MXS。

"人名？"林萌疑惑地问道。

"没玩过地下剧团吧。"徐川道，"一般是由戏剧专业的大学生、话剧爱好者、年轻导演组成的松散型剧团。大家分摊剧院的租金，邀请别人免费观看的实验性话剧表演。这种卡片一般是写上演出地点、时间,送给观众的。"

"你怎么知道?"

徐川耸耸肩:"大学时候我玩过一段时间,MXS 应该是梦想社的缩写吧,是那个时候很有名气的一个剧团。"

"你上大学?那离现在得有八九年了吧,跟这个案子有什么关系呢?凶手用梦想社的卡片当作犯罪预告,有什么用意?"

"对不起,请问你们是陈总聘请的私人侦探吗?"

徐川和林萌一起回头,他们身边站着一个有些拘谨的年轻女人。一身剧务马甲,老式的金属架眼镜,抱了个文件夹,有些怯生生地看着两人。

"啊……是的,请问有什么事吗?"林萌道。

"我是剧务,你们等下要不要吃盒饭?"

"我要两盒,打包带走。"徐川微笑答道。

林萌握着一沓资料,推开了徐川侦探事务所的门。很意外,只有熊猫穿了条短裤躺在沙发上打呼噜,并没有看到表哥的身影。她走上前去,踢了熊猫一脚,道:"死熊猫,帮我查下梦想社的资料。"

熊猫睁开惺忪的睡眼,不满地嘟囔道:"臭丫头,你这是请人帮忙的态度?"

林萌歪了下头,换了甜腻腻的声音道:"熊猫哥哥,帮人家查查梦想社的资料,好不好啦。"

熊猫打了个冷颤:"别、别,你一发嗲,我就起一身鸡皮疙瘩。梦想社的资料都在电脑桌面上呢,自己看去吧。"

林萌点开文件夹,问道:"我表哥呢?"

"去殡仪馆啦。"

"殡仪馆?"

"啊,替他一个朋友看骨灰盒。好像你们上次去忘川市,就是查那个朋友的死因?"

是陈雪心?林萌摇了摇头,男人这种生物,对初恋都是异常的执着。就算是已经不在人世了,还是念念不忘。

梦想社的资料,熊猫整理得很详细,甚至还理出了跟现在这个案子的关系。这个死胖子,不简单呢。

"你有没有觉得,我表哥能破案,都是靠你?"林萌有点不服气地问。如果自己也有熊猫这样的帮手,搞不好要比表哥强。

"哈,我只不过编了个软件,让它在互联网里自动搜索罢了。要找什么东西,找到了后要怎么分析,可都是你表哥在做。"熊猫在沙发上坐了起来,"我就是个蹭他沙发睡觉的屌丝,帮他点小忙而已。"

"速度快不如方向对?你是这个意思?"林萌回头,看熊猫正从冰箱里拿出一份盒饭,像是昨天徐川从片场带回来的。

"这里有两盒,要吃吗?"熊猫问。

林萌很坚决地摇了摇头,又转头去看电脑上的资料。梦想社是前几年的地下剧团,还算有点名气,但是在一次演出中,有个演员意外跌下舞台,摔断了颈椎不治去世,剧团也随之解散。这个死去的演员叫楚航,跟楚情是亲兄妹。

凶手用梦想社的邀请卡片当作犯罪预告,是在暗示这次针对楚情是跟楚航的死有关吗?奇怪了,凶手的犯罪动机是什么?如果跟楚航有仇,人都已经死了,还要报复他妹妹吗?如果是为楚航报仇,以楚情的性格和年龄,跟楚航的死又能有多少关系?

"你们查的案子里,有个女的叫楚情吧?出了个大新闻哦。"熊猫问道。

"哦?"林萌回过身。

熊猫指着另一台电脑的屏幕:"跟同剧组的明星去酒店开房,派出所收到举报临检,在他们房间发现了大麻。媒体已经疯了,全都在转载。"

"怎么会这样?"屏幕上的照片虽然有点模糊,但确实是楚情,而她紧紧挽着的正是宁轶滨。

新闻是凌晨一点整发布的,不过短短六个小时,已经有了八万多条评论。有质疑真实性的,有为宁轶滨洗白的,但大多数都是骂楚情的。婊子、毒妇之类的词汇充斥屏幕,甚至不少人要她去死。是凶手再次出手了吗?没有按照《怪人歌剧院》的模式来,而是选择了社会性的抹杀吗?

林萌摸出手机,拨通了徐川的号码:"你怎么还在殡仪馆?楚情出事了知道吗?你自己接的案子啊,我拜托你用心点好不好!"

"初恋无敌,尤其是死掉了的初恋。"熊猫一脸猥琐的笑容,"萌萌酱,你可要加倍努力哟。"

林萌一脚踢在他的屁股上:"死熊猫,你乱讲什么!送我去片场!"

片场门口,已经有不少女粉丝堵在了那里,嘶声高喊着"楚情滚出娱乐圈"之类的口号。林萌费力地挤进去,在片场里转了一圈并没发现徐川,倒是看到了在角落里低头啜泣的楚情。她不由得叹了口气,想上前安慰,却又不知道说什么好,只好在旁边默默地站着。

受这条新闻的影响，电影已经停拍。片场中的人三五成群，聚在一起小声地讨论着，不时将各种各样的目光投向角落里的楚情。林萌注意到，没有一个人上前安慰楚情。所有人都在努力跟她划清界限，以防自己也被卷入到漩涡当中。

林萌想起了楚情羞涩的笑脸，不过一夜之后，她的人生已经完全改变。她做错了什么？爱上了一个自己喜欢的人吗？

"怎么，同情她吗？"徐川拍了下林萌的肩膀。

"她真可怜。"林萌道，"你不是说过，不能把案子当成谜团诡计来破解，要体谅到被牵涉到案子里的人的感情吗？"

"但是将感情映射到相关人身上，也会被代入感所蒙蔽。合格的侦探，要把握好感性和理性的平衡。"徐川耸了耸肩，"不过说是这样说，能做到的恐怕不多。人这种生物嘛，总是摇摆在感性和理性的冲突之中。"

"两位，陈总要见你们。"剧务不知道什么时候出现在了他们身后。

徐川点了点头，走在前面。林萌又看了楚情一眼，摇了摇头，跟了上去。

"请问，楚情是怎么进的剧组？"徐川问道。

"好像是海选进来的吧。其实听说海选只是个宣传上的噱头，应该还是走了什么人的关系，她演的角色戏份也不重的。"

"那她在进组之前，跟宁轶滨有交集吗？"

"她？一个刚毕业的学生，跟宁哥能有什么交集啊。"剧务的语气里含着不屑，"现在的新人，都不知道怎么想的。进组不好好拍戏，光想着怎么攀关系，出名快。"

"那也就是说，她跟宁轶滨是进组之后才认识的？他们两个是怎么开始恋爱的？"

"恋爱？"剧务猛地回身，压低了声音道，"你们不知道吗？剧组都已经传开了。他们两个开房，根本是楚情挖的坑！别看她年纪小，心思多着呢！"

"哦？"徐川的眼睛眯了起来。

"具体的我也说不清，你们问陈总吧。"剧务将他们带到房门前，"到了。"

推开房门，林萌发现屋子里还有其他人。看两人进来，原本坐着的几个人一起站起身，冲陈总点头之后离开。宁轶滨也在其中，低着头与林萌擦肩而过。

还没等两人落座，陈总就开口了："徐先生，事情查得怎么样？"

林萌抢先道："犯罪预告卡片是几年前一个叫'梦想社'的地下剧团的，因为一个演员的意外身亡，这个剧团已经解散了。不过死去的那个演员，是楚情的哥哥。可以肯定的是，照射灯掉落、开房被抓，都是针对楚情的……"

"也就是说，凶手的目标是楚情，只要将楚情排除出去，就没什么事了？"

林萌愣住了，显然没料到这胖子的脑回路会是这样，她想了想道："无法确定凶手的目的，楚情可能是凶手的目标，也可能只是一个切入点而已。如果我们在确定情况之前，踢掉楚情，凶手会不会将目标转移到曝光度更高的人身上呢？"

"比如？"

"宁轶滨。"

陈总的手指没有意识地在桌子上敲击，眉头紧锁。沉默足足几分钟之后，他好像下定了决心："好，先让楚情留在剧组，你们继续查。"

"这部戏的男二号是张天阳吧，剧组似乎有传言说会换下宁轶滨？"徐川慢悠悠地问道。

陈总冷冷哼了一声："做梦吧，他来了之后提这条件那条件，非要增加自己的戏份。大头症一个，让他演主角？那我还干嘛花钱挖宁轶滨过来？这次开房偷拍，是有人举报的，搞不好就是这家伙在捣鬼，下一步我都准备把他踢出剧组了，还想换下宁轶滨？"

"那公司要如何应对这次绯闻？"

"徐先生什么意思？"

"刚才我们进来之前，你们正在开会吧，应该已经有个差不多的应对措施了吧。我想知道下一步你们会怎么处理这个事情，好来预判凶手的反应。"

"我们，"胖子顿了一下，"我们决定冷处理。"

"冷处理好，都是些脑残粉在乱叫，没必要搭理他们。"林萌插嘴。

"真的吗？"徐川淡淡笑道，"现在拍摄的这部电影，男主角是宁轶滨。你刚才也说了，他是你们公司支付了巨额违约金后挖过来的小鲜肉，在中国的人气虽然很高，但粉丝大多是青春期的女性。你们公司对宁轶滨的市场定位是热血、阳光、青春，换句话来说，是满足女人性幻想的偶像。在电影拍摄期间，被爆出跟三线女演员开房，房间里发现大麻的丑闻，对人气方面无疑是毁灭性的打击。陈总，你在娱乐圈里摸爬滚打了这么多年，总不会坐以待毙吧。"

陈总看了徐川一会儿，笑道："不愧是徐先生。不错，公司已经制定了危机公关对策。"

"为了保住宁轶滨的形象，必定要抛出来一个人当靶子，是楚情吧。"徐川道。

"这不公平！应该先弄清到底怎么回事啊！"林萌生气地喊道。

"各行有各行的规矩，我们是在按照行规做事。"陈总道，"小姑娘，绝对的公平根本不可能存在，这是现实。"

林萌起身，想要说什么，却被徐川一把拽住。

"你干什么？不管黑白对错没问题吗？"

"陈总聘请我们来，是弄清楚案子的，不是来主持公道的。成年人嘛，总得有点职业道德才行。"徐川耸了耸肩。

林萌怒极反笑："说得好听，什么职业道德，还不是为了那两个臭钱！"

她起身走出房间，将门摔得震耳欲聋，引来周围人诧异的目光。林萌在门口站了一小会儿，调整了下自己的情绪，向蹲在黑暗角落里的楚情走去。楚情将头埋在臂膀中，正在小声地啜泣。

林萌走了过去："要不要去喝杯咖啡？"

徐川靠在休息桌旁，拿了瓶柠檬水，有一口没一口地喝着。手机上正在播放宁轶滨的道歉会，他穿了身黑色西装，素颜，语气诚恳。不得不说，这家公司的危机公关做得挺不错，宁轶滨的衣着态度甚至说话的重音都把握得很到位，应该是反复彩排过。尤其是宁轶滨的发言稿，没有一句是在直接推卸责任，但听下来，却让人觉得他只是一个受害者。

按照宁轶滨的说法,他跟楚情并不熟,只不过是片场互相打个招呼的程度。昨晚是跟一群朋友一起去酒吧喝酒,喝到最后他喝高了,完全不记得做了什么。清醒之后,就看到警察突击查房,然后又在房间里被搜到了大麻。他对楚情的印象一直很好,觉得楚情很文静温柔,虽然不知道昨晚到底发生了什么,但他坚信那些大麻也不是楚情的,一定是哪里出现了误会。

心理暗示、主动示弱、形象重构、转移目标,这篇稿子一定经过多次打磨,这个所谓的道歉会是相当成功的。徐川点开了视频的弹幕,果然,很少有人咒骂宁轶滨,绝大部分的人都认定楚情是个绿茶婊,把喝多了的宁轶滨领到了酒店,大麻也肯定是楚情带的。

他打开了相关新闻的链接,目击证人证明是楚情开的车,酒店前台证明是楚情开的房,甚至有人爆料见过楚情抽大麻……

"你喜欢柠檬水?"剧务在旁边问道。

"其实我更喜欢盐汽水。"徐川道,"你觉得跟宁轶滨开房,是楚情设计的吗?"

剧务道:"虽然觉得她一个小姑娘家能考虑得这么细致,还是有点勉强,但现在出来了这么多证人证据,肯定是她干的没错。"

"谁提出的开房,谁的大麻,那些所谓的目击者,不是你们公司安排的危机公关?"

"不可能吧,怎么会有这么多人昧着良心说谎?"

徐川笑笑,没有回答。

"我没有想到,事情会变成这样。"楚情没有动面前的咖啡,眼睛看向窗外。

"所以说，其实是宁轶滨约你去的酒吧？然后又约你去开房？"林萌瞪着她，"他约你，你就去，就这么不矜持？"

楚情低下了头，又小声抽泣起来。

眼前的这个女人虽然比自己大了好几岁，却只不过是个傻白甜。跟偶像睡一场，就能让她觉得自己人生有了意义。这种肤浅的想法，似乎在明星粉丝中很有市场。

"你恨宁轶滨吗？"林萌问。

楚情低下头："或许我不应该喜欢他的，他就像个太阳，给人温暖和阳光，但离他太近，却会被烫伤。"

"他在道歉会上说的那些话，等于出卖了你，即便如此，你也不恨？"

"他是被公司逼的吧，不那么说，不但以后星途完全毁了，还有巨额的违约金要赔。"

"所以你就心甘情愿替他扛下来？"林萌叹了口气，"大麻到底是你的，还是宁轶滨的？"

"不知道，我不抽那种东西，也没见他抽过。"

"警方接到的报案是有人卖淫嫖娼，发现大麻倒是意外。你在剧组里，有没有得罪过什么人？"林萌问道。

"没有啊，我跟大家相处得挺好。"楚情犹豫了一下，"不过……宁哥前几天跟张天阳吵了一架，会不会是他报的警？"

"张天阳？"

"这部电影的男二号，媒体老是拿他们两个来比较，他们关系一直不怎么好。宁哥甚至还当众说过，要把张天阳踢出这部戏。"

"你觉得,这件事是针对宁轶滨的?"

"不然呢?"楚情有些吃惊地看着林萌。

这件事,跟射灯掉落那次,到底是不是同一个凶手所为呢?林萌突然疑惑起来。如果是一个人,他怎么能算到宁轶滨会约楚情呢?这个前提偶然性太大,凶手是无法判定的。而且事情被曝光后,公司会如何处理,也是凶手无法掌控的。还是说,凶手可以判定?林萌想起了那个皮笑肉不笑的陈总,打了个冷颤。

"我估计要退出娱乐圈了。"

"就因为这个?"林萌冷笑,"放心,我表哥一定会查出真相的。"

楚情没有回答,而是怔怔地看着窗外:"我的家乡在一个大山深处的小镇,对比同龄人来说,我付出了很多,才考进了上海戏剧学院。辛辛苦苦地熬到毕业,接到这个戏后,我爸爸妈妈逢人就说,我在上海成了明星。但现在搞成这个样子,真不知道如何办才好……"

"其实不做明星,也没什么啊。"

"但是事情炒到了这种地步,我还能留在上海做其他工作吗?今天早上片场外围了好多人,要不是保安拦着,不知道会发生什么事情。"

"有没有想过离开上海,回家?既然家乡比较偏僻,这些流言肯定传不到那里吧,而且家里有你的亲人,至少能给你安全感。"

楚情摇头苦笑:"可是我已经见识过了外面的繁华世界,再回到那个闭塞的小镇,像周围的人一样,在灰蒙蒙脏兮兮的地方找个不喜欢的男人结婚生子,浑浑噩噩地过完一生?想想真不甘心啊,明明可以拥有另一种人生。"

林萌发现成人的世界似乎要比自己想象中更为无奈，她不知道要说什么，只好端起咖啡杯抿了一口。

"还记得我刚到上海的那晚，下了火车，看着流光溢彩的夜景，被深深地震撼了。我们那个小镇，到了晚上九点之后，基本就没有什么灯光了。我站在灯火辉煌的大街上，感受着迎面吹来的风，在心底暗暗发誓，一定要留在这个城市生活。"楚情闭上了眼睛，"可谁知道，到头来，只不过是一场梦。"

咖啡店里的人越来越多，隔桌一群青年男女似乎为什么事而兴奋，眉飞色舞地说个不停。林萌觉得这里很吵，她站起身道："出去走走？"

两人一起走出咖啡店，沿着马路刚走几步，突然听到身后传来刺耳的发动机轰鸣声。林萌转身，看到一辆没有挂牌的切诺基直冲过来。她下意识地拽起楚情，一起倒向旁边的绿化带，车子呼啸着擦身而过。两人挣扎着从绿化带中起身，已经找不到切诺基的影子。周围的人围拢上来指指点点，还有人拿出手机录像。

林萌揉着淤青的手腕，对惊慌失措的楚情道："你有没有想过，从射灯开始掉落的那一刻，发生的所有的事，都是冲着你来的。"

"徐警官，帮帮忙呗。"徐川嬉皮笑脸地对着手机讨好。

"凭什么啊，我整天忙得要死，你这个警方顾问却整天都找不到人！"电话那边回应道。

"啧，我要干活儿的好吧，你们警局又不给我发薪水。"徐川道，"等这个活儿搞定，我请你吃饭行不？烤肋排还是日料，你随便挑。"

"不是我说你，你接的什么活儿啊？八年前的一个地下剧团的一宗意外，很难查到什么的。"

徐川道："当时警方出警了，一定会留下相关资料的，你就问问下面分局的同事呗，行不行？"

"好吧，说话算数，我要吃烤肋排。"

徐川挂掉电话，敲开了宁轶滨的门。

出席完道歉会的小鲜肉正在做发型，一脸的轻松。看到徐川进来，他讥讽道："听说你的那个大学生助手，一直跟楚情待在一起。你有空在片场乱转，还不如管管手下，不然出了什么差错，那少得可怜的酬金可是拿不到的。"

"你很有女人缘啊，到底是怎么做的，才能让一个女人死心塌地地帮你背黑锅？"徐川坐在了他的对面。

"因为这张脸。"宁轶滨挥手示意发型师出去，"女人嘛，都是些肤浅无知的生物。看到长得帅的就花痴，对她好一点就犯贱。我发条微博，就有上万个女人在下面喊老公，真是让人心烦。"

"自恋的话，还是放到以后再说吧。刚才我助手打来电话，似乎有人在外面想给楚情安排一场车祸。这不是你做的吧？"

"当然不是，她已经揽下了所有的污名，我不会傻到再对她不利。"

"那是自然，照射灯那次，应该也不是你干的。"

"照射灯？那不是意外吗？"

"所以，你现在就很危险了。"

宁轶滨皱起眉头："你要是想恐吓我，估计陈胖子很快就会把你踢走，我现在可是他的摇钱树……"

"你的智商水准可真不高。楚情受到的第一次袭击，是在这间片场里，伪装成了意外，是比较低调隐秘的手法。而第二次袭击，却是在大街上，众目睽睽之下意图直接撞死楚情。你不觉得这两种手法前后差别很大吗？"

宁轶滨冷笑道："故弄玄虚，这有什么问题？"

"从犯罪心理学的角度来讲，凶手改变行凶方式，是因为受到了重大刺激所致。第一起案子，我并不能确定凶手袭击楚情的动机是什么，但结合第二起案子来看，应该是和你有关。正是因为你们开房的事情被曝光，才使得凶手铤而走险。"

"你怎么说都行。"

"我查了下，你出道已经两年半了。第一部电影的女配角跟你传出绯闻，戏杀青之后溺水淹死了；第三任生活助理被拍到跟你同住酒店，后来因药物中毒而死；还有一名女粉丝在微博上晒出与你的拥抱接吻的照片，结果不慎从高层建筑跌落摔死。"徐川道，"我只查到了这三件，应该还有更多的我没查到吧。你就像个到处闯祸的熊孩子，虽然一直有公司给你善后公关，而且脑残粉们也把这些人当成靠你炒作出名的婊子，不过你应该很清楚事情的真相吧，就没有发现一点异样吗？"

"这些跟我有什么关系！"宁轶滨脸色发红，"都是那些贱女人自己贴上来的！"

徐川盯着他的眼睛看了几秒，摇了摇头："知道你蠢，但没想到你会蠢到这种地步。我对你的私生活完全没有一点兴趣，也无意评论你的道德品质。我在意的是，跟你发生过关系的女人有如此之高的死亡率，就没有引起你的一点警觉？不，你在跟她们睡过后，就完全没有了解她们消息的兴趣了，对不对？"

宁轶滨有些困惑，问道："你什么意思？"

"陈总要我来，是解决麻烦的。你是个人渣也好，圣人也好，都得保障你的安全，这算是职业道德。"

"不是，我问的是，那些跟我睡过的女人死亡……"

"知道被爱妄想症吗？"徐川道，"这类患者通常会陷入另一个人和自己谈恋爱的妄想之中。重度患者一般性格偏执，情感细腻，从你的现状来看，应该是中奖了。跟你有过两性关系的女性，不少死于意外，应该是因为这位被爱妄想症患者觉得是这些女人勾引了你，对她们展开了追杀。"

宁轶滨目瞪口呆："怎么可能，这么夸张？"

"以她两年半来，对你不离不弃地纠缠来看，你们应该发生过超友谊的关系。她认为你们之间已经建立了从属事实，将自己视为了你的所有。她之所以突然改变行凶模式，要在众目睽睽下撞死楚情，是因为媒体大量曝光你跟楚情开房，让她产生了强烈的妒忌。"

宁轶滨跳了起来："有个杀人犯一直在我身边？你是来解决这件事的吧，我让陈胖子给你加钱，一定要把她找出来！"

"这件事得靠你，你得先给我这两年半来，那些跟你发生过关系的女人名单。"

宁轶滨面有难色。

"你是不是连她们的真名都不知道？"

他低声道："萍水相逢嘛，哪能去追根问底呢。"

"这下可麻烦了。"徐川摇了摇头。

"帮帮忙啊，这种事又不能报警。你放心，我跟陈胖子说，给你双倍的价钱！"

徐川嘴唇微微翘起："既然你这么慷慨，那我再给你一个忠告好了。"

"无耻！"林萌猛地推开门，向宁轶滨骂道。

宁轶滨面无表情地看着她，身旁戴着墨镜的保镖转向了林萌，似乎准备要把她推出门外。

"楚情刚才在大街上，差点被车撞了！"

"那跟我有什么关系？"

"如果不是你在道歉会上说那些话，怎么可能有人会……"

"喂，你搞错了吧。"宁轶滨耸耸肩，"我听你表哥说，那次照射灯掉落不是意外，是针对楚情的。也就是说早在我和她开房被曝光之前，她已经被凶手盯上了。我还没怪她呢，你反而怪到我头上了？"

林萌冷笑："算了吧，你们在这次被曝光前，已经发生过关系了，凶手是因为嫉妒才对楚情下手的吧。"

"这仅仅是你的推断，凶手都没抓到，能有什么证据？现在你跑来大喊大叫，是什么意思？"

"你得再召开一次新闻发布会，公布真相，终止流言。"

"真相？什么真相？我已经在道歉会上说过真相了，你要我出尔反尔吗？"

"你这个渣男！"

"你刚才看新闻了没？楚情已经承认房间里发现的大麻是她的了。"

林萌道："毁掉别人的人生，你好像还很得意？与你这种人相比，楚情真是太伟大了。"

"伟大？哈哈哈。是，她是喜欢我，爱我。可她之所以爱我，不过是因为我长得帅，不过是因为我身上有明星光环罢了。如果我是个普通人，如果我长相一般，她会像你说的那么伟大？不过是贪图色相和虚荣罢了，说什么伟大！可笑！"

宁轶滨站起身："你说我是个渣男，可我有强迫过谁吗？都是她们自己贴上来的，有些甚至把房间开好了，布置好了等我。这里面各种各样的人都有，个个都说是我的粉丝，要留下美好的回忆，结果有些人连我唱过什么歌，演过什么电影都不知道！她们只不过想拥有一种我被明星睡了的虚荣感罢了！我出道两年多，接触了这么多女人，有哪个跟我说过要永远在一起？有哪个跟我说过结婚？不在乎天长地久，只在乎曾经拥有？哈哈哈，既然如此，那婊子无情，戏子无义，又有什么不对！"

房间里沉默了很久，林萌摇了摇头："你真可怜，自己不尊重感情，反倒把原因推在别人头上。楚情是不一样的，你如果……"

"你怎么知道她不一样？"宁轶滨讥讽道，"仅仅因为接触了几天，你就以为完全了解她了？别忘了，我们都是演员。"

林萌迟疑了一下，还是说："她给我的感觉是很善良的，刚走出校门的人，总不会像你们这般污浊。不管怎么说，你必须还她一个公道。不然的话，我饶不了你。"

"就凭你？你有什么能耐？"宁轶滨傲慢笑道，"以我现在的地位，只要在微博上发几句话，就有数不清的粉丝去找你麻烦。"

林萌转身离开："走着瞧吧。"

"等下！"宁轶滨挥了下手，保镖上前拦住了林萌。

"干什么？"

话音未落，保镖已经把林萌揪了起来，干脆利落地从她身上搜出了录音笔和手机。林萌在半空中狼狈地乱踢，怒道："我要告你性骚扰！"

宁轶滨将录音笔和手机丢进垃圾桶，抽出一个信封塞进林萌口袋："就算性骚扰吧，这里面的钱买手机、录音笔和补偿金都绰绰有余了。"

保镖把林萌放了下来，拦在两人之间。林萌没有大喊大叫，反而异常平静地问道："是谁提醒你的？"

"什么？"

"以你的智商水平，是想不到这点的，是不是我表哥提醒你的？"

宁轶滨耸了耸肩："你觉得我会告诉你？"

林萌走出房门，深深地吸了一口气，开始满世界地找徐川。在问过好几个人后，终于在一个房间里抓到了他。徐川跷着二郎腿，正在看录像。

林萌搬了个板凳坐在他对面，道："你在忘川市受的刺激就那么大？整个人都变了？为了挣钱不择手段，有意思吗？"

徐川看了她一眼，淡淡道："我只是防止你做蠢事而已。"

"蠢事？"林萌冷笑，"如果不是你提醒宁轶滨，我已经把他跟我说的那些都贴到网上了！那样事情已经可以完全翻转了，楚情不用再被……"

"你确定？"徐川继续看着屏幕，"对于粉丝们来说，真相毫无意义，她们只会相信她们愿意相信的东西。录音有什么用，就算录音里他亲口承认了，那些粉丝也会说录音是伪造的。"

林萌无言以对。

"而且，未经允许偷录偷拍他人，并发布到网上，就算他的公司不追究你侵犯隐私，也会告你造谣诽谤，接下来你会有一大堆麻烦事要应付。"

林萌烦躁道："那就任凭那些脑残粉嘚瑟？下午我和楚情在大街上遭遇车祸的视频，已经有人传到了网上，一条条弹幕都在惋惜，似乎只有楚情被撞死，才算是公平。不觉得很可笑吗？这世界上的人怎么可以如此颠倒黑白，如此对错不分？我在评论区里想要说清楚事情的真相，但很快就被淹没在那些脑残粉的骂战里，甚至不少人对我人身攻击，还说要查清我的底细。"

"不要做没用的事，"徐川道，"我们是受陈总所托来查案的，不是来扮演正义之神的。"

"那你就眼睁睁地看着楚情被骂来骂去，她是无辜的！"

"你跟那些粉丝们对骂，对楚情有什么帮助？"徐川道，"不如好好看看这些监控录像，早点找出想要杀她的凶手。"

林萌愣了一下，才发现面前的屏幕上，是室内监控拍下的片场录像。

"看这个就能找到凶手？"

"被爱妄想症患者最普遍的特征是什么？"

林萌想了想，道："跟踪？"

"不错，他们不仅爱上了对方，还认为对方也深深地爱着自己。但由于现实的种种原因，他们幻想对方有不得已的苦衷，不能在公众场合向自己表达爱意，于是就采用跟踪这种方式参与到对方的生活中，希望与对方组成一种亲密的关系。对方的住所、工作场合他们都肯定会去，甚至会收集对方使用过的物品和垃圾。"

林萌眼睛一亮："那么，凶手肯定会出现在片场？只要找到出现在片场的举止怪异的人，就可能是凶手？"

"理论上是这样的。"徐川笑道，"不过我们看监控录像，并不是找举止怪异的人的。照射灯掉落的那次，我们已经推断出凶手就是剧组的人，所以可以直接把第一步跳过去了。"

"那……"林萌思索了一会儿，"我明白了，被爱妄想症患者的报复欲望极强，她设计了复仇的手段后，一定会留在现场亲眼看到结果。如果结果不如她的预期，她的表现一定与现场其他人不同。"

徐川点了点头："照射灯的维修钢架桥，是监控的死角，拍不到凶手。不过在照射灯跌落的现场，倒是可以看出点端倪。"

林萌盯紧了屏幕，看到一个黑乎乎的东西从顶棚掉落，在楚情身边炸开。楚情傻愣愣地站在那里不动，周围的人稍稍停了一会儿，才开始围了上去，乱糟糟的干什么的都有。林萌放慢了播放速度，仔细地看着画面中每个人的反应。一遍过去，没看出什么端倪。她索性将画面定格，一帧一帧地看了起来。然而还是没有发现什么。

林萌咬着嘴唇："奇怪，是不是我们想错了？"

徐川道："没发现异常吧，刚才我也是。不过这却让我产生了另外一个想法，如果凶手发现没有杀死楚情，而宁轶滨也在场的话……"

林萌眼睛一亮，快进画面，看到有个人从左面走进，然后在画面边缘的黑暗角落里，静静地站着，视线跃过众人，停在宁轶滨的身上。宁轶滨起身前往射灯掉落的地方后，这个人才走向人群，看向里面的楚情。

"凶手杀楚情的动机,跟宁轶滨有关,自然会更在意宁轶滨的反应。"徐川道。

"想不到会是她?"

"说起来,我对她早就有点怀疑了。"徐川道,"身为剧务,片场里大大小小的杂活儿足够她操心的。注意到我这个外来的二半吊子侦探喜欢喝柠檬水,心思也太过细腻了吧。如果她跟设计陷害楚情无关,为什么会注意我到这种地步?"

"我去报警!"林萌想要起身,徐川却拉了她一把。

"我们把推断告诉陈总,至于报不报警,由他决定。"

"为什么?"

"这样子的话,或许对楚情会好一点。"徐川笑笑,"听我的,没错。"

陈总仰靠在沙发上,双眼看着徐川和林萌,脸上一副冰冷的表情。他夹起一根烟塞进嘴里,摸出来一枚精致的打火机,却怎么也打不出火苗。他猛地将打火机摔在地上,用力踩了一脚,背对着林萌,深深地叹了口气。再转过身,已经是一副微笑的表情。

"也就是说,你们能确定剧务和宁轶滨上过床,设计杀人都是因为宁轶滨?"

林萌抢先答道:"虽然不能百分之百的确定,但有很大的可能。我建议立即报警,由警方来进行侦查。"

"也就是说,你们现在不能确定。"陈总又重复了一遍。

"当然不能确定,犯罪心理画像说到底是门经验性和分析性并重的学科,虽然一个优秀的犯罪侧写师可以大致分析出凶手的性格特征、行为模式，但并不能做到完全正确。就像这个案例，凶手所拥有的特征，剧务都符合，但并不能以此断定她就是凶手。"

"那现在就没有报警的必要。"陈总沉吟了一下，"谢谢两位帮忙，酬劳我让出纳给你们结算。"

徐川追问道："恕我冒昧，下一步你会怎么做？"

"当然是把相关人等都叫到一起，如果确定是剧务，就劝她去自首。"陈总顿了下，"她必须自首，让这场风波对电影的影响降到最低。"

"我有个要求，"徐川道，"剧务的事情，请你最早在明天下午再跟她摊牌，在此之前，请你发布一条消息，电影如期进行拍摄，宁轶滨和楚情都不会退出。"

陈总往后靠在沙发上："为什么？"

"我不会问你到底想要做什么，希望你也不要问我。有一点我可以向你保证，不会影响你的利益。"

"我要是不答应呢？"

徐川嘴角浮现出一丝微笑："谈不妥的话，那就只好报警了。"

陈总沉默了好一会儿，道："成交。"

徐川道："希望事情的发展能如你所愿。"

陈总点了点头，跟徐川轻轻地握了一下手："年轻人，不简单啊。"

"这案子就这么结束了？"走出片场，林萌心有不甘地问道。

徐川抬头看了看灰蒙蒙的天空，笑道："结束？好戏才刚刚开始。"

楚情坐在墙角，沉浸在黑暗中。

她租房的地址，已经被人肉搜索到了。回来的时候，墙上和门上被用红漆喷满了各种各样的脏话。虽然报了警，警察赶走了那些情绪激动的粉丝，但也很客气地劝楚情搬家。毕竟对于这些狂热的脑残粉来说，警方也没有妥当的应对方式。

楚情木然地点了点头，或许上海这种大城市真的不适合自己这种小人物生存？和宁轶滨第一次去酒店的时候，她已经隐隐约约意识到对方根本不喜欢自己，但却还是半推半就地妥协了。就算不是爱情，应该多多少少有点感情在的吧。她这样安慰自己，一个人在上海，太孤独了，太无助了，有个这样阳光耀眼的怀抱，也是不错的。

就算只是暂时的。

不知道我把所有的过错都扛下来后，他会不会有些感动？

楚情苦笑着摇了摇头。

房间外，有个黑影正在小心翼翼地拨弄着窗子。他很幸运，窗户的扭锁并没有锁上，轻而易举就打开了。房间里黑乎乎的，什么都看不清。他动作轻巧地翻过窗台，再次弯下腰检查鞋套是否完好，然后摸出一把匕首，小心翼翼地向卧室摸去。

黑暗中，床上的被子隐隐勾勒出一副人形，应该是已经睡熟了。黑影深深吸了一口气，蹑手蹑脚走到床边，举起匕首隔着被子用力向下扎去。仅仅两下之后，黑影就停住了动作，他猛地掀开被子，发现下面只不过是一堆衣物。

灯光大亮，房门打开，黑影回过身，发现徐川正站在门口，嘲弄地看着自己。他怒喝一声，举起匕首，向徐川冲了过去。徐川后退一步，旁边闪出一个短发女警，搭臂，拧腰，过肩，一个漂亮的背摔。然后她回身，膝盖顶上黑影腰眼，拧过黑影双臂，咔嚓一声将一副手铐铐了上去。

"徐佳姐……你可真厉害。"林萌在一旁由衷地赞叹。

徐佳甩了下头发："以我跆拳道黑带三段的实力，应付这种小喽啰，不费吹灰之力嘛。"

她揪起黑影的头发，将他的脸拉了起来："这家伙敢入室杀人，到底犯了什么事儿？"

那是一张五官精致的脸，眼眉之间充斥着愤恨。林萌怔了一下，看了看这人，又看了看徐川，似乎完全搞不清楚状况。

"八年前可能犯了一条人命在手上，现在嘛，是谋杀未遂。"徐川道。

"可……可这个人，是谁？"林萌结结巴巴地问道，"不应该是宁轶滨吗？这个完全是个路人好嘛！"

"我来跟你介绍一下，这部电影的男二号，张天阳。"徐川转向徐佳，"你那辆破桑塔纳还停在楼下吧，我们先把他弄回警局。"

坐在副驾驶位上，林萌模模糊糊地想起来了，好像跟楚情聊天的时候，听过这个名字。是了，当时楚情说张天阳跟宁轶滨有矛盾，两人争吵过好几次，还怀疑她和宁轶滨开房的事，是张天阳报的警。不对啊，凶手是被爱妄想症，是那个剧务吧，怎么会是这个男二号？林萌又瞟了眼张天阳，忍不住问道："小哥，你也爱宁轶滨？"

张天阳冷冷地哼了一声："在我的律师到来之前，我不会回答你任何问题。"

林萌眨了眨眼："想不到那个渣男，连男人都能吸引。"

张天阳额头青筋暴露，怒吼道："你别擅自下结论！"

徐川漫不经心道："想杀楚情，多半是因为他做贼心虚。萌萌，你还记得剧团收到的犯罪预告卡片吧？"

"梦想社的那个？"

"对，这个案子一开始，就充斥着矛盾感。既然要伪装成射灯掉落的意外，为什么还要发放犯罪预告的卡片？我注意到剧务犯下的案子，都是伪装成意外，没有一例预先预告的。这让我产生了一个想法，会不会犯罪预告的卡片，并不是剧务发的？我顺着梦想社的这条线索查了下去，原来楚情的哥哥楚航，当时在梦想社演出时，因为意外跌落舞台摔死了，梦想社也因此而解散。"

"这个我知道，但卡片肯定不是楚情发的吧，她自己发犯罪预告，有什么意义？"林萌问道。

"卡片是这位发的。"徐川道，"先前我让徐佳找了八年前梦想社发生意外的出警记录，发现张天阳也参加了那次演出，不过当时他的名字叫张扬。根据当时的调查笔录，张扬和楚航因为戏份多少的缘故，在剧场也激烈争吵过，甚至有传言楚航意外跌落舞台身亡，是张扬搞的鬼。不过因为没有证据，调查也就一直没有进展，后来张扬出国，事情也就草草按意外收尾。"

"兜兜转转，张扬改名成了张天阳，又回到了国内，摇身一变成了海归演员。虽然距离梦想社的事件，已经过去了八年，但他的老毛病还是没有改。又是因为戏份问题跟主演宁轶滨发生了冲突，被威胁要踢出剧组，而动了杀心。而与此同时，他也发现了楚情就是楚航的妹妹，他担心如果故伎重演，会不会让楚情起疑，觉得自己哥哥死得蹊跷。于是，他就发出了梦想社的卡片，试探楚情的反应。

"如果楚情对犯罪预告卡有反应，那么就证明楚情多少知道当年自己哥哥的死。但楚情却没有什么异常表现，这让张天阳松了口气。就在他思考要如何布置意外的时候，却发生了射灯掉落差点砸死楚情的意外。这让他非常诧异，自己明明还未出手嘛，而且他要袭击目标也并不是楚情啊。于是他开始暗地里观察楚情，却撞到了楚情和宁轶滨开房。他意识到，这是个绝妙的机会，可以把旧仇人的妹妹和新仇人一网打尽。于是，他匿名报警，说发现有人卖淫嫖娼。"

徐川转过身，看着张天阳笑道："你倒沉得住气，我说了这么多，你连一句反驳都没有？"

张天阳低声道："我律师来之前，我什么都不会说的。"

徐川耸耸肩："随便你，不过犯罪预告卡上，发现了汗液斑点，徐佳他们已经提取鉴定了。看律师来了，你们怎么圆谎吧。"

张天阳突然爆发，俯身向前死死勒住了徐川脖子，叫嚣道："你给我去死！要不是你！我怎么会落到这种地步！"

徐佳左手握着方向盘，右手一个手刀斩在张天阳后颈上，他软软地瘫了下去。

徐川揉了揉脖子："开始我还觉得，为了争点戏份就动手杀人有些匪夷所思，现在看他被说了几句，就敢当着警察的面杀人，这家伙还真够奇葩的。"

林萌沉默了一会儿："我想明白你为什么对陈总说那些话了，张天阳知道楚情和宁轶滨戏份不变，自己反而会被踢出剧组后，决定铤而走险对楚情出手。怪不得你让楚情提前离开，换了住的地方，原来一早就猜到张天阳会这么做。"

"不，不，不，这可不叫猜。当你把一个人的心理特征和行为方式都摸透后,很容易就能推断出他下一步要干什么。张天阳是一个控制欲和自尊心都非常强的人,他八年前既然敢动手杀楚航,现在为什么不敢杀楚情?杀了楚情,既可以有宁轶滨的脑残粉替他扰乱警方视线,又可以把宁轶滨拉下水,算是一举两得的手段。"

"也就是说,发放犯罪预告卡和报警的事,是张天阳做的,照射灯和车祸是剧务做的。"林萌道,"你向陈总保证了吧,不触及他的利益。他就算明天说动了剧务去自首,宁轶滨和楚情的形象已经不行了,现在男二号张天阳也被你布局抓了,他这电影怎么拍?你该不会是随便乱说的吧。"

徐川笑笑:"放心吧,那个老狐狸一定会弄得妥妥的。"

徐佳停下车,拉开车门跳了下去:"到了。"

徐川往外面看了看,疑惑道:"不对啊,这不是警局啊。"

徐佳笑眯眯地指着旁边的一家西餐厅:"烤肋排,吃完再去。"

第二天的一连串新闻,让林萌深刻了解到了反转这个词的意义。剧务突然闯入剧组例会,对楚情出手,将一把匕首刺入楚情胸口。在场的工作人员压制住了剧务,将楚情送进了医院,并报了警。警方赶到现场,带走剧务。但是剧务在现场冲宁轶滨大喊"这都是为了我们的将来"的视频被放到了网上,引起了激烈的讨论。

下午,又传来消息,剧务出于向警方炫耀她跟宁轶滨关系最亲密的心理,说出了宁轶滨有吸食大麻的习惯。警方对剧务和宁轶滨的住所展开搜查,在剧务家里的电脑上,发现了大量偷拍宁轶滨与不同女子暧昧偷情的照片;而在宁轶滨的家里,发现了超过三百克的大麻叶。

虽然网上仍有这一切都是针对宁轶滨的阴谋之类的论调，但大多数已经变成了对宁轶滨的辱骂和指责。紧接着，有人证明楚情和宁轶滨去酒店开房时，是宁轶滨开的车，并无醉意，让道歉会变成了一场彻头彻尾的谎言。甚至有剧组工作人员出来作证，宁轶滨不止一次向楚情示好，还有人听说过他向楚情承诺要结婚。

一个白天的工夫，宁轶滨的形象已经彻底完了，男二号张天阳被抓的消息也已经曝光，只有楚情变成了为爱牺牲、隐忍的天使。剧组宣布，电影项目进行重构，将围绕这场风波重新撰写剧本，以楚情为担纲主演，邀请新角色加入，用半写实的方式将这场风波的真相完全披露给大家。

十几个微博、微信营销号写出了一篇篇的文章，有赞扬楚情为了所爱的人付出一切的，有质疑这种牺牲式的爱情究竟是不是病态的，总之成功地把话题炒上了热搜榜，为电影赢得了极大的关注度。而楚情也从一个默默无闻的小演员，成了话题人物，甚至出现了粉丝后援会这样的组织。她所就医的医院外，不少人自发拉起横幅，给楚情加油打气。晚上，医院放出消息，匕首在刺入胸腔的时候，奇迹般被肋骨所阻，并没有刺入心脏。手术进行得非常成功，楚情已经脱离生命危险，休养十几天后即可出院。

林萌在徐川的事务所里待了一天，看着这一次次的反转发生，脸色越来越差。在手术成功的新闻出来后，她索性丢掉了手机，拾起了地上的一本书读了起来。

徐川笑道："这样的结局，对楚情来说很不错了吧，怎么你不高兴？"

"你一早就猜到会是这种结局了吗？所以你才答应了陈总不报警

的要求?"

"剧务被抓,牵涉到的命案太多,宁轶滨的形象肯定会全线崩溃。就算还有一部分粉丝死撑,但对于陈总来说,他要求的是利益最大化,而不是为了保护谁。仅凭那些粉丝,能给电影带来多少票房?而像宁轶滨这种蹿红太快的明星,通常也会积累一定数量持负面态度的人群。在适当的时候,利用被宁轶滨伤害的楚情,来引导这些人宣泄被压制的情绪,算是唯一能挽回损失的方法了。"

林萌道:"我就觉得不对劲,事情发展得太戏剧化了,后面肯定有人为操控的影子。这些人难道都看不透吗?"

"看透又如何?这个世界本来就是一场闹剧,别看宁轶滨先前人气很高,他一旦被主流舆论抛弃,人人都会幸灾乐祸地去踩上一脚。你觉得那些去医院送花,在外面扯横幅的人,有多少是真心被楚情感动的?很多人都只不过在表明一种态度罢了,树立起一个偶像,来贬低另一个偶像,占据道德制高点来显示自己正确的三观,大概是种很愉快的优越感吧。"

"我原本以为楚情是无辜的,现在看来也不一定。"林萌摇了摇头,"最起码后来被剧务刺伤这场戏,她肯定参与了。"

"不错,这世界本身就是五光十色,只用简单的黑白来给人归类,是太过天真的方法。"徐川笑道,"尤其是被现代娱乐业打造出来的偶像,是绝对碰不得的,一碰,手上就会沾满了金粉。"

林萌叹了口气,把目光投向了手中的书,成人的现实,远远比小说更为复杂。

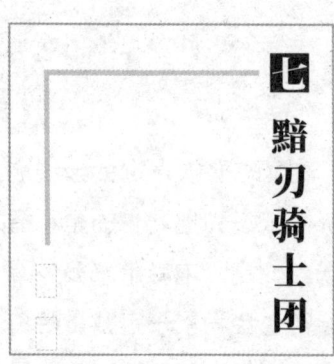

七 黯刃骑士团

"……其实，所谓的成功，并不是取决于你拥有多少的金钱，拥有多少的名誉，拥有多少的权力，而是你是否成为一个善良正直的人。所谓的社会是由一个一个的人组成的，如果所有的人，都拥有了善良正直……"

台上这个女人穿了件大红色的小西装外套，颈间系了条很夸张的白色丝质领巾，正满脸阳光地向数百名学生做着"何为成功"的讲演。林萌坐在两千多人的大礼堂里，只觉得昏昏欲睡。她打了个长长的哈欠，转头看向四周，却发现几乎所有人都在认真聆听，有些同学脸上还带着崇拜的表情。

其实，如果不是老师强调这次活动必须全院学生都要参加，她是绝对不会来的。跟表哥徐川，还有那个死宅熊猫待在一起的时间长了，她非常抗拒这些所谓人生导师的教导。比如台上这个喋喋不休的女人，是明诚大学毕业的学姐，年仅二十三岁就创办了一家培训机构，是典型的成功人士。她浑身上下都散发出一种端庄秀丽的气质,乍一看很能得到别人的信任和依赖。但以林萌的眼光来看,这位学姐在讲演时,会不自然地眨眼、抿嘴、拢耳后的头发。这些微小的动作虽然无伤大雅,但从微表情上来判读,却是毋庸置疑的说谎反应。也就是说这个女人在内心中,对自己所宣扬的东西,并不是真正相信。

她斜着眼睛,瞟了眼远处的赖泽锋,发现他正捧着一本厚厚的书在读。果然,这家伙也是一眼看破了真相的人。冷不防胳膊被撞了一下,林萌有些奇怪地看了眼陈然。这位青梅竹马很认真地道:"萌萌,学校好不容易才请到了张柠老师给我们讲课,你怎么不珍惜这次机会呢?"

"嗯,好的,珍惜。"林萌敷衍道,又伸了个大大的懒腰。

陈然无可奈何地叹了口气,酸酸道:"萌萌,我觉得你经常跟赖泽锋混在一起,已经变了。"

林萌眨了眨眼:"你说什么,风太大我听不清。"

话音刚落,就见全场两千多人的目光都转向了自己。林萌吓了一跳,恍了下神,才明白是台上的那位张柠老师在叫自己,她有些不情愿地站了起来。

张柠面色依旧带着微笑,道:"这位同学,我注意到你一直没什么心思听,而且还跟身旁的同学聊天。我能冒昧地问一下,你觉得我的讲演有什么问题吗?"

虽然态度彬彬有礼,却将居于弱势的学生拎出来,将其曝光于两千多人之前,用所谓民意进行羞辱,无疑是十分卑劣的手段。林萌对这位张柠老师越发鄙视,索性双眼望天,没有回答。

"唉,虽然长得挺漂亮,可惜却是个空空的躯壳。"张柠笑道,

"我奉劝在座的各位同学，千万不要和这种人走得太近。所谓近墨者黑……"

林萌嗤笑一声，低声嘟囔了一句话。张柠脸上浮现出夸张的表情，侧耳道："这位同学你说什么？我没有听清，可否再大声说一遍？"

陈然扯了扯林萌的袖子，却被她用力甩开了。林萌大声道："我刚才说，我认为你只不过是个大言不惭的骗子。"

话音刚落，周围"哄"的一声议论纷纷，有几个老师气急败坏地向她走了过来。

张柠却往下压了压手，笑道："那这位同学，你这么说的理由是什么？"

"世界是很复杂的，不是一两句话就可以让人找到自己的价值。用善良正直来定义是否成功，跟用金钱名誉去定义，同样是肤浅无知的。"林萌冷笑道，"而且，我表哥曾经说过，所谓的人生导师，只有在教导别人的孩子们时，才会一味要求他们去做善良正直的人。因为他们大多都非常清楚，这个世界既不善良，也不正直，单纯用一种态度去面对人生，早晚会头破血流。"

张柠愣在了当场，她根本想不到这个小小年纪的女生竟能说出这种话。台下的学生都在窃窃私语，而那几个向这边走的老师，已经开始跑了起来。就在这时，讲台后面的投影幕布上，原本阳光明媚的图片，突然变成完全的黑色背景，然后渐渐浮现出了一行字："骑士，是正义的化身，并不会盲目守护公主。黯刃，是复仇的利器，因鲜血而失去光泽。"

"这是什么鬼？"林萌嘟囔道。

张柠看到幕布上的那一行字，却忽然浑身颤抖起来，她猛地转过身看向了林萌，大声喊道："是什么人叫你这么做的？"

林萌莫名其妙地摊了下手，看到那行字又忽然消失，浮现出了一个黑白色的徽记。是两把交叉的短剑，剑锋之间托起一朵怒放的蔷薇。徽记下面浮现出一行红字："你还记得七年前，那个被逼入地狱的冤魂吗？"

张柠脸色苍白，神色慌乱地拽下幕布，用力在脚下践踏几下，抓起话筒道："今天的演讲到此结束，但对于这位恶作剧的同学，还有她背后的指使者，我会走法律渠道，予以追究！身为社会公众……"

她忽然全身剧烈抖动，头发像爆炸一般竖了起来，几缕青烟从衣服下缓缓升起，然后重重地跌倒在了地上。

"电击？"林萌皱眉道。是话筒漏电吗？可是就算是话筒漏电，也不应该会有这么强的电流啊。

礼堂里已经乱成一团，本来跑向林萌的老师们又转身跑向了讲台。学生们也纷纷站了起来，踮起脚尖向前看去，还有老师在挥舞双臂，大声喊叫着维持秩序。没有了幕布，投影仪的光直接照在了背景墙上，隐隐地浮现出了那个黑白色的徽记，正冷冷地俯视着混乱的礼堂。

林萌坐在桌子上，托着下巴，有些疑惑地看着警察在讲台上忙忙碌碌。警察没赶来之前，120救护车已经赶到了，急救医生简单地检查了张柠的状况后，就匆匆送往了医院。当时礼堂里乱糟糟的，现场痕迹也被完全破坏掉了。按照张翔大叔的话来说，鉴证科过来只是走走程序。他们唯一的贡献，就是发现话筒被人改装了。接入话筒底部的电源线里，又被并入了一根单独的火线，末端插在演讲台下的插座里。而原本的电源线，却被并入了另一处电路。凶手在更换了投影内容之后，跑到礼堂走廊推上了演讲台下电源的空气开关，电击了张柠。好在张柠握着话筒的时间比较短，没有生命危险，只是身上出现了大面积的烧伤。

由于张柠是和林萌发生冲突时被电击的，所以有几个老师和学生，都指认林萌可能是凶手。好在林萌跟带队的张翔认识已久，而且又帮警方破了不少案子，只被勒令待在原地，没有被直接拘捕。很快，警方就发现了话筒上的手脚，洗脱了林萌的嫌疑。毕竟张柠被电击的时候，她可是在众目睽睽之下的，没有办法跑出去推上空气开关。

张翔点了一支烟，道："丫头，有学生怀疑你有同伙，合谋要害死这女人。"

林萌撇了下嘴："大叔，以你的智商，应该不会相信吧。"

张翔道："你跟张柠属于即发性冲突，话筒是提前改装好的，犯罪模式根本不一样。我还没那么蠢，被这些低级流言牵着鼻子走。"

陈然松了口气："还好张叔叔经验丰富。不过这次的案子很难办啊，现场有两千多人，谁都有可能溜到走廊外面去推空气开关，嫌疑人都不好确定呢。"

张翔嘿嘿干笑道："你这小子虽然学习成绩好，查案可真不在行。"

陈然不服气道："怎么，你们警方有办法锁定嫌疑人？"

林萌懒懒道："凶器是提前改装好的话筒，而且投影也被提前做了手脚，是很明显的预谋型犯罪。这样的话，邀请张柠举办演讲的人、布置会场的人、操作投影的人，还有提前知道这场活动的人，才有作案嫌疑。"

陈然张大嘴，想了一会儿："那也有不少人吧。"

"是不少，符合条件的有一二十个。"林萌嘻嘻笑道，"不过总比你要从两千多人里找好多了。"

查案这种事，其实智商并不是决定因素，思维方式才是。张翔掐灭了烟，道："嫌疑人这方面，我们已经在排查了，很快就会出来结果。你就先休息一下吧，毕竟跟张柠有过冲突，这案子能不介入就不要介入了。"

林萌扮了个鬼脸，拉着陈然走出了礼堂。她站在走廊里，看着墙上的空气开关盒，发了一会儿呆，然后又摇了摇头。

陈然忍不住道："萌萌，你该不会是还想查这个案子吧。"

林萌没有说话，从衣服口袋里掏出一张小卡片，递给了陈然。那是张灰色的卡片，中间是一个徽记，两把交叉的短剑，剑锋之间托起一朵怒放的蔷薇。而徽记的下面，则是两行红色的小字：骑士，是正义的化身，并不会盲目守护公主。黯刃，是复仇的利器，因鲜血而失去光泽。

陈然手抖了一下："怎么这张卡片，跟张柠老师被电击的时候，背景墙上的画面一样？"

林萌又拿回了卡片，道："一周之前，不知道什么人塞到我抽屉里的。当时不知道是什么意思，现在明白了。"

"犯罪预告？为什么会给你？"陈然挠了挠头。

"我也想知道。"林萌摇头道，"一般来说，所谓的犯罪预告都是高智商自傲型的凶手所为，而预告对象也都是警方，以此来彰显他的优越感。可这次的凶手却把预告卡片给了我。"

"该不会是……"陈然打了个寒颤，"凶手早就预料到，张柠会在今天跟你发生冲突，你会被牵涉到这件案子里？"

林萌没有说话，而是靠在走廊栏杆上，看着手中的卡片。在卡片的左下角，那里还有一个淡灰色墨迹，仔细辨认的话，就会看清楚是个阿拉伯数字：2012。

系学生会主席听完林萌的来意后，很是热心地翻出了张柠那届的学生会档案，还冲了两杯咖啡。然而让林萌很失望的是，学生会档案里虽然记录了张柠是当时的文宣部长，但资料却非常少，只是一些官样文章而已。在这些官样文章中，张柠是个品学兼优、乐于助人的优等生，而且还参加了很多校内外的公益活动，算是个学生中的风云人物。

但是这些东西，却跟她被电击的那天，投影墙上那句暗示相差甚远。而且张柠看到那句话后，明显是被点到了痛处，更是怀疑林萌对她的顶撞也是设计好的。凶手把作案地点选在了学校，还把作案现场布置得这么有仪式感，从犯罪心理上来说，是对她在学校做过的事进行的惩罚。但是在学生会档案里，竟然找不到真实一点的记录，真是太让人泄气了。

系学生会主席看林萌一脸失望的样子，问道："怎么，查不到有用的东西吗？"

林萌点了点头。学生会主席是大三的学姐，叫傅瑶，头发黑长直，说话细声细气，眉眼也很温柔。以前因为一些小事，跟她打过几次交道,林萌对她的印象很好。

傅瑶轻轻笑道:"我们这里的档案,都是学生会干部自己写的。详细的档案,包括老师的评语,教导处才有。其实张柠的事情,我以前就多少也知道一些。不过有好有坏,又不知道真假,所以从来没有对别人说起过。"

林萌道:"那能对我说吗?或许可以从中间找出些线索来。"

傅瑶显得有些为难,轻轻地咬着嘴唇道:"但是我总觉得像在说她的坏话,这样很不好。"

"怎么会呢?"林萌昂起了头,"学姐,你对我说,就等于在配合警方工作,这是很正义的事情啊。"

"那……好吧。"傅瑶道,"怎么说呢。她在学校的时候,就是个很活跃的人。曾经在学校里搞过女权运动,带着一些女同学去找院长,说学校女厕所比男厕所小,涉嫌歧视女性什么的。虽然她是个很优秀的人,但由于经常搞这些活动,在老师那里并不怎么受欢迎,反而是在学生里人气高一些。后来临近毕业的时候,她发起了一个什么保护女生行动,拆散了一对师生恋,当时闹得动静挺大的。"

林萌眨了下眼:"师生恋?"

"具体我不是很了解,也是在刚进学生会的时候,听以前的学长八卦的。"傅瑶歪着头想了会儿,"对了,倒是墙壁上的那个图案,我知道一些内幕。"

"你是说两把短剑托起一朵蔷薇那个图案?有什么典故吗?"林萌好奇起来。

"黯刃骑士团。"傅瑶道,"据说上世纪九十年代末期,外面凭关系调任到我们学院一个副院长。这个副院长整天向学生摊派各种各样的费用,还贪污基建经费,性骚扰女老师,是个十足的人渣。然后学校里有几个学长,在暗地里偷偷搜集副院长的不法证据,然后向教育局举报,一举掀翻了他。听说举报信上的落款,就是这个图案,署名黯刃骑士团。虽然不知道那几个学长到底是谁,但接连那几年,黯刃骑士团这个名字一直都很受学生们欢迎。后来有一些爆料和活动,都是假借黯刃骑士团的名义来进行的。"

"黯刃骑士团啊……"林萌沉吟起来,"为什么我从来没有听说过?"

"大概因为时间间隔太久了吧。黯刃骑士团名噪一时之后,虽然还有一些活动,但也逐渐偃旗息鼓了。毕竟这个组织太神秘了,随着以前的团员陆续毕业,后续应该也没有吸纳多少新团员,而且也没有再碰到副院长贪污那种大事,影响力就慢慢消散了。最后一次有记录的,好像在七年前,就是张柠拆穿师生恋那次。不过当时黯刃骑士团发表了一个声明,说并不赞同张柠的做法。"

"也就是说,张柠当年就跟黯刃骑士团有矛盾?"林萌眉头皱了起来。如果说当时就有矛盾,为什么直到现在才下手攻击张柠?中间的这七年时间,凶手在干什么?

"其实,如果你想了解张柠,不如去找外联部的张扬老师,他好像是张柠的同班同学。而且这次张柠来学校讲课,他也是邀请人之一。"傅瑶有些奇怪道,"这次的案子,似乎作案手法已经被揭开了吧,没有什么核心诡计。剩下的只需要去排查嫌疑人,锁定凶手了,这完全不是你的菜吧,为什么这么上心?"

林萌没有回答傅瑶的问题,反而喃喃自语道:"现在是二〇一九年,如果拆散那对师生恋的事情发生在七年前,那就是二〇一二年了。"

原来,卡片上的那个数字,是暗示的这个?

警方已经排查出来了嫌疑人,符合凶手条件的,有三个。分别是邀请张柠来讲座的张扬、布置会场音响投影的李勇、心理辅导老师程颐。巧合的是,这三个人跟张柠也都早在七年前就认识,换句话说,那个所谓的师生恋和黯刃骑士团的事情,他们三个都比较了解。

在花店里,林萌"巧遇"到了张扬。以前遇到过张扬几回,他都是打扮得邋邋遢遢的样子,但今天却穿了一身西装,看起来很是精神。这位外联部的老师正在挑花,似乎有些拿不定主意。

林萌很有礼貌地打了个招呼:"看病人嘛,我觉得挑点康乃馨,配上满天星就好了,当然加点香槟玫瑰是更好不过了。"

张扬哼了一声,没有说话。倒是旁边的花店店员笑道:"这位小姑娘的建议很不错啊,对花语倒是挺懂的。"

张扬有些意外,看了林萌一眼,道:"那先扎一束花看看效果。"

店员转身离去,林萌才开口道:"是去看张柠老师吗?"

"不然还能去看谁?"张扬皱眉道,"你不是女侦探吗?抓凶手的游戏玩得怎么样了?"

"有点眉目了,"林萌道,"我琢磨着,张柠老师被电击,应该跟她以前在学校时做过的事情有关。"

"她在学校里可是风云人物,做过的事情多了,跟哪件事有关?"

"拆散那对师生恋。"

张扬的表情明显震了一下,道:"这是你的推理,还是有真凭实据?"

林萌看着他的眼睛,道:"张柠老师在明诚大学做过的争议最大的事情,就是拆散了那对师生恋。而且,也只有这件事,使得黯刃骑士团跟她发生了冲突,并声明反对她的做法。张扬老师,我听说你是张柠老师的同学,对那件事应该印象很深吧。"

"花扎好了。"店员将一捧鲜花递给张扬。

张扬低头看了鲜花一眼,才叹了口气道:"那件事,确实是小柠做得有些过了。本来大家都是知道点风声,谁都没去戳破,但不知道怎么回事,她却非要曝光不可。后来事情闹得挺大,学校还出面安抚,平息流言。"

"那对师生叫什么名字?最后怎么样了?"林萌问道。

张扬言辞闪烁:"这个嘛,老师在恋情被披露后不久,遇到了车祸去世了。女生出国去了,是美国还是英国来着。过了一两年,好像是抑郁症发作,自杀了。"

"老师死了?女生也死了?消息属实吗?"林萌忍不住反问道。

"两个人的葬礼我都参加了,肯定不会错的。"

这算怎么回事啊,林萌觉得非常荒谬。凶手既然袭击了张柠,而且是以黯刃骑士团的名义,那很可能与他们之间的分歧有关。再加上预告犯罪的卡片上,还写着二〇一二这样的暗示,肯定就是指的师生恋那件事了。也就是说,凶手的犯罪动机,是为那对被拆散的师生复仇。但是现在老师和女生竟然早几年前就死了,为什么凶手直到现在才动手呢?

"你要是想进一步了解那件事,还是找李勇问一下比较好。"张扬摸了下鼻翼,"当初的事情,他是最清楚不过了。毕竟,是他和张柠一起偷拍了那对师生约会的照片。"

"已经过去好几年的事情了，谁能记得清？"李勇有些不耐烦。

"可是那件事跟张柠老师被袭击有关啊。"林萌眨着眼睛问道。李勇的身材很胖，一米七八的身高，足足有两百斤左右。他的反应有些出乎林萌的预料，似乎对张柠的事情并不怎么上心。

"不好意思了，这忙我是真帮不上。"李勇随口应付道，打开笔记本电脑，把林萌晾在一边。

"现场的投影是您负责的吧，上面出现了黯刃骑士团的徽记，还有那些话。您在事前没有察觉吗？"

"这个我已经跟警方说过了。当时播放的课件，是提前一天拷贝到笔记本电脑上的，之前我播放过一遍，没有问题。结果演讲当天，不知道谁给换了，出现了那些画面。"李勇道，"那个笔记本已经被警方带走，交给鉴证科了，看看能不能提取指纹什么的。"

"啊……原来是这样啊，张扬说当初是你跟张柠一起去拍的那对师生恋，你们关系非常好，是真的吗？"

李勇忿忿道："你别听他瞎扯，那时候张柠找我去拍照，只不过是因为我管着摄影器材罢了。而且我当时以为只是恶作剧，谁知道她会拿着那些照片，贴到学校的论坛里！要是早知道那样，我才不会去凑那个热闹！"

"原来您只是被张柠利用了啊，那个女人这么做也太过分了吧。"林萌故意火上浇油，"而且听说那对师生最后都过世了，而张柠现在却功成名就的，真是让人唏嘘感慨啊。"

"那种女人看起来很阳光、很上进，其实自私自利得很，当初拆穿了那对师生恋后，黯刃骑士团也在学校公布栏里贴上声明，指责我们假借道德之名，掀起舆论暴力。后来那老师出车祸，女生出国，指责我们的人越来越多。她竟然四处说自己年纪小，是受了我的怂恿才去拍那些照片的，真是颠倒黑白！"

"原来是这样啊……"林萌道。

"还有，你别看她拆散了那对师生恋，就觉得她是个非常有正义感的人。其实她在上学的时候，就有跟一些男生不清不楚的传言。"李勇道，"而且，她总是懂得如何利用男生为她做事，在同龄学生中间，可算是相当有心思的人。"

利用男生啊，林萌暗地里撇了下嘴，你这个当老师的和她一起去拍照，不也是被她利用了吗？

"这么说来，其实张柠在学校里的口碑并不怎么好，那为什么还要邀请她来学校做演讲？"林萌道，"听说是校董事会的决定？"

"大人的世界很复杂，不像你们小孩子那么简单。"李勇不屑道，"他们合不合作，是看彼此有没有利益，才不会在乎彼此顺不顺眼。张柠不是搞了个万名学生创业计划嘛，说什么高中毕业到大学入学的这两个月里，她可以提供一些创意让学生们接触市场和社会，天赋优秀的甚至可以成立自己的公司，在她的指导下运营甚至盈利。这明显只是个噱头而已，缺乏可行性，但是找了些水军一吹嘘，那些学生家长们就一个个觉得自己孩子肯定是未来的巴菲特了，拿着钞票就去报名了。"

"原来是这样啊。"林萌做出一副恍然大悟的样子。对于李勇这种性格的人，只要表现出强烈的认同感和尊重感，他就会一直吐槽下去。

李勇叹了口气："而且，这次邀请说是校董事会的决定，其实都是张扬在撺掇。那家伙在上学的时候就对张柠很上心，甘愿被当成观音兵指使，现在又是极力去促成这个演讲会。嘿，在张柠眼里，不过是癞蛤蟆想吃天鹅肉而已，怎么可能会让他占到一点便宜？"

　　"是啊。这是明摆着的道理，他还看不透。我去找他的时候，他还买花要去看张柠呢。话说都毕业七年了吧，为什么张扬突然邀请张柠来做演讲呢？"

　　"不是突然邀请的，是年年邀请。可是张柠的事业越做越大，哪会去搭理他，今年不知道怎么邪门了，竟然给他弄成了。"

　　林萌还想继续问下去，却听到手机响了一下，是张翔的短信：丫头，话筒有问题，速来。

　　陈然坐在办公桌前，一颗心"怦怦"直跳，紧张得脑门子上出了一层细汗。他觉得，学生档案这种东西，直接问教研处的老师要就行了，可林萌非要他去偷，真是太难为人了。今天他主动跑到教研处里，给相熟的老师帮忙，然后又故意拖延时间，终于如愿以偿地留到了教研处。如果换成其他学生，老师肯定会起疑心。但对品学兼优的陈然，老师们却是一百个放心，甚至还给他留了二十块钱，要他弄完了去吃碗馄饨。

　　天色终于暗了下来，陈然离开办公桌，蹲在档案柜边，仔细地看着玻璃后面那些文件目录。那些是学生会干部在教导处的档案，听说比学生会自备的要详细得多，而且会记录一些学生在校参与的大事。

　　看目录，应该是五年一册的。陈然拎起钥匙，一把一把试，还不时地抬头看向门口,生怕有谁进来。终于听到"咔哒"一声,锁开了。他松了口气,将二〇一〇年至二〇一四年那本给抽了出来。

没翻几页,就看到了张柠的照片。陈然摸出手机,对着档案拍了几下,然后又小心翼翼地把档案给放进了柜子里。刚刚放进去,他就觉得哪里有些不对,又把档案抽了出来。再次翻开,果然发现了错误之处。有张柠照片的那页纸上,文字记录却是另一个人的,很明显是排版错误。他暗骂了声晦气,只好趁着亮光,一张张地翻下去,找跟张柠相符合的文字记录。一直快翻到了末尾,才算是对上号了,陈然赶紧拍了下来。

虽然生出了点波折,但总算是完成任务了。陈然小心地将档案塞进了柜子,刚落上锁,就听到身后传来了叩门声。陈然打了个哆嗦,转身看去,是学生会主席傅瑶。

他松了口气,道:"哎呀,你可吓死我了。"

傅瑶温和地笑道:"我来找老师拿下周校学生会的活动策划方案,怎么只有你在啊?"

"老师啊,他们都下班了。"

"那你在这里干嘛啊?我刚才看到你……"

"没事儿,没事儿。"陈然头上渗出了一层汗,上前就推着傅瑶往外走,"你饿不饿?我请你吃馄饨吧。"

"啊?为什么要请我吃饭啊,你刚才在干什么?"

"没干什么,帮老师整理档案,给了我二十块钱。走吧,走吧,我请客,就算谢谢你帮了萌萌查案。"

走出了教研处,陈然才长长地松了口气,不管怎样,总算是蒙混过关了。

话筒被拆成了零件，放在一个透明的塑料盒子里。林萌忍不住上前看了两眼，却没有看出什么名堂。她向张翔问道："话筒怎么了？发现其他人的指纹了吗？"

"没，话筒上只有张柠的指纹。凶手要么改装的时候戴着手套，要么就是把指纹擦掉了。"张翔抽了口烟，"丫头，你觉得这个案子最让人起疑的环节是哪里？"

林萌没有犹豫："话筒漏电杀人。从犯罪行为上来看，是预谋杀人，并且篡改了投影上的课件文件来给张柠施加心理压力。这表明凶手是心思缜密、布置周全的人格。但是漏电话筒这个凶器却显得有些违和，有太多变数。漏电的电源用的是二百二十伏生活用电，并不是一击毙命的高压电。而且张柠也确实没有被电死，只是电伤而已。很难想象，这种不靠谱的凶器为什么会成为凶手的首选。"

张翔点了点头："对，我们也注意到了这一点，所以鉴证科的兄弟回来后，把话筒给全部拆卸开，仔仔细细地做了几次电流实验，却发现了一个莫名其妙的问题。这几次电流实验，电源都是用的电压二百二十伏的生活用电，但电流的数值却低于可以电死人的数值。兄弟们觉得很奇怪，于是剖开了那根导线，却发现导线中有电阻材料，导电率比一般的铜线要低得多。"

林萌道："也就是说，凶手一开始就没打算电死张柠？"

"是啊，费了这么多功夫，只是要弄伤她，未免太得不偿失了吧。就算是有仇，找几个人打她一顿不就好了？"张翔摇头道。

林萌的眼睛眯了起来。以前推断凶手的目的是复仇，是跟七年前那对被拆散的师生有关，但其中就有个很明显的疑点，就是为什么时隔七年才会复仇。而现在发现了话筒里的秘密后，更是加深了她的疑惑。莫非凶手的动机，自己一开始就估计错误？那个黯刃骑士团的暗示，是凶手在故布疑阵？

"张柠还没清醒吗？"

"没有呢。听说那个张扬去看了她几次，倒是挺痴情的。"张翔脸上的笑容很讽刺。

"你都一把年纪了，还看不惯围着女神打转的观音兵啊？"林萌喊了一声，"话说，七年前的那对师生恋，你们开始查了没有？"

"正在查，我们是从那个老师的死查起的，当时的结论是交通事故。但是我们发现他遭遇车祸当天，似乎还跟人约了晚上一起吃饭。"

"也就是说，那是意外，不是自杀？"

"也不见得，有目击证人说这个老师在车祸发生前，曾经跟人发生过冲突。而且当时好像是老师突然冲出了人行道，很像是被人推出去的，但由于附近有违章停放的车辆，视线不好，没看清到底怎么回事。"张翔道。

"怎么线索越多，案子倒显得越乱了。"林萌摇头道。

"丫头，还有个消息要告诉你。"张翔摁灭了烟头，"我们对以前的黯刃骑士团成员进行了走访，虽然这个社团是秘密性质的，但团员们却彼此认识。我们已经拿到了张柠拆散那对师生恋时，黯刃骑士团的成员名单。我们的三个主要嫌疑人，张扬、李勇、程颐，都是当年黯刃骑士团的成员。"

"这么巧？"林萌喃喃道。

张翔又点起了一支烟："我们认为，凶手就在这三个人中。处里已经决定，明天就提审这三个人，看能不能从谁身上撬开口子。"

"大叔，"林萌道，"能不能在你们提审之前，让我跟程颐见上一面？"

"这个没问题。不过你就算见到了他，以学生的身份，恐怕也问不出什么。"张翔顿了顿，"注意安全。"

"没事儿，我让陈然陪着我去。"林萌眯着眼睛笑了起来。

虽然表哥的导师就是国宝级犯罪心理学专家，但林萌却对心理医师这类人避而远之。她跟着表哥见过那个老头子几次，每次都觉得那双眼镜片下的目光刺得人生疼，仿佛一眼就被看穿了所有心思一样。程颐是学校的心理辅导老师，按说不会有太高的水平，学校一般都是找个脾气温和的人，来听听学生的牢骚而已。但是林萌还是觉得有些怯场，她拉上了陈然，一起到了程颐的办公室。程颐戴了个金丝眼镜，穿了身白大褂，脸上带着淡淡的笑容，手里端着一杯正飘着热气的咖啡。

林萌干咳了一声，道："程老师，前几天我跟张柠……"

"我知道。你这次来，是想问当年她拆穿那对师生恋的详细过程吧？"程颐笑道。

"嗯，是的。"林萌索性也不再绕圈子。已经问过了张扬和李勇，既然他们都是黯刃骑士团的成员，互相通气是极有可能的。

"张扬和李勇虽然都告诉了你一些事情，但却都没有说清楚那件事的起始。碰巧，我对那件事很清楚，就让我来告诉你好了。"程颐的表情从容淡定，给人一种可以相信的感觉。

但林萌心里却清楚得很，进门不过三四句话，程颐已经把话语的主动权夺了过去。她没有再试图反击，对方只有在觉得舒适的心理环境下,才会透露更多信息。

"想必你早就知道了,黯刃骑士团对张柠拆散师生恋的做法,发表过声明,明确表示过反对。当时不管是学生、家长甚至社会,支持的都是张柠。甚至有人还说黯刃骑士团已经向学校妥协了,成了想要掩盖丑闻而不惜打压爆料学生的帮凶。"

林萌皱眉道:"不对啊。你怎么跟李勇说的不一样?他说他是被张柠利用,才被扯上了那件事,而且很多人都不同意他们的做法,张柠把他抛出去当替罪羊什么的。"

"罗生门,你知道吗?"程颐道。

林萌点了点头。

"人总会出于自己的立场,而去歪曲事实。"程颐道,"李勇所谓的被陷害,是事情后期的说法。前期的时候,他可是很有干劲儿地跟张柠一起进行所谓的揭露丑闻的活动。后来,那位老师被辞退,不久就遭遇车祸死了。有人说是压力太大精神恍惚,也有人说是被逼得走投无路而自杀。这时候,另一些人就跳出来谴责张柠和李勇他们发动舆论暴力。"

"人嘛,总是这样。用热点事件来抢占道德高点,批判别人而得到自我满足。"林萌接上了话,"话说……代表黯刃骑士团发表声明的,该不会是您吧。"

程颐笑了笑,未置可否:"我特别喜欢动机论。不管一件事的过程和结果是好是坏,做这件事的人的动机,才是最关键的。当然,这只是我的恶趣味。"

"对啊。那个张柠打着正义的旗号,拆穿那对师生恋,其实只是为了曝光自己,增加自己的影响力吧。"陈然插了句话,"感觉这样的女生,未免私心也太重了。"

林萌摇了摇头,她总感觉程颐话里有话,不是这么简单。

"你也知道张扬几乎年年都在邀请张柠来学校演讲吧,为什么她以前没有同意,今年却忽然同意了呢?"程颐意味深长地道,"听说学校里最近有则流言,那个出国自杀的女生的家人,貌似找到了一本日记,向警方提交了再次启动调查当年事件的申请。"

陈然吃惊道:"这是什么意思?难道他们觉得自己女儿是被老师强迫的吗?"

林萌沉默了一会儿,道:"所谓的流言,也就是说,这则消息并没有被确认,对吧。没有人见过那个女生的家人?"

"对,看来你已经快把握到关键部分了。"程颐又端起了咖啡,"那么,在我这里也没什么能透露给你的了。"

出了程颐的办公室,天色已经完全暗了。

林萌让陈然把拍到的档案照片传到了自己手机上,一张一张滑动着看下去。陈然指出了档案里的错误,排版的时候把照片跟文字介绍给弄错了。张柠的照片下面,姓名却是张璇,而且写了一堆莫名其妙的资料。而另外一张男生的照片下面,才是张柠的资料。

林萌点大图片,仔细地读着。张柠的学习成绩很好,而且能力很强,在大一的时候加入了学生会,然后还参加了各种校外公益活动,大二时候开始以女权主义者自居,在学校里发起过不少女权活动,但是都毁誉参半,成了一个很有争议的学生。大三时候,她和学校老师李勇一起,拆散了一对师生恋,并且将二人身份在校内公开,联系了校外媒体进行专题报道,一度成为明诚大学的风云人物……这些内容虽然比学生会档案详细很多，但多半都已经知道了。

林萌往下滑了下，看到一行小字：二〇一二年四月，因与李梦茹打架，被记小过一次。后经学生会申请，予以撤销。这行字……林萌狐疑地滑开了其他照片，没有。这种注释的小字，只有张柠的资料里有。

"哎呀，想不到她还打架呢。"陈然揉了揉鼻子，"我还真以为是好学生。"

林萌觉得有什么东西在脑中渐渐成形，她闭上了眼睛，一句一句的话语在耳边次第响起，渐渐驱散了迷雾。这案子，一开始自己就弄错了方向。凶手的目的，并不是要杀了张柠。

手机又响了起来，是张翔的电话。林萌点开了接听键，里面传来了大叔气急败坏的声音："丫头，你见过程颐了吗？"

"刚见过，怎么了？"

"你们就在附近等着，盯紧了他，我们马上就到！"

"怎么了？"林萌觉得莫名其妙，"出了什么事，你们觉得程颐是凶手？"

"不是！刚才收到消息，张柠醒了！然后竟然从医院里逃走了！我们去找张扬，发现他也逃了！两个人都逃了！"

都逃了？林萌只觉得嘴角发苦，她小声道："大叔，我跟你确认一件事。就是那个后来抑郁症自杀的女生，她的家人要求警方重新调查了吗？"

"什么家人？我们还没找到他们呢，听说还在国外，根本没有回来。"张翔的声音很焦急，"丫头，你们就留在附近，不要轻举妄动。我现在怀疑，当初那个老师很可能是被谋杀的，跟张柠绝对有关系！至于张扬、李勇和程颐这三个人……"

张翔的声音还在响，林萌却放下了手机，整件事情的真相已经隐隐浮现在眼前了。她深深地吸了一口气，让陈然留在原地盯着程颐的房间，自己匆匆地往另一个方向走去。

穿过黑暗的走廊，林萌借着路灯昏暗的光，找到了那扇门。她小心地环顾四周，确认无人之后，才上前用力推了下门，果然是锁着的。不过这种老式的弹簧锁，也难不倒她，从徐佳那里她学到了好几种撬门的方法。她摸出身上的食堂餐卡，顺着门缝插进了锁舌和锁槽之间，然后攥紧把手，试着不断地上下推动。

她知道自己这趟很可能是徒劳无功，也知道很可能找不到什么证据，但就是忍不住想来一趟。经手过十多个案子，抓到的凶手各种各样，但是像这种自身丝毫不露破绽，却又能把人逼上绝路的，还是第一次遇到。门锁发出"咔哒"一声，终于开了。林萌推门进去，轻轻推上门，正要摸出手机打开手电，却不妨突然眼前一片光亮。

"林同学，你来啦。"身后响起了一个轻轻的声音。

刹那间，林萌的脸色变得苍白，勉强笑着看着眼前这个温柔的学姐。傅瑶还是一脸甜甜的微笑，黑色的长发搭在肩头，文弱知性。她提起一个保温杯，往桌子上的两个粉红色的马克杯里倒满了红茶。

"坐啊，看你跑得气喘吁吁的，喝点红茶吧。"傅瑶道，"要不要糖？"

林萌站了一会儿，索性上前坐了下去："不要。"

"怕胖吗？"傅瑶笑道，"其实女生肉肉的反而比较可爱。你表哥一直追的那个soulmate，也是有那么一点点婴儿肥不是？"

"不是一直追,是一直追捕。"林萌强调道。

"好啦,好啦。"傅瑶摆了摆手,很像是个暖心的闺蜜,"警察正在追捕张柠和张扬,还要突击提审李勇和程颐,你怎么不去凑下热闹?"

"那是警方的案子,不是我的。"林萌冷冷道。

"怎么这么说呢?"

"预告卡片是你发给我的。你的目的,并不是要我找出是谁在话筒中做了手脚,电击了张柠,而是揭开七年前那桩老师被杀的命案。"林萌舔了下嘴唇,"你在卡片上标明了二〇一二,并且假借了黯刃骑士团的名义留言,这是个很巧妙的心理暗示。我来学生会档案室找你的时候,你又顺其自然地把线索抛了出来,暗示张柠被袭击跟七年前她拆穿那对师生恋有关,所以我就沿着惯性思维一直查了下去。

"但是在问到李勇的时候,我产生了一种不协调感。如果说凶手是为了复仇,为什么非要等上七年的时间,而且要选择在学校?再加上警方告诉我,话筒里的导线被加强了电阻,根本电不死人,这就让我更觉得不对了。最重要的是,黯刃骑士团前后的行为规则不同。以前的所有案例都是收集证据,交给执法机关。但这次却是动用私刑,在大庭广众之下对张柠进行袭击。虽然凶手用了黯刃骑士团的徽记,但真的是黯刃骑士团的团员吗?到了这里,我隐隐产生了一个假想,这三个有作案时间的人,真的是凶手吗?还是说真正的凶手在引导我去找他们三个谈七年前发生的那件事?"

"不错呢,林同学。能迅速意识到自己跌入了惯性心理的思维陷阱,并且可以跳出来分析凶手的心态,你确实有异于常人的天赋呢。"傅瑶端起茶杯，轻轻地抿了一口。

林萌冷冷地哼了一声："产生了这样的疑惑，我就很大胆地做出了一个假设。如果说凶手的目的不是为了杀死张柠呢？我问了下张翔大叔，发现警方之所以将张扬、李勇、程颐三人确定为嫌疑人，一方面是因为他们三个有更换话筒和投影的机会，另一方面则是因为三人都曾经是黯刃骑士团的成员。到这时，我的思路就有些清楚了。凶手之所以在学校里布置这一场凶案，并且假借了黯刃骑士团的名义，是为了将嫌疑人重叠在这三人的身上。换一句话说，是谁袭击了张柠不重要，重要的是要有人去跟这三个人谈一下，七年前张柠为什么要拆穿那对师生恋。

"而这个人，就是接到了预告卡片的我。在当时，我以为凶手很可能是那对师生的亲属或者朋友，之所以这样做，是为了揭开七年前张柠拆穿那对师生恋背后的真相，但是跟程颐谈了之后，我发现我又错了。"

"哦？程颐说了什么？"傅瑶掩着嘴笑道。

"程颐说张扬年年都在邀请张柠来学校演讲，但年年都被拒绝了，只有今年才忽然同意了。他刻意提到，今年学校里流传着一则流言，说是那个女生的家属拿着一本日记，要求警方重新追查当年老师意外车祸的事件。"林萌看着傅瑶的眼睛道。

"呀，呀，看来事情的发展真是出乎意料呢。"傅瑶歪着头笑道。

"那就是个流言。我问过张翔大叔了，那个女生的家人还在国外，根本没跟警方接触。但张柠是因为知道了这个流言，才同意了张扬的邀请，来学校进行演讲的。或许是想向学校证明一下，自己并不心虚，也或许是张扬跟她说了其他什么。而程颐还提到了动机论，暗示我张柠拆穿师生恋的动机并不简单。出来后，我发现陈然拍到的张柠的档案中有一行小字，记录的是她在二○一二年四月，跟一个叫李梦茹的女生打架被记过的事情。而李梦茹正是师生恋中的那个女生，四月打架，六月拆穿师生恋，再结合李勇说张柠跟一些人有暧昧，男老师的车祸可能是谋杀这些疑点，七年前那件事，可以说有了一个大致的雏形。"

"什么雏形？"傅瑶好奇地问道。

"张柠和李梦茹为了那个老师争风吃醋，才拆穿了师生恋。但被拆穿之后，两人却要双双出国，张柠跟男老师争吵之后，在马路上将男老师推了出去，使得男老师死于车祸。"

"林同学，你的推理演绎能力真不是一般的强呢，竟然从这么多这么琐碎的线索里，拼凑出了七年前的一桩谋杀案……"

"你别再装模作样了！"林萌冷笑道，"你布下了这么一个局，并不是要惩戒张柠，而是要试探我的能力，为什么要这么做？"

"这话又是从何说起？"傅瑶很是可爱地笑道。

"如果你的目的是为了惩戒张柠，又怎么会将消息透露给张扬，要他带着张柠从医院逃走？"

"有趣啊。"傅瑶笑出了声，"一个痴心的男人带着一个不爱他的女人亡命天涯，想想都觉得很讽刺呢。"

林萌松了口气："soulmate 跟你又是什么关系？"

"这个你又是从哪里看出来的？"傅瑶眨着眼睛问道。

"陈然拍到的档案是假的！二○一○年的教研处档案，怎么可能过了七年，还没有被老师们发现那些文字与照片不符的低级错误？而且张柠资料下的那行小字，既然撤销了处分决定，又怎么可能再记录上去？这是你故意留下的疏漏，就是在暗示我注意那个名字！"

"什么名字？"

"张璇！"林萌咬牙道，"在忘川市的时候，我已经知道张璇就是soulmate。"

"只是对你的一个试探，"傅瑶脸上的笑容骤然消失，"在忘川市的时候，她对你很感兴趣。徐川身边有这样一个可爱的表妹，要是把她慢慢引向了深渊，会不会非常有趣？"

"不明白你在说什么。"林萌站起了身。只要出了这间屋子，她就算赢了。

"不要走嘛，游戏才刚刚开始。"傅瑶又甜甜地笑了起来，"你刚才说我做了那么多，是为了试探你的能力，倒是真的猜错了。"

林萌怔了一下："如果不是这个动机，那又是什么？"

"为了把你引到这里，让你变成杀人凶手。"傅瑶笑道。

"莫名其妙！"林萌又舔了下嘴唇，觉得有些心慌。

"你刚才也说，张柠和张扬都逃了，你就不想知道他们逃到哪里去了？"

林萌只觉得有些头晕，摇摇晃晃得站立不稳，浑身无力。奇怪了，明明没有动傅瑶递过来的那杯红茶，怎么会这样？傅瑶走上前去，抱住了她，在耳边轻声道："我害怕你不喜欢喝红茶，就在你坐的椅子上涂了好多的乙醚，看起来现在已经透过衣服渗透到你的皮肤里了。虽然药效慢一点，但结果还算令人满意。"

林萌整颗心都沉了下去，她想大声呼喊，却只能发出一些微弱的呻吟声。

"你呀，就是太要强好胜了。Soulmate 算到你为了拿到我的口供，一定会独自一人来找我的，毕竟带着其他人的话，我会有戒备心，不会说出真相。"傅瑶抱住林萌，一双冰凉的小手在她身上摸来摸去，将手机掏了出来。

"啧，真不是个乖孩子，聊天就聊天嘛，还录音。"傅瑶将林萌的手机塞进自己口袋，又拿起一个一模一样的手机，摁下了播放键。

"……我早就知道你们会逃到这里……你干什么……放下刀……我跟徐佳姐练过跆拳道……你自己找死……"

怎么回事？为什么会有自己的声音？林萌吃力地昂着头，失神地看着傅瑶。

"一点小手段而已。"傅瑶笑道，"soulmate 那边做的，虽然是电脑做的，但却跟你的声线一模一样，不知道鉴证科能不能分辨出真假。"

她抱起林萌，向档案柜走了几步，打开了柜门。沉闷响声过后，两具尸体跌倒在了地上，是张柠和张扬。他们一个咽喉被切开了，一个胸口中了一刀，血迹都已经干了。傅瑶将一把冰冷的匕首放进林萌的手中，将手指一根根地摁了上去。然后，她将林萌轻轻放倒在两具尸体旁边，拎起了一个塑料桶。林萌的眼神已经开始涣散，她看着傅瑶将塑料桶倾倒，鲜红色的液体洒满了自己一身，室内充满了刺鼻的血腥味。

如山的黑暗压了过来，她沉沉睡去。

傅瑶拍了拍手，哼着一首轻快的歌，转身出了房间，消失在黑暗的走廊中。隔了好一会儿，赖泽锋才从楼梯的拐角处闪身而出，从容地向房间里走去。

图书在版编目（CIP）数据

少女侦探事件簿 / 何慕著 . -- 上海：文汇出版社，2019.7

ISBN 978-7-5496-2867-4

Ⅰ．①少… Ⅱ．①何… Ⅲ．①长篇小说－中国－当代 Ⅳ．① I247.5

中国版本图书馆 CIP 数据核字 (2019) 第 091106 号

少女侦探事件簿

著　　者 / 何　慕
责 任 编 辑 / 徐曙蕾
封 面 装 帧 / 人马设计
策 划 监 制 / 牧神文化
特 约 编 辑 / 王辉城　林盛威

出版发行 / 文汇出版社
　　　　　 上海市威海路 755 号
　　　　　（邮政编码 200041）
印刷装订 / 上海盛通时代印刷有限公司
版　　次 / 2019 年 7 月第 1 版
印　　次 / 2019 年 7 月第 1 次印刷
开　　本 / 890×1240　1/32
字　　数 / 240 千字
印　　张 / 14

ISBN 978-7-5496-2867-4
定　　价 / 69.80 元（全二册）